本书系浙江省哲学社会科学发展规划课题《"一带一路"下浙江与中东欧经贸合作重点难点及对策研究》（18NDJC092YB）的部分研究成果、宁波市哲学社会科学规划课题《宁波与中东欧经贸合作重点难点及对策研究》（G17－ZXLL21）的部分研究成果

"一带一路"新发展

——浙江与中东欧经贸合作研究

姚鸟儿　著

中国财经出版传媒集团

经济科学出版社
Economic Science Press

图书在版编目（CIP）数据

"一带一路"新发展：浙江与中东欧经贸合作研究/姚鸟儿著.
—北京：经济科学出版社，2018.6
ISBN 978 - 7 - 5141 - 9508 - 8

Ⅰ.①—… Ⅱ.①姚… Ⅲ.①"一带一路" - 对外经贸
合作 - 研究 - 浙江、欧洲 Ⅳ.①F752.855②F752.75

中国版本图书馆 CIP 数据核字（2018）第 150708 号

责任编辑：刘　莎
责任校对：杨　海
责任印制：邱　天

"一带一路"新发展
——浙江与中东欧经贸合作研究
姚鸟儿　著

经济科学出版社出版、发行　新华书店经销
社址：北京市海淀区阜成路甲 28 号　邮编：100142
总编部电话：010 - 88191217　发行部电话：010 - 88191522
网址：www.esp.com.cn
电子邮件：esp@ esp.com.cn
天猫网店：经济科学出版社旗舰店
网址：http://jjkxcbs.tmall.com
北京密兴印刷有限公司印装
710×1000　16 开　18.25 印张　330000 字
2018 年 6 月第 1 版　2018 年 6 月第 1 次印刷
ISBN 978 - 7 - 5141 - 9508 - 8　定价：63.00 元
（图书出现印装问题，本社负责调换。电话：010 - 88191510）
（版权所有　侵权必究　打击盗版　举报热线：010 - 88191661
QQ：2242791300　营销中心电话：010 - 88191537
电子邮箱：dbts@esp.com.cn）

前　言

2001 年，中国加入世界贸易组织，标志着中国对外开放进入一个新的阶段。中共十六大报告指出，坚持"引进来"和"走出去"相结合，全面提高对外开放水平。在这一阶段，一大批有比较优势的各种所有制企业积极对外投资，带动商品和劳务出口，形成了一批有实力的跨国企业和著名品牌，使中国逐渐成为全球产业链、价值链的一个重要组成部分。2013 年习近平总书记提出"一带一路"倡议，要求进一步加快"走出去"的步伐。"一带一路"既是先进生产力的输出与共享，也是先进生产关系的展示平台，使中国创造力、生产力以及人民币输出到"一带一路"沿线国家和更广泛的区域，为世界和人类的发展提供中国智慧和中国方案。

"一带一路"是中国首倡，但不是中国一家的"独奏曲"，而是各国共同参与的"交响乐"，是各国共同受益的重要国际公共产品。"一带一路"不是一个空洞的口号，而是看得见、摸得着的具体举措。它抓住互联互通这个关键环节，聚焦经济合作特别是基础设施建设，契合了沿线国家和本地区发展的需要。坚持共商、共建、共享的原则，突出务实合作、互利共赢，一步一个脚印，中国紧密结合相关国家发展，把各自发展战略和合作规划有机对接，扩大地区投资和内需，增加就业，减少贫困，从而带动提升了地区整体发展水平。第一届"一带一路"国际合作高峰论坛于 2017 年 5 月 14 日至 15 日在北京举行，是 2017 年中国重要的主场外交活动，对推动国际和地区合作具有重要意义。

中东欧地处欧亚大陆的核心地带，是中国通往欧洲大陆的门户和"一带"与"一路"的重要交汇处，具有十分重要的全球战略地位。"一带一路"倡议将为中国—中东欧国家合作创造诸多重要机遇。据中国海关统计，2017 年中国与中东欧 16 国进出口贸易总额中，中方出口 494.9 亿美元，增长 13.1%，进口 184.9 亿美元，增长 24%。中国与中东欧 16 国双边贸易全部保持了较好增长势头，双方贸易结构不断优化，贸易领域不断拓展。

处在"一路"上的浙江如何化传统优势为战略资源，高起点、有重点地融入"一带一路"发展规划，实现对外开放和社会经济发展的转型升级，达成确保前列、继续引领、打造"两高"新高地的战略目标，是值得研究的重大课题。截至

2018 年 6 月浙江宁波已举办过四届中东欧博览会，浙江作为国家 "16 + 1" 合作机制的平台和主要承载地的作用日益增强。

　　本书的撰写正是基于上述背景，在前人研究的基础上，对浙江与中东欧 16 国的经贸合作进行了拓展和创新。本书的研究从理论—现状—对策的逻辑架构进行编写，从理论到实践，分析了浙江与中东欧 16 国的合作情况，洞察了浙江当前经济社会发展的现实情况，提出了浙江融入和服务 "一带一路" 的重要举措。

　　本书在编写过程中参考了大量相关出版物和相关网站，引用了很多学者的观点，引用的观点和数据本书都做了标注，但可能会出现遗漏，在此一并致歉。另外，本书在撰写过程中获得了很多学者、专家的指导和建议，得到了浙江省商务厅和宁波海关等部门的支持和帮助，以及宁波财经学院领导、老师和财富管理学院学生科研团队的帮助和支持，在此一并表示感谢。由于编写时间仓促，书中存在的疏漏还请读者批评指正。

　　希望本书的出版能为更多专家学者研究 "一带一路" 提供参考，能为浙江在 "一带一路" 背景下的深化改革、经济转型升级和社会发展助力扬帆，帮助浙江更好地服务于 "一带一路"。

目　录

第 1 章

绪　　论

1.1　研究背景

"一带一路"是促进共同发展、实现共同繁荣的合作共赢之路，是增进理解信任、加强全方位交流的和平之路；是由中国政府倡议，秉持和平合作、开放包容、互学互鉴、互利共赢的理念，全方位推进务实合作，打造政治互信、经济融合、文化包容的利益共同体、命运共同体和责任共同体。

2013 年 9 月 7 日，习近平在哈萨克斯坦纳扎尔巴耶夫大学发表演讲时表示：为了使各国经济联系更加紧密、相互合作更加深入、发展空间更加广阔，我们可以用创新的合作模式，共同建设"丝绸之路经济带"，以点带面，从线到片，逐步形成区域大合作。

2014 年 5 月 21 日，习近平在亚信峰会上做主旨发言时指出：中国将同各国一道，加快推进"丝绸之路经济带"和"21 世纪海上丝绸之路"建设，尽早启动亚洲基础设施投资银行，更加深入参与区域合作进程，推动亚洲发展和安全相互促进、相得益彰。

2014 年 11 月 8 日在加强互联互通伙伴关系对话会上，习近平指出共同建设丝绸之路经济带和 21 世纪海上丝绸之路与互联互通相融相近、相辅相成。如果将"一带一路"比喻为亚洲腾飞的两只翅膀，那么互联互通就是两只翅膀的血脉经络。他在题为《联通引领发展伙伴聚焦合作》的讲话中指出：第一，以亚洲国家为重点方向，率先实现亚洲互联互通。"一带一路"源于亚洲、依托亚洲、造福亚洲。中国愿通过互联互通为亚洲邻国提供更多公共产品，欢迎大家搭乘中国发展的列车。第二，以经济走廊为依托，建立亚洲互联互通的基本框架。"一带一路"兼顾各国需求，统筹陆海两大方向，涵盖面宽，包容性强，辐射作用大。第三，以交通基础设施为突破，实现亚洲互联互通的早期收获，优先部署中国同邻国的铁路、公路项目。第四，以建设融资平台为抓手，打破亚洲互联互通的瓶颈。中国将出资 400 亿美元成立丝路基金。丝路基金是开放的，欢迎亚洲域内外的投资者积极参与。第五，以人文交流为纽带，夯实亚洲互联互通的社会根基。

在习近平主席提出"丝绸之路经济带"和"21 世纪海上丝绸之路"倡议（下文简称"一带一路"）之后不久，中东欧国家与我国在 2013 年的 11 月就联合发布了《中国—中东欧国家合作布加勒斯特纲要》，为双方贸易的进一步深化合作规划了发展版图，提出了经贸先行背景下的"16 + 1 合作"。中东欧国家作为我国"一带一路"倡议实施的重要节点国家，对促进"一带一路"的顺利进行和加大我国与中东欧国家的贸易往来有着重要的作用。据统计，中国与中东欧双边贸易额已从 2012 年 521 亿美元增至 2016 年的 587 亿美元。

随着"一带一路"的顺利实施与推行，也为我国与中东欧国家的贸易合作提供了新的发展动力与合作契机。据联合国统计局和浙江海关数据显示，2016 年，中东欧国家（16 个国家）国内生产总值（GDP）达到了 18653.7 亿美元，同比占世界经济总量的 2%，人均 GDP 则达到了 14782 美元。2016 年，我国与中东欧 16 国的进出口总额达到了近 640 亿美元，我国从中东欧国家的进口量呈现出不断增长的局面，增长幅度达到了 40%。目前，我国与中东欧国家的双边贸易往来协作不断加强，贸易壁垒逐渐减小，贸易额度增长迅速，逐渐形成了优势互补、协同发展的格局。

本书的撰写正是基于上述背景，以国际贸易理论为基础，从经济贸易合作的理论到实践的角度来分析浙江与中东欧的合作，以"一带一路"为主要研究视角，利用浙江省与中东欧各国之间的双边贸易数据和贸易指数，对浙江省与中东欧各国之间的贸易现状和影响因素等进行了分析，并结合宁波与中东欧的经贸合作案例，提出了"一带一路"下浙江与中东欧经贸合作新举措。

1.2　研究内容

本书共分 10 章，全面阐述了"一带一路"下浙江与中东欧经贸合作的情况。

第 1 章主要介绍了本书的写作背景、主要内容及研究意义。

第 2 章介绍了"一带一路"的合作机制、中国与中东欧经贸合作机遇中东欧 16 国贸易投资概况。

第 3 章综述了国际贸易相关理论，一方面梳理了主要的西方传统国际贸易理论，包括亚当·斯密的绝对优势理论、大卫·李嘉图的比较优势理论和赫克歇尔—俄林的要素禀赋理论，另一方面梳理了当代国际贸易理论，包括人力资本说、原料周期说、产业内贸易理论和国际竞争优势说。

第 4 章主要介绍了 2013～2017 年浙江经济社会发展的主要成就、2017 年国民经济和社会发展情况以及浙江对外经济贸易情况。

第 5 章具体介绍了浙江省的总体概况及各种自然资源概况、人口概况、基础设施和经济表现，中东欧 16 国的国家概况、基础设施、主要产业、国内经济发展和对外贸易情况。

第 6 章介绍了浙江与中东欧贸易制度，包括商品贸易、金融贸易、企业贸易等制度，以及宁波与中东欧经贸合作机制与政策。

第 7 章利用浙江与中东欧进出口数量和金额，分析了浙江与中东欧进出口贸易现状、进出口行业现状，并且利用国际贸易优势等理论和相关指数公式进行了贸易互补性、贸易竞争力和贸易依存度分析。

第 8 章借鉴了"一带一路"沿线泰国、新加坡、澳大利亚三个国家经贸合作的经验，进一步推动浙江与中东欧的合作。

第 9 章选取浙江省与中东欧合作最为紧密的城市宁波为例，在对宁波与中东欧产业对接现状和策略进行研究之后，选取了 2007～2016 这 10 年的面板数据，对宁波与中东欧 16 国的经济贸易进行了研究。

第 10 章从建设"一带一路"支点城市、打造港口经济圈等视角提出了推进浙江与中东欧合作的举措。

1.3 研究意义

"一带一路"是中国实现中华民族伟大复兴的前所未有的宏伟规划，它对中国的现实和未来都将产生重要意义。

自中国提出"一带一路"倡议以来，通过推进基础设施建设、加快经贸投资合作等方式，中国与中东欧国家共同做了很多扎实有效的工作，已经有一批"一带一路"建设重大项目在中东欧国家落地，中东欧地区已成为"一带一路"建设的快车道。在 2017 年的"一带一路"国际合作高峰论坛上，习近平主席特别提到了中东欧国家的参与，尤其指出了可与"一带一路"建设对接的中东欧国家发展规划，如波兰的"琥珀计划"。由此，中东欧国家参与"一带一路"建设的路径和抓手将越来越多。

中东欧地区主要包括波兰、捷克、斯洛伐克、匈牙利、克罗地亚、罗马尼亚等 16 个国家①，数量占了"一带一路"沿线国家数的四分之一。作为全球新兴

---

① 中东欧地区是一个地缘政治概念，泛指欧洲大陆受苏联控制的前社会主义国家，冷战时期的东欧国家，再加上波罗的海三国（立陶宛、拉脱维亚、爱沙尼亚）、乌克兰、白俄罗斯、摩尔多瓦等除俄罗斯外的独联体国家。

市场的重要组成部分，中东欧国家不仅拥有丰饶的森林、矿产等资源，而且经济发展潜力大，产业特色鲜明，与浙江有着很强的经济互补性。对于浙江这样一个开放大省而言，中东欧背靠欧盟市场，有资源优势和劳动力成本优势，双方在经济结构、产品等方面有很强的互补性。加强与中东欧国家之间的合作，是国家战略需要，也是浙江发展的需要，对开拓新增长区域具有很强的实践意义。

第一，促进中国经济转型升级。

当前，中国经济进入"新常态"，增速下降、外贸趋紧和产能过剩等多重挑战相互交织，维护国家经济安全的压力为过去所无法比拟。"一带一路"作为新时期我国经济外交的顶层设计，在一定程度上反映了通过加强对外合作（尤其是全方位"走出去"）促进中国经济转型升级的努力。

长期以来，外需市场是中国经济持续增长的重要支撑。但是，受到国内经济下行压力、全球经济复苏乏力和主要大宗商品价格暴跌的综合影响，中国的对外贸易形势越发严峻。据海关总署统计，2015 年中国货物贸易进出口总值比 2014年下降 7%，进口和出口分别下降 13.2% 和 1.8%；与第一、第三大贸易伙伴欧盟和东盟的双边贸易额分别下降 7.2% 和 0.6%；外商投资企业、国有企业进出口额分别下降 6.5% 和 12.1%，加工贸易进出口额下降 10.6%；传统劳动密集型产品出口值则下降 1.7%。形势之困难，为近年来之少见。在此背景下，如何挖掘外贸潜力，尤其是重振与"一带一路"沿线国家的经贸合作，就成为当务之急。除了外贸萎缩之外，我国还面临着较为严重的产能过剩问题。根据工信部、发改委等部委的调研，2012 年底，中国的钢铁、水泥、电解铝、平板玻璃、船舶产能利用率分别仅为 72%、73.7%、71.9%、73.1% 和 75%，明显低于国际通常水平。同时，2012 年底，我国风电设备制造、光伏电池、多晶硅等新兴产业的利用率只有 67%、57% 和 35%。在各相关行业协会调查的 39 个产品中，有21 个产能利用率低于 75%，而按照世界公认的标准，低于 75% 已属于严重过剩。可见，与前几轮过剩相比，本轮产能过剩属于工业部门的普遍过剩，覆盖传统产业和新兴产业的多个门类，具有范围广、程度深、数量多的特点，化解难度远高于以往。产能的严重过剩造成了企业经营困难、财政收入下降、金融风险积累等一系列问题。与此同时，我国对外直接投资规模和速度不断攀升，企业和装备"走出去"势头迅猛，对外承包工程迈上新台阶。发达国家的经验表明，以资本"走出去"带动优势产业、富余产能和高端装备"走出去"，主动布局全球产业链、价值链，是经济转型升级的必经阶段，也是对外开放和"走出去"战略的升级版。习近平在 2013 年 9 月的政治局常委会会议上指出："过剩产能对我们是负担，但对周边国家和其他发展中国家则是财富。许多国家除了要我们扩大从它们国家进口外，普遍期望我们去投资兴业。"在此背景下，以周边和沿线国家为重点，以基础设施建设和产能合作为主线，鼓励优势企业赴沿线国家投资兴业，在全球范围内开展资源和价值链整合，就成了"一带一路"倡议的重要考量。

第二，促进区域协调发展和海陆双向开放。

作为一个超大型海陆复合国家，受地理区位、资源禀赋、国家战略和国际环境等多重因素的影响，中国的区域发展和对外开放长期呈现出东快西慢、海强陆弱的失衡格局。"一带一路"建设作为集区域发展和对外开放于一体的综合性战略举措，体现了新时期中国政府对该问题的统筹谋划和回应。1949年以后，国家一度有意识地通过各种制度安排和产业布局促进区域间协调发展。但随着改革开放以后中国重新加入由西方主导的国际贸易体系，东部沿海地区在外向型经济格局中的优势迅速凸显，中西部地区的人力、物力和财力等各种资源加速向东部沿海地区流动，历史上长期存在的经济重心沿海化格局在全球化的分工体系下再次强化。在此过程中，中国的产业优势（出口导向型、劳动密集型的制造业）、区域战略（优先发展东部沿海地区）与对外开放战略（沿海开放）存在着高度的协同性。1992年和1999年，国家先后实施沿边开放战略和西部大开发战略。尽管投入和成效都颇为显著，但多方面因素制约仍使东西发展和海陆开放存在较大差距。

随着全球经济尤其是外贸形势的低迷，新时期东部地区的转型升级和扩大开放也迫在眉睫。这些都成为"一带一路"倡议得以同时提出的重要出发点。在此过程中，由于直接着眼于对东快西慢、海强陆弱格局的调整超越，丝绸之路经济带倡议更能体现中国在新时期主动、积极、长远的谋划。

第三，促进能源进口与贸易路线多元化。

长期以来，作为全球最大的原料消费国和商品生产国，中国的能源进口和贸易路线高度依赖海洋通道和海上运输，由此也产生了诸多的风险与局限。"一带一路"作为两条在地理上相互补充的重要通道，正反映了中国寻求路线多元化的努力。在为全世界提供最多工业制成品的同时，中国的资源能源消费也保持着很高的对外依存度，且处于持续攀升过程中。以石油为例，2011年中国超过美国成为第一大石油进口国和消费国。由2016年度《国内外油气行业发展报告》显示：2015年中国的石油对外依存度（即石油净进口量占本国石油消费量的比例）首次突破60%。从进口来源看，自1996年中国成为原油净进口国起，中东石油的比重始终保持在50%左右。然而，中东也历来是世界地缘政治版图中族群宗教关系最复杂、大国力量交汇最集中、热点冲突最频发的区域。与中国形成鲜明反差的是，随着加拿大、墨西哥等成为主要进口来源国，美国对中东石油的依赖度已下降至20%左右。2014年6月13日，中央财经领导小组第六次会议召开，会议专门研究了新形势下我国的能源安全战略。习近平强调，"全方位加强国际合作，实现开放条件下能源安全""务实推进'一带一路'能源合作，加大中亚、中东、美洲、非洲等油气的合作力度"。这是中央最高决策层首次正式将"一带一路"建设与国家能源安全战略相结合。未来,"一带一路"建设有助于从来源地、运输方式、货币计价结算三个方面促进能源进口的多元化。

首先,在中东仍将是主要石油进口对象的背景下,积极拓展与俄罗斯、中亚、非洲等国家和地区的油气合作,促进能源进口来源的多元化。其次,在海上运输仍将于相当长的时期内发挥主要作用的背景下,通过与周边合作修建陆上油气管道的方式,促进能源进口方式的多元化。最后,在美元仍将是国际大宗商品和能源交易主要计价和结算货币的背景下,以资源能源合作为突破口,推进与"一带一路"沿线国家贸易的本币或人民币结算,促进能源进口定价权和结算货币的多元化。与能源进口类似,中国的对外贸易也高度依赖于海上运输线。仅2013年,我国90%以上的进口货物通过海运完成,货物贸易额占对外贸易总额的65%左右。受到交通物流条件的限制,陆上贸易所占的比重非常有限。因此,以基础设施互联互通和投资贸易便利化为切入点,在继续挖掘海上贸易潜力的同时,贯通中国与中南半岛、俄罗斯、蒙古国、中亚、南亚、中东欧,乃至欧盟的陆上贸易通道,构建充满活力的亚欧大市场,就成为"一带一路"倡议的重要出发点。

第 2 章

研 究 综 述

2.1 "一带一路"合作机制

2.1.1 当前"一带一路"合作机制框架

"一带一路"合作机制是以亚欧非大陆为重点、面向全世界开放的区域合作机制,其合作架构主要由三部分组成:一是对接机制,即中国与各国发展规划的对接,以及与多边合作机制的对接;二是重点领域合作机制创新,即中国与其他"一带一路"参与国在基础设施建设、贸易投资、产业合作、金融货币合作等重点领域的合作机制创新;三是区域一体化机制的建设,通过自由贸易安排、双边或区域投资协定等方式灵活渐进地推进区域一体化机制建设。总体上看,近几年"一带一路"规制建设在双边发展规划对接、重点领域规制创新方面颇有建树,但在与多边合作机制对接以及推进区域一体化机制建设方面还处于探索阶段。

一带,指的是"丝绸之路经济带",是在陆地。它有三个走向:从中国出发,一是经中亚、俄罗斯到达欧洲;二是经中亚、西亚至波斯湾、地中海;三是中国到东南亚、南亚、印度洋。"一路",指的是"21世纪海上丝绸之路",重点方向是两条:一是从中国沿海港口过南海到印度洋,延伸至欧洲;二是从中国沿海港口过南海到南太平洋。

"一带一路"贯穿亚欧非大陆,一头是活跃的东亚经济圈,一头是发达的欧洲经济圈,中间广大腹地国家经济发展潜力巨大。根据"一带一路"走向,陆上依托国际大通道,以沿线中心城市为支撑,以重点经贸产业园区为合作平台,共同打造新亚欧大陆桥、中蒙俄、中国—中亚—西亚、中国—中南半岛等国际经济合作走廊;海上以重点港口为节点,共同建设通畅安全高效的运输大通道。中巴、孟中印缅两个经济走廊与推进"一带一路"建设关联紧密，要进一步推动合作，取得更大进展。"一带一路"建设是沿线各国开放合作的宏大经济愿景，需各国携手努力，朝着互利互惠、共同安全的目标相向而行。努力实现区域基础设施更加完善，安全高效的陆海空通道网络基本形成，互联互通达到新水平；投资贸易便利化水平进一步提升，高标准自由贸易区网络基本形成，经济联系更加紧密，政治互信更加深入；人文交流更加广泛深入，不同文明互鉴共荣，各国人民相知相交、和平友好。

2.1.2 "一带一路"合作机制的主要特征

一是以发展为导向。当前全球许多区域经济合作都基于规则，这虽然有助于降低合作成本，但弊端也日益凸显。由于规则和附加条件设置过多，许多发展中国家往往很难达到要求而被拒之门外，丧失了发展机会，最终导致经济失衡。当前世界经济的不平衡现象主要是发展的问题。"一带一路"合作机制以发展为导向，将中国发展的能动性与外部世界发展的需求连接起来。共建"一带一路"倡议的核心内涵，就是促进基础设施建设和互联互通，加强经济政策协调和发展战略对接，促进协同联动发展，实现共同繁荣。

二是多元化。"一带一路"沿线地区和国家经济发展水平参差不齐，有的国家综合发展水平较高，有的还属于最不发达国家。中国与其他沿线国家建立经济合作机制，强调不同层次经济合作机制的兼容并蓄，充分考虑沿线国家经济水平和经济需求的不同，建立多层次、多形式的新合作机制，因地制宜、因国施策开展双边合作。对不同区域，中国设计不同的合作机制，这些合作机制可以包含自贸区，也可包含区域合作，还涉及经济走廊和产业园区，满足不同区域经济发展的实际需要。"一带一路"还强调发挥已有双边和多边合作机制的作用。经过40年的改革开放，中国与很多国家和地区建立了比较健全有效的双多边合作机制。中国可以充分发挥这些双多边合作机制的作用，或者对其进行改进，使之与"一带一路"建设相契合，既可以避免不必要的机制竞争，也可以降低建立新合作机制的成本。

三是开放包容。"一带一路"倡议具有开放性与包容性，受到国际社会的普遍支持。开放性是"一带一路"合作机制区别于其他区域合作机制的重要特征之一。"一带一路"没有为参加成员设置"准入门槛"，构筑资格壁垒。任何国家只要有意愿与中国携手合作发展，愿意寻求自身发展战略与"一带一路"倡议对接的合作空间，就可以通过政策沟通参与"一带一路"建设。"一带一路"的开放性，还体现在其参与国并不局限于沿线国家，而是面向所有国家开放；其合作领域不局限于某个单一领域，而是政治、经贸、文化等多领域、多层面的合作。

"一带一路"倡议也是具有包容性的倡议。包容性一方面体现为其合作伙伴的多样性，沿线各国在社会经济发展阶段、政治制度、宗教信仰等方面存在很大差异；另一方面体现为追求"普惠"的目标，让不同国家、不同阶层都能享受发展红利，最终实现人类命运共同体的目标。

2.1.3　"一带一路"的合作机制现状及效能局限

机制是合作发生与维系的关键因素，其暗含或明示的原则、规范、规则和决策程序能对国际合作进行制度化、组织化安排，促成并维系合作。作为中国加强与亚欧非及世界各国繁荣共建的系统工程，"一带一路"倡议的推进需要依托相应机制搭建合作框架。

1. 合作形式松散

从机制类型看，"一带一路"的合作机制大致可分为两种，一种是条约机制，主要为自由贸易区和上海合作组织等极少数协定性国际组织；另一种是对话机制，包括峰会、论坛、博览会等交流平台和政府间论坛性国际组织，这两类机制在"一带一路"的合作中都存在以下不足：

（1）条约机制——自由贸易区碎片化分布

自由贸易区，是指通过签署双边或多边自由贸易协定，在两个或两个以上独立关税领土之间相互取消关税或其他贸易限制而结成的集团。其中，自由贸易协定是成员方对贸易合作进行制度化安排的条约体现，具有法律约束力。根据WTO 的数据显示，"一带一路"沿线国家签订了大量的双边、多边自由贸易协定，覆盖范围远超"一带一路"所涉区域。这些协定地域交叉，主体重叠，共同分割着沿线的经贸市场，使得整个"一带一路"的自由贸易区呈碎片化分布（见表 2-1）。

由于各国开放程度的限制，同一国家签订的不同自由贸易协定对同一贸易规则往往有着不同的规定，而原产地规则的差异则会导致来自不同国家或区域的同一产品有着不同的关税税率、安全标准、环保标准及市场准入等标准，无形之中加大了国家间的贸易成本。此外，各行其是的自由贸易协定所含有的歧视性或排他性规定在一定程度上是对最惠国待遇的偏离，容易造成贸易规则的碎片化，反而降低了贸易的自由化、便利化程度，这些都在一定程度上加大了"一带一路"自贸谈判的政治压力，也使得沿线经贸合作的制度环境更为复杂。就自由贸易区效应而言，"一带一路"沿线的一体化水平不高：第一，自由化、便利化的开放水平较低。货物贸易领域壁垒较少，但大多数发展中国家及最不发达国家所签的自由贸易协定中敏感产品和例外产品的比例较高；服务贸易上基本遵循《服务贸易总协定》（GATS）规定，承诺水平采取"准入后国民待遇＋正面清单"的模式，

表 2-1　　"一带一路"沿线国家的自由贸易区情况

东亚	数量一	数量二	南亚	数量一	数量二	中亚	数量一	数量二	独联体	数量一	数量二	西亚北非	数量一	数量二	中东欧	数量一	数量二
蒙古国	1	0	不丹	4	4	哈萨克斯坦	10	10	俄罗斯	11	11	沙特阿拉伯	3	3	阿尔巴尼亚	4	3
韩国	18	9	印度	16	14	土库曼斯坦	5	5	白俄罗斯	9	8	巴勒斯坦	3	2	塞尔维亚	6	5
新加坡	21	10	尼泊尔	4	4	塔吉克斯坦	2	2	格鲁吉亚	9	9	塞浦路斯	42	19	爱沙尼亚	42	19
马来西亚	13	7	斯里兰卡	7	7	吉尔吉斯斯坦	8	8	亚美尼亚	4	4	伊朗	0	0	拉脱维亚	42	19
印度尼西亚	7	4	马尔代夫	3	3	乌兹别克斯坦	4	4	阿塞拜疆	10	10	伊拉克	1	1	斯洛伐克	42	19
缅甸	6	4	巴基斯坦	8	6				摩尔多瓦	7	7	也门	1	1	斯洛文尼亚	42	19
泰国	10	5	孟加拉国	6	5				乌克兰	16	15	土耳其	21	13	克罗地亚	40	18
老挝	9	7										叙利亚	3	3	罗马尼亚	41	17
越南	9	5										约旦	7	4	保加利亚	41	17
文莱	8	4										黎巴嫩	3	2	波黑	4	3
柬埔寨	6	4										以色列	7	2	黑山	5	4
菲律宾	8	4										阿曼	4	4	北马其顿	5	4
												阿联酋	3	3	波兰	42	19
												科威特	3	3	立陶宛	42	19
												卡塔尔	3	3	捷克	42	19
												希腊	46	20	匈牙利	42	19
												巴林	4	4			
												埃及	7	3			

注:"数量一"指各国在 WTO 备案实施的自由贸易区数量,"数量二"为各国与"一带一路"沿线国家或区域签订的自由贸易协定数量。

即列明准予市场准入或授予国民待遇的行业，这在很大程度上降低了自由贸易区的利用效率。第二，对"WTO +"新议题涉及较少。随着区域一体化的提高，投资、知识产权、竞争、环境、劳工等新议题成为促进国际贸易更大发展的动力来源。在多边体制艰难推进的背景下，美欧借助在"跨大西洋贸易与投资伙伴关系协定"（TTIP）等区域贸易协定中对新议题的谈判展开对未来国际贸易与投资规则话语权的角逐。而基于经济水平的制约，"一带一路"沿线的自由贸易协定主要集中在传统的货物贸易、服务贸易领域，范围窄、程度浅，不仅限制了"一带一路"投资、基础建设的深入，还掣肘了在国际规则制定权中的竞争。

（2）对话机制——论坛性国际组织的泛法律化、泛制度化

除了自由贸易区和上海合作组织等极少数协定性国际组织是由条约生成、能维系制度化合作外，"一带一路"的其他合作机制大多以泛法律化、泛制度化的形式存在，可以分为两种：一是论坛、峰会、博览会等非正式协商、展览机制，它们至多表明经济活动的形式、惯例，无法形成和维系长期的、实质性合作；二是正式的政府间对话合作机制，主要包括亚太经济合作组织（APEC）、亚欧会议、亚洲合作对话、亚信会议等。这类机制属于论坛性国际组织，虽由政府发起成立，但制度化较低，一般表现为国家间的非正式会议，不具备有操作能力的组织机构，缺乏条约性组织章程，不能形成规范的、有强制约束力的国际合作。

2. 合作主体侧重政府单一主导

主体是国际关系的重要因素，在国际合作中，它既是利益最大化的寻求者，又是制度、规则的制定者和合作事项的实施者，可以分为"国家—市场—社会"三个层面。根据主体功能，"一带一路"的各合作机制大体归为三类：一是政府间条约机制，包括上海合作组织和各自由贸易区；二是政府间协商机制，包括APEC、亚欧会议等对话合作组织和欧亚经济论坛等国际论坛、峰会；三是地方政府合作机制，包括依托云南、宁夏等地方举办的各类博览会和跨国次区域合作机制。这些合作机制大多是政府创设、承办的政府间合作平台，各非政府实体虽有不同程度的参与，但它们的角色更多的是外交政策的被执行者而不是积极的建议者，发挥的作用有限。尽管政府是国际合作的核心主体，但"一带一路"对非政府组织、经济实体的忽略隐含着以下风险：

第一，以国家为主导的政府间机制运行缓慢且缺乏灵活性。制度安排对利益需求存在一定的滞后性，很多情况都是先有经贸合作或先发生安全冲突再搭建合作框架。而主权国家在面临合作需求时，其反应和采取行动都是缓慢的。从展开谈判或协商—作出决策—签署条约或发表宣言—开始合作，即便是签订双边的自由贸易协定，这一过程通常也需要复杂的程序和漫长的时间，且国家间的安排往往需要国内法的调整来贯彻、实施。国家间的程序制约和宏观利益约束往往不能满足微观的、短暂性的合作需求，因此，单靠政府间机制推进"一带一路"合作

是不够的。

第二，政府间机制因利益考量而在合作范围的选择上具有局限性。作为利益行为体，国家参与国际合作往往以维护本国整体利益为前提。一方面，主权国家基于政治、经济利益，常常会忽视一些全球公益，如环境污染、医疗救助等。而以基础设施建设为核心，以发展中国家为主要地区的"一带一路"，其推动过程中必然涉及全球公益，这需要具有非营利性、公益性、专业性等优势的非政府组织补充。另一方面，政府间组织对具体经济、人文等事项的作用是有限的，就政府与市场关系而言，应当以市场调节为主。因此，"一带一路"的具体合作安排必然需要经济实体、自然人的积极参与、献言献策。

第三，政府间机制在公共外交上具有有限性。基于沿线国家的不信任和不了解，"一带一路"在推进过程中面临着诸如"中国版马歇尔""占领市场论"等舆论挑战，对此，有必要加强公共外交来抵御合作"软风险"。然而，单纯的政府外交因主体的官方性和单一性，不仅容易陷入宏观叙事的弊端，受到抵制，而且其单向宣传模式也不能得到有效的互动。

2.1.4　提高"一带一路"合作机制建设举措

1. 推进跨境经济合作等形式的跨区域合作

中国与周边国家之间有非常长的陆地和海上边境线，在沿边地区建设跨境经济合作区、边境经济合作区，具有巨大的可能性和现实可操作性。据上海证券报显示，截至 2016 年 6 月，中国已经在全球 50 多个国家设立 118 个境外经贸合作区，共有 2799 家中资企业入驻。在 65 个国家中，现有 23 个国家设立了 77 个境外合作区，共有 900 家中资企业入驻，签订 3975 个各类项目，年产值超过 200 亿美元，为当地解决 20 万人就业，上缴税收共计 10 亿美元。此外，还有 25 个构架希望同中国建立 36 个境外经贸合作区。

未来以跨国产业合作为基础吸引各国企业入园投资，形成产业示范区和特色产业园，通过产业园区建设来促进现代制造业、服务业、现代农业等相关产业融合发展，把建设境外经济合作区和边境合作区结合起来，建设跨国产业链，形成沿边境线的跨国产业带，进一步建立健全区域合作的供应链、产业链和价值链。优先采取以能源、贸易基建为主，以资源换项目、港口特许经营权等多种形式，推动大型能源和基建企业海外投资与运营，推动跨境园区建设，进行多种形式投资合作。

2. 加快推进"一带一路"多边投资框架体系逐步落地

商务部数据显示，2016 年，我国对"一带一路"沿线的 53 个国家直接投资145.3 亿美元，占同期总额的 8.5%；我国企业对相关 61 个国家的新签合同额

1260.3 亿美元, 占同期我国对外承包工程新签合同额的 51.6% ; 完成营业额 759.7 亿美元, 占同期总额的 47.7% 。然而, 双边、多边、诸边投资规则与框架尚处于空白。就当前形势看, 国际投资规则主要体现于双边投资保护协定 (BIT)、区域贸易协定 (RTA) 中的投资规定、WTO 的《与贸易有关的投资措施协定》(TRIMS) 和服务贸易总协定 (GATS) 有关商业存在的投资规定等。据联合国贸发会《2015 年世界投资报告》的统计, 截止到 2014 年底, 全球共有 3271 项各类国际投资协定。该报告建议改革国际投资治理制度, 包括保障东道国管理权利、改进投资争端解决机制、促进与便利投资、保证负责任的投资、加强国际投资协定的体制协调性等内容。在投资规则方面, 跨太平洋伙伴关系协定 (TPP) 的投资规则不仅超出了 TRIMS 的范围, 而且比目前数以千计的双边投资协定更进一步, 尤其是设立了非歧视性待遇与 "负面清单" 的投资新规则。具体包括:

(1) 以国民待遇和最惠国待遇的非歧视投资政策与 "公平公正" 和 "充分保护与安全" 为法律保护的基本规则, 同时保障各缔约方政府实现合法公共政策目标的能力, 减少或消除与贸易相关的投资规则。

(2) 各方采用 "负面清单" 模式, 此即意味着 "法无禁止皆可为", 除不符措施外, 市场将对外资全面开放。不符措施包括两个附件: 一是确保现有措施不再加严, 且未来自由化措施应具有约束力; 二是保留在未来完全自由裁量权的政策措施。

(3) 为投资争端提供了中立、透明的国际仲裁机制, 并通过有力的措施防止该机制被滥用, 确保政府出于健康、安全和环境保护之目的进行立法的权利。

(4) 全面构建与完善 "一带一路" 贸易投资争端解决机制。

"一带一路" 区域内贸易合作仍处于较低水平。和欧盟、北美自由贸易协定 (NAFTA) 以及东盟等在区域一体化方面取得实质性进展的地区相比, "一带一路" 相关国家面向区域内国家的出口和进口在全部对外贸易中的比重比较低, 区域国家经贸合作还处于初级阶段, 相应的规则制度设计迫在眉睫, 尤其需要重视的是, 从宏观经济政策领域消除 "一带一路" 沿线国家因不同贸易政策造成的 "政策壁垒"。关于贸易争端解决机制的安排, 可以借鉴欧盟、北美自由贸易区、东盟的现有做法。考虑到目前 "一带一路" 沿线国家较为松散的合作现状, 应该在对接现有贸易争端解决机制的同时, 强调用磋商的方式解决争端, 并建立区域共同专家组, 以仲裁的方式解决未能协商一致的贸易争端, 未来随着 "一带一路" 沿线国家贸易合作的日益密切, 可以考虑建立区域化的司法体系, 将贸易争端、投资争端、金融争端建立相配套的执行体系。

(5) 推动标准、规则、法规对接的一体化机制建设。

除海关之外, 跨境贸易和投资合作还涉及商品检疫检验、知识产权、产品质量和技术标准、环保标准等众多领域的标准、规则的对接与统一。同时, 由于

"一带一路"沿线国家之间的经济合作还处于起步阶段，各方面的横向衔接和沟通还不够通畅，通关和监管都仍在不断探索之中，实现区域监管一体化将是一个十分重要的目标和领域。

为促进"一带一路"区域贸易畅通，必须加强区域各领域、各方面、各层次的密切合作，如国际间的双边和多边合作、国内各部门的横向合作等。在货物贸易、投资保护、原产地规则、海关手续、贸易救济、检疫措施、技术壁垒、知识产权、政府采购、劳工与环境、临时入境等不同领域，做出合理合情的制度安排，推动贸易便利化。同时，亚欧应更好地对接基础设施建设规划和技术标准，畅通基础设施骨干通道。完善的基础设施网络有助于降低交易成本，促进要素的跨境流动，拓宽贸易投资的范围，深化市场分工，促进区域经济一体化。

（6）以规则为主导构建高标准高质量的"一带一路"自贸区网络。

目前，我国在建自贸区 20 个，涉及 32 个国家和地区。其中，已签署自贸协定 12 个，涉及 20 个国家和地区，分别是我国与东盟、新加坡、巴基斯坦、新西兰、智利、秘鲁、哥斯达黎加、冰岛和瑞士的自贸协定，内地与中国香港、澳门的更紧密经贸关系安排（CEPA），以及大陆与中国台湾的海峡两岸经济合作框架协议（ECFA），目前均已实施；正在谈判的自贸协定 8 个，涉及 23 个国家，分别是我国与韩国、澳大利亚、海湾合作委员会（GCC）、斯里兰卡和挪威的自贸协定，中日韩自贸协定、《区域全面经济合作伙伴关系》（RCEP）协定，以及打造中国—东盟自贸协定（"10＋1"）升级版。未来逐步形成立足周边、辐射"一带一路"区域、面向全球的高标准自贸区网络，并最终建成"一带一路"自由贸易区（FTA）。

此外，深化"一带一路"区域金融合作，打造货币金融合作网络。利用亚洲基础设施投资银行、丝路基金的平台优势，以及国开行、进出口银行的资金优势应积极推进中国与"一带一路"沿线国家的多边金融合作，如深化中国—东盟银行联合体、上合组织银行联合体务实合作等，推进亚洲货币稳定体系、投融资体系和信用体系建设，进一步优化各类新兴多边开发金融机构，搭建全球长期金融支持的新框架。

2.2　中国与中东欧经贸合作机遇

2.2.1　中东欧国家经贸合作需求分析

1. 中国与中东欧国家贸易需求分析

近年来，中国与中东欧国家双边贸易额显著增长。据中国海关统计，2017

年中国与中东欧 16 国进出口贸易总额中，中方出口 494.9 亿美元，增长 13.1%，进口 184.9 亿美元，增长 24%。中国与中东欧 16 国双边贸易全部保持了较好增长势头，双方贸易结构不断优化，贸易领域不断拓展。中东欧国家出口产品最主要为机电产品、贱金属及制品、光学医疗设备等，从中国进口产品主要涉及机电产品、纺织品及原料、贱金属及制品等。

2. 中国与中东欧国家投资需求分析

据不完全统计，目前中国企业在中东欧国家投资超过 90 亿美元，涉及机械、化工、通信、物流商贸、新能源、金融、农业等诸多领域；中东欧 16 国在华投资超过 14 亿美元，涉及机械制造、汽车零部件、化工、金融、环保等多个领域，相互投资领域更加多元化。

3. 中东欧国家农业及农产品需求分析

中东欧国家拥有良好的土地资源禀赋、适宜农业生产的气候条件、相对完备的农业基础设施以及较为充足的劳动力，长期向西欧国家供给粮食、蔬果、畜牧产品等。波兰被称为"欧洲果园"；罗马尼亚曾被誉为"欧洲粮仓"，是欧洲最具发展绿色环保农业潜力的国家，合作规模持续扩大。肉类、蔬果、奶制品是中国主要的进口产品，水产品、蔬果是中国主要的出口产品。

4. 中东欧旅游产业需求分析

中东欧国家都拥有着丰富的人文景观和自然景观，中东欧开放以来，中国游客人数每年都以 15% 的增长率持续上升，2010~2014 年赴匈牙利的中国游客人数翻了一番。目前匈牙利已成为中国游客赴中东欧地区旅游最主要目的地之一。

5. 中东欧纺织服装业需求分析

中东欧是欧盟纺织服装重要的生产基地。在欧盟市场上，中东欧纺织品及服装出口国比世界其他地区的纺织品及服装出口国明显占据优势。目前，波兰是中国在东欧最大的纺织品出口市场，成为中国纺织企业开拓新市场的首选。中国是捷克最大进口服装来源地，占其服装进口总值约 40%。

6. 中东欧汽车产业需求分析

汽车产业已成为波兰重点产业和热门出口行业，波兰已成为欧洲汽车零部件主要生产国之一。汽车产业是捷克国民经济支柱产业，密集、完整的汽车产业链，使捷克成为世界上汽车制造、设计与研发集中程度最高的国家之一。匈牙利的汽车工业是其国民经济的支柱产业，产值占匈国民经济生产总值的 10%。

7. 中东欧电子信息产业需求分析

波兰已成为电视机显示器和液晶显示器以及多数品牌家用电器的重要生产地，产品大部分出口欧盟国家。匈牙利是中东欧地区最大的电子产品生产国和世界电子工业主要生产基地。

8. 中东欧基础设施需求分析

中东欧国家的交通设施相对落后，在基础设施上有较大的改善空间。如阿尔巴尼亚、塞尔维亚等国家的铁路老化严重；波黑、匈牙利等国家无货运海港；斯洛文尼亚正在打造地区物流中心，积极发展新能源与水电站；塞尔维亚致力于发展网络与电信，加强电力建设与可再生能源投资等。

2.2.2　中东欧国家经贸环境分析

中东欧国家人口、面积、地理区位等存在很大差异，因此中国与中东欧各国经贸合作的环境差异性较大。

1. 总体经济情况

在经济水平上，捷克、爱沙尼亚、拉脱维亚、斯洛伐克和斯洛文尼亚5个国家被国际货币基金组织（IMF）定义为发达经济体。2013年仅波兰GDP在5000亿美元以上。在消费水平上，中东欧国家城镇化程度较高，2013年中东欧有3个国家城镇人口数量占比超过70%。供给上，中东欧国家大多未出现老龄化现象，劳动力充沛。

2. 经贸体制

中东欧国家自1990年以来实行贸易自由化，除少数商品受许可证和配额限制外，其余商品贸易不受限制。由于中东欧已有11个国家加入欧盟，新成员国与非欧盟国家的贸易受欧盟共同的贸易政策的约束。新成员国适用共同体的非关税措施，包括反补贴、反倾销、保障措施、数量限制和进出禁令等。进入新成员国市场的产品必须符合欧盟的技术标准。其他尚未加入欧盟的中东欧国家均以加入欧盟为目标，其贸易体系日益开放，贸易体制与欧盟逐步接轨。中东欧非欧盟成员国由于未加入欧盟，尚保持着贸易政策的权能，其贸易政策不受欧盟的约束。

3. 投资政策

中东欧国家对外资实行国民待遇，除金融保险、港口、机场、法律服务等特殊行业需事先申请许可外，外商可自由投资其他任何行业。外国投资者获得保护，不受国有化、没收、征用之害。欧盟成员国的优惠政策受欧盟法规的约束。

4. 营商环境及税收政策

在中东欧地区，波罗的海国家良好的营商环境名列前茅，而东南欧国家的营商环境相对较差。中东欧国家规制环境较为复杂，欧盟成员国的市场和技术准入标准较高，对项目招投标、工程施工以及技术标准均有严格的法律要求。中东欧国家均建立了现代的以增值税和所得税为核心的税收制度。

5. 政治体制及地缘政治环境

中东欧国家总体保持政治稳定，政党的分化组合尚在继续。东南欧国家的腐败程度比中欧和波罗的海国家严重。中东欧国家所处地缘政治格局总体稳定，欧债危机、乌克兰危机和难民危机等给中东欧国家安全环境增加了新的变数。

2.3　中国与中东欧经贸合作统计

2.3.1　基础设施模块统计

1. 互联网普及率

互联网普及率（见表2-2）是体现一国基础设施水平的指标之一，本书采用世界银行数据库中各国每百人中互联网使用人数作为参照。

表2-2	互联网普及率统计	单位：%
国别＼年份	2010	2015
阿尔巴尼亚	45.0	60.1
波黑	42.8	60.8
保加利亚	46.2	55.5
克罗地亚	56.5	68.6
捷克	68.8	79.7
爱沙尼亚	74.1	84.2
匈牙利	65.0	76.1
拉脱维亚	68.4	75.8
立陶宛	62.1	72.1
北马其顿	51.9	68.1
黑山	37.5	61.0
波兰	62.3	66.6
罗马尼亚	39.9	54.1
塞尔维亚	40.9	53.5
斯洛伐克	75.7	80.0
斯洛文尼亚	70.0	71.6

资料来源：世界银行数据库。

2. 铁路里程

铁路里程（见表2-3）是体现一国基础设施水平的指标之一，本书采用世界银行数据库中各国铁路里程作为参照。

表 2 - 3　　　　　　　　　铁路里程统计　　　　　　　　单位：公里

国别 \ 年份	2010	2015
阿尔巴尼亚	423	423
波黑	1026	1026
保加利亚	4098	4023
克罗地亚	2722	2604
捷克	9569	9456
爱沙尼亚	787	792
匈牙利	7893	7892
拉脱维亚	1897	1853
立陶宛	1767	1767
北马其顿	699	699
黑山	699	699
波兰	19702	18942
罗马尼亚	11110	10770
塞尔维亚	4058	3809
斯洛伐克	3587	3630
斯洛文尼亚	1228	1208

资料来源：世界银行数据库。

3. 铁路货运量

铁路货运量（见表 2 - 4）是体现一国基础设施水平的指标之一，本书采用世界银行数据库中各国铁路货运量作为参照。

表 2 - 4　　　　　　　　　铁路货运量统计　　　　　　单位：百万吨·公里

国别 \ 年份	2010	2015
阿尔巴尼亚	46	46
波黑	1227	1239
保加利亚	3061	2714

国别＼年份	2010	2015
克罗地亚	2618	2086
捷克	13592	10587
爱沙尼亚	6261	4807
匈牙利	1000	1343
拉脱维亚	17164	14991
立陶宛	13431	13344
北马其顿	497	423
黑山	497	423
波兰	34266	33256
罗马尼亚	9134	10387
塞尔维亚	3868	2646
斯洛伐克	7669	6810
斯洛文尼亚	3283	3534

资料来源：世界银行数据库。

4. 航空货运量

航空货运量（见表 2-5）是体现一国基础设施水平的指标之一，本书采用世界银行数据库中各国航空货运量作为参照。

表 2-5　　　　　　　　航空货运量统计　　　　　单位：百万吨·公里

国别＼年份	2010	2015
阿尔巴尼亚	0	0
波黑	0	0
保加利亚	2	2
克罗地亚	2	1
捷克	18	27
爱沙尼亚	4	1
匈牙利	6	0
拉脱维亚	5	2

年份 \ 国别	2010	2015
立陶宛	3	1
北马其顿	0	0
黑山	0	0
波兰	77	120
罗马尼亚	5	5
塞尔维亚	2	3
斯洛伐克	0	0
斯洛文尼亚	2	1

资料来源：世界银行数据库。

5. 港口基础设施质量

港口基础设施质量（见表2-6）是体现一国基础设施水平的指标之一，本书采用世界经济论坛发布的《全球竞争力报告》中港口质量指数作为参考指标，按照"1 = 十分欠发达，7 = 十分发达高效"进行统计。

表2-6　　　　　　　　　　　港口基础设施质量统计

年份 \ 国别	2010	2015
阿尔巴尼亚	3.5	4.2
波黑	1.6	2.0
保加利亚	3.8	3.9
克罗地亚	4.0	4.5
捷克	4.6	3.6
爱沙尼亚	5.6	5.5
匈牙利	4.0	3.4
拉脱维亚	4.7	5.2
立陶宛	4.7	4.9
北马其顿	3.7	3.6
黑山	3.4	4.2
波兰	3.3	4.0

续表

年份国别	2010	2015
罗马尼亚	3.0	3.4
塞尔维亚	2.8	2.7
斯洛伐克	4.0	3.2
斯洛文尼亚	5.3	5.0

资料来源：世界经济论坛、全球竞争力报告。

6. 人口数量

人口数量（见表 2-7）是反映中东欧各国社会环境的重要指标，数据来源于世界银行数据库。

表 2-7　　　　　　　　　　　　人口数量统计　　　　　　　　　单位：千人

年份国别	2010	2015
阿尔巴尼亚	2913.02	2889.17
波黑	3835.26	3810.42
保加利亚	7395.6	7177.99
克罗地亚	4417.78	4224.4
捷克	10474.41	10551.22
爱沙尼亚	1331.47	1312
匈牙利	10000.02	9844.69
拉脱维亚	2097.55	1978.44
立陶宛	3097.28	2910.2
北马其顿	2062.44	2078.45
黑山	619.43	622.39
波兰	38042.79	37999.49
罗马尼亚	20246.87	19832.39
塞尔维亚	7291.44	7098.25
斯洛伐克	5391.43	5424.05
斯洛文尼亚	2048.58	2063.77

资料来源：世界银行数据库。

2.3.2 中国—中东欧国家双边合作评价体系

1. 政治合作

通过中华人民共和国驻中东欧各国大使馆网站查询，中国—中东欧国家伙伴关系如表2-8所示。

表2-8   中国—中东欧国家伙伴关系

国别	伙伴关系
阿尔巴尼亚	传统合作伙伴（2009）
波黑	
保加利亚	全面友好合作伙伴（2014）
克罗地亚	合作伙伴（2002）、全面合作伙伴（2005）
捷克	战略伙伴（2016）
爱沙尼亚	
匈牙利	友好合作伙伴（2004）
拉脱维亚	
立陶宛	
北马其顿	
黑山	
波兰	战略伙伴（2011）、全面战略伙伴（2016）
罗马尼亚	全面友好合作伙伴（2004）
塞尔维亚	战略伙伴（2009）、全面战略伙伴（2016）
斯洛伐克	战略伙伴（2016）
斯洛文尼亚	

资料来源：中国外交部网站、中国驻中东欧各国大使馆网站。

2. 高层关系

高层关系统计数据如表2-9所示。

表 2 – 9　　　　　截至 2011 年和 2016 年中国—中东欧双边高层互访统计

国别＼年份	2011	2016
阿尔巴尼亚	16	25
波黑	6	15
保加利亚	38	59
克罗地亚	14	28
捷克	23	48
爱沙尼亚	31	40
匈牙利	58	75
拉脱维亚	42	54
立陶宛	39	51
北马其顿	31	40
黑山	10	21
波兰	88	111
罗马尼亚	19	32
塞尔维亚	12	26
斯洛伐克	22	32
斯洛文尼亚	10	24

资料来源：中国外交部网站、中国驻中东欧各国大使馆网站。

3. 外交访问

外交访问统计数据如表 2 – 10 所示。

表 2 – 10　　　　　截至 2011 年和 2016 年中国—中东欧外交访问统计

国别＼年份	2011	2016
阿尔巴尼亚	8	10
波黑	3	6
保加利亚	2	3
克罗地亚	0	2
捷克	2	5

国别 \ 年份	2011	2016
爱沙尼亚	13	14
匈牙利	7	8
拉脱维亚	13	18
立陶宛	12	13
北马其顿	0	0
黑山	5	5
波兰	15	22
罗马尼亚	3	4
塞尔维亚	2	7
斯洛伐克	1	3
斯洛文尼亚	3	4

资料来源：中国外交部网站、中国驻中东欧各国大使馆网站。

4. "一带一路" 谅解备忘录

截至 2016 年，中东欧 16 国中已有匈牙利、波兰、塞尔维亚、拉脱维亚、捷克、保加利亚、斯洛伐克与中国签署了"一带一路"建设谅解备忘录，见表 2 - 11。

表 2 - 11　　　　截至 2016 年中国—中东欧签署《"一带一路"
建设谅解备忘录》情况

国别 \ 年份	2016
阿尔巴尼亚	0
波黑	0
保加利亚	1
克罗地亚	0
捷克	1
爱沙尼亚	0
匈牙利	1
拉脱维亚	1

国别＼年份	2016
立陶宛	0
北马其顿	0
黑山	0
波兰	1
罗马尼亚	0
塞尔维亚	1
斯洛伐克	1
斯洛文尼亚	0

资料来源：中国外交部网站、中国驻中东欧各国大使馆网站。

5. 联合声明

通过中华人民共和国驻中东欧各国大使馆网站查询，中国—中东欧国家之间达成的联合公报、联合声明（见表 2 - 12）如下：

阿尔巴尼亚：

《中华人民共和国和阿尔巴尼亚共和国联合公报》，1996 年 1 月 17 日。

《中华人民共和国和阿尔巴尼亚共和国联合公报》，2000 年 12 月 7 日。

《中华人民共和国和阿尔巴尼亚共和国联合公报》，2004 年 9 月 14 日。

《中华人民共和国和阿尔巴尼亚共和国关于深化传统友好关系的联合声明》，2009 年 4 月 21 日。

波黑：

《中华人民共和国与波斯尼亚和黑塞哥维那共和国建交联合公报》，2002 年 3 月 14 日。

保加利亚：

《中华人民共和国和保加利亚共和国联合声明》，1998 年 5 月 11 日。

《中华人民共和国政府和保加利亚共和国政府联合声明》，2006 年 11 月 20 日。

《中华人民共和国和保加利亚共和国建立全面友好合作伙伴关系的联合公报》，2014 年 1 月 14 日。

克罗地亚：

《中国和克罗地亚关于深化互利合作关系的联合声明》，2002 年 5 月 17 日。

《中华人民共和国和克罗地亚共和国关于建立全面合作伙伴关系的联合声明》，2005 年 5 月 26 日。

捷克：

《中华人民共和国政府与捷克共和国政府联合公报》，1999 年 12 月 18 日。

《中华人民共和国政府和捷克共和国政府联合声明》，2005 年 12 月 9 日。

《中华人民共和国政府和捷克共和国政府联合声明》，2006 年 7 月 25 日。

《中华人民共和国和捷克共和国关于建立战略伙伴关系的联合声明》，2016 年 3 月 29 日。

匈牙利：

《中华人民共和国政府与匈牙利共和国政府联合声明》，2000 年 12 月 7 日。

《中华人民共和国和匈牙利共和国联合声明》，2004 年 6 月 11 日。

《中华人民共和国政府和匈牙利政府关于在新形势下深化双边合作的联合声明》，2014 年 2 月 13 日

立陶宛：

《中华人民共和国和立陶宛共和国建交联合公报》，1991 年 9 月 14 日。

北马其顿：

《中华人民共和国和北马其顿共和国联合公报》，2002 年 3 月 14 日。

《中华人民共和国和北马其顿共和国关于实现关系正常化的联合公报》，2001 年 6 月 18 日。

《中华人民共和国和北马其顿共和国关于巩固和促进友好合作关系的联合声明》，2002 年 4 月 28 日。

《中华人民共和国和北马其顿共和国联合声明》，2007 年 12 月 5 日。

《中华人民共和国和北马其顿共和国关于深化互利合作关系的联合声明》，2007 年 12 月 5 日。

黑山：

《中华人民共和国和黑山共和国建立外交关系联合公报》，2006 年 7 月 13 日。

波兰：

《中华人民共和国和波兰共和国联合公报》，1997 年 11 月 17 日。

《中华人民共和国和波兰共和国联合声明》，2004 年 6 月 8 日。

《中华人民共和国和波兰共和国关于建立战略伙伴关系的联合声明》，2011 年 12 月 20 日。

《中华人民共和国和波兰共和国政府间合作委员会首次全体会议联合新闻稿》，2015 年 6 月 17 日。

《中华人民共和国和波兰共和国关于建立全面战略伙伴关系的联合声明》，2016 年 6 月 21 日。

罗马尼亚：

《中华人民共和国和罗马尼亚联合公报》，1997 年 9 月 8 日。

《中华人民共和国和罗马尼亚新闻公报》，2002 年 6 月 29 日。

《中华人民共和国和罗马尼亚联合声明》，2003 年 8 月 26 日。

《中华人民共和国和罗马尼亚关于建立全面友好合作伙伴关系的联合声明》，2004 年 6 月 14 日。

《中华人民共和国和罗马尼亚政府关于新形势下深化双边合作的联合声明》，2013 年 11 月 27 日。

塞尔维亚：

《中华人民共和国和塞尔维亚共和国关于建立战略伙伴关系的联合声明》，2009 年 8 月 20 日。

《中华人民共和国和塞尔维亚共和国关于深化战略伙伴关系的联合声明》，2013 年 8 月 26 日。

《中华人民共和国和塞尔维亚共和国关于建立全面战略伙伴关系的联合声明》，2016 年 6 月 19 日。

斯洛伐克：

《中华人民共和国与斯洛伐克共和国联合声明》，2003 年 6 月 23 日。

斯洛文尼亚：

《中华人民共和国与斯洛文尼亚共和国联合公报》，2002 年 3 月 14 日。

《中华人民共和国与斯洛文尼亚共和国建交联合公报》，2002 年 3 月 14 日。

表 2 - 12   截至 2011 年和 2016 年中国—中东欧国家间联合声明统计

国别 \ 年份	2011	2016
阿尔巴尼亚	4	4
波黑	1	1
保加利亚	2	3
克罗地亚	2	2
捷克	3	4
爱沙尼亚	0	0
匈牙利	2	3
拉脱维亚	0	0
立陶宛	1	1
北马其顿	5	5
黑山	1	1
波兰	3	5

年份 国别	2011	2016
罗马尼亚	4	5
塞尔维亚	1	3
斯洛伐克	1	1
斯洛文尼亚	2	2

资料来源：中国外交部网站、中国驻中东欧各国大使馆网站。

经过"16+1合作"机制以来的不断深化与落实，中国—中东欧各国的双边合作均取得了许多成果，双边合作得到了很大提升。提升幅度最大的是捷克，其次是塞尔维亚、保加利亚和北马其顿，波兰、斯洛伐克、罗马尼亚、波黑和阿尔巴尼亚也有一定程度的提升。当然，在此期间也存在合作成果相对较少的国家，如爱沙尼亚、拉脱维亚、黑山三国。尤其值得一提的是，中国与匈牙利的双边合作近年来在中东欧地区一直保持最好水平。

2.4　中东欧16国贸易投资总览

2.4.1　中东欧16国贸易情况

中东欧16国均为"一带一路"倡议沿线国，分别是捷克、匈牙利、阿尔巴尼亚、波黑、保加利亚、克罗地亚、爱沙尼亚、拉脱维亚、立陶宛、黑山、塞尔维亚、北马其顿、罗马尼亚、波兰、斯洛伐克、斯洛文尼亚。其中，捷克、斯洛伐克、匈牙利、塞尔维亚、北马其顿为内陆国，其余国家为临海国。除塞尔维亚、黑山、北马其顿、波黑、阿尔巴尼亚外，其余11国均为欧盟成员国。

中东欧16国位于欧洲中东部，总面积134.27万平方公里，总人口约1.20亿（2015年）。中东欧国家在"丝绸之路经济带"发展格局中，地理位置优越，向西可辐射欧洲，是打通"丝绸之路经济带"西进欧洲的重要桥梁，是中国通过海路和陆路进入欧洲腹地的必经之路。据联合国统计局数据显示，2015年，中东欧16国CDP总量为13512.63亿美元，占"一带一路"沿线65个国家GDP总量的6.09%，占全球GDP总量的1.84%；人均GDP约11278美元。

联合国商品与贸易统计数据库资料显示，2014年中东欧16国货物进出口贸易总额约15419.08亿美元，占全球货物进出口总额的4.09%，占"一带一路"

国家总额的 12. 08% ；与 2005 年相比，进出口总额增加 8209. 51 亿美元，增长约 113. 87% 。其中，16 国货物出口总额约 7581. 60 亿美元，占全球货物出口总额的 4. 06% ，占"一带一路"国家的 10. 94% ；16 国货物进口总额约 7837. 48 亿美元，占全球货物进口总额的 4. 12% ，占"一带一路"国家的 13. 43% 。与 2005 年相比，出口额增长 130. 36% ，进口额增长 100. 02% 。中东欧国家主要贸易伙伴国为欧盟国家。中国、俄罗斯等"一带一路"国家在其贸易结构中保持比较稳定的地位。

中国与中东欧 16 国的贸易活动日渐频繁。2014 年，中国与中东欧 16 国的进出口贸易总额约 601. 55 亿美元，占中国全球货物进出口总额的 1. 40% ；与 2005 年相比，进出口额增长 356. 54% ，在中国进出口市场中的份额增加 0. 47 个百分点。其中，2014 年中国对中东欧 16 国出口共 437. 06 亿美元，占中国全球出口市场总额的 1. 87% ；中国从中东欧 16 国进口约 164. 50 亿美元，占中国全球进口市场总额的 0. 84% 。与 2005 年相比，中国对中东欧 16 国出口额增长 297. 54% ，进口额增长 653. 77% 。中国出口至中东欧地区的主要产品为电机电气、音像设备及零附件，机械器具及零件，光学、医疗精密仪器，服装鞋靴，家具、寝具等；中国从该区域进口的主要产品为车辆及零件（轨道除外），机械器具及零件，电机电气、音像设备及零附件，金属及制品，塑料及制品等。

中国与中东欧各国出口产品结构相似度较低，贸易互补关系强。2013 年中国与中东欧国家的平均贸易竞争指数为 0. 2020，整体竞争关系较强，其中与捷克、斯洛伐克、匈牙利、波兰的竞争关系较为激烈，出口产品结构呈同质化趋势；与阿尔巴尼亚、北马其顺、波黑等 9 国的贸易竞争关系很弱，出口产品结构相似度极低。与 2005 年相比，2013 年中国与中东欧国家的平均贸易竞争指数增加 0. 0361，与捷克、斯洛伐克等国竞争关系加剧，与匈牙利、爱沙尼亚等国竞争关系得到缓和。2013 年，以中国出口计算，中国与中东欧国家的平均贸易互补指数为 0. 3463，贸易互补关系强，中国产品出口与捷克、波兰、斯洛伐克等国的产品进口结构相似度较高。与 2005 年相比，2013 年以中国出口计算的贸易互补指数增长 5. 86% ，贸易互补关系得到进一步提升和改善。以中国出口计算的贸易互补指数均大于以中东欧各国出口计算的贸易互补指数，因此，中东欧国家有利于中国产品出口。

2.4.2　中东欧 16 国的投资情况

据联合国贸发会议数据，2014 年，中东欧 16 国共吸引外资 406. 64 亿美元，占全球 FDI 流入流量的 3. 31% ，占"一带一路"沿线 65 国的 9. 21% ；对外直接投资共 110. 05 亿美元，占全球 FDI 流出流量的 0. 81% ，占"一带一路"国家流量的 3.41%；外资净流入 296.59 亿美元。2014 年，中东欧 16 国外资净流入 7857.11 亿美元，占全球 FDI 流入存量的 3.19%，占 "一带一路" 国家流入存量的 14.31%；外资流出存量共 1555.69 亿美元，占全球 FDI 流出存量的 0.63%，占 "一带一路" 国家流出存量的 5.78%。外资主要来源国为欧盟和独联体国家。

总体而言，中国与中东欧国家传统友谊深厚，合作历史悠久。近年来，中东欧国家整体经济呈增长态势，发展潜力巨大。然而，无论是对外贸易还是吸引的外资直接投资，主要来自欧盟国家，部分国家经济对欧盟依赖率超过 80%。近年来欧元区经济增长缓慢，对中东欧经济发展构成潜在风险，因此，中东欧国家普遍对 "一带一路" 建设充满期待，与中国加强经济合作有助于中东欧国家推动经济多元化发展。对中国而言，中东欧国家占 "一带一路" 倡议沿线国近四分之一，是全球新兴市场的重要板块，是中国企业 "走出去" 的理想场所。新形势下，双方增进相互了解、加强经贸合作的意愿十分强烈。中国与中东欧 16 国合作未来大有可为。

第 3 章

经济贸易合作相关理论

3.1 西方传统国际贸易理论

从亚当·斯密的绝对优势理论到大卫·李嘉图的比较优势理论，古典经济学派在解释国际贸易基础，揭示决定生产和贸易模式的因素以及衡量国际贸易对本国经济的影响和贸易所得等方面都做出了极其重要的贡献。当今的许多重要理论与政策仍然得益于古典贸易理论的有益启示。

3.1.1 亚当·斯密的绝对优势理论

亚当·斯密（Adam Smith, 1723 ~ 1790）是资产阶级经济学古典学派的主要奠基人之一，也是国际贸易分工理论的创始者，是倡导自由贸易的带头人。斯密所处的时代，正值英国产业革命逐渐展开、欧洲启蒙运动波澜壮阔。在这一时期，英国经济实力不断增强，新兴产业资产阶级迫切要求在国民经济各个领域迅速发展资本主义，但却仍然受到中世纪遗留下来的封建行会制度和资本原始积累时期建立起来的重商主义政策体系的束缚。当时仍存在于乡间的行会制度规章严重限制了生产者和商人的正常活动。同时重商主义主张政府严格控制经济活动，推行极端保护主义，奖出限入，鼓吹经济民族主义，认为国家只有在他国损失的前提下才能获利，这严重阻碍了对外贸易的扩大，使新兴资产阶级很难从海外获得生产所需的廉价原料，也限制了其海外市场的开拓。站在产业资产阶级的立场上，斯密在 1776 年发表的《国民财富的性质和原因的研究》（简称《国富论》）一书中，批判了重商主义，创立了自由放任的自由主义经济理论。在国际分工和国际贸易方面，提出了主张自由贸易的绝对优势理论。

1. 绝对优势理论的主要论点

（1）国际分工可以提高劳动生产率，是国际贸易的基础

亚当·斯密的绝对优势理论，是建立在他的分工和国际分工学说基础之上的。国际分工是各国之间的劳动分工，是社会分工向国外的延伸。当社会生产力发展到一定水平，一国经济的内部分工就会超越国家界限，形成国际分工。

斯密非常重视分工，他在《国富论》中开宗明义阐明了分工与一国国民财富的关系，认为分工可以提高劳动生产率，因而能增加国家财富。他以制造业为例来说明其观点：在没有分工的情况下，一个粗工每天至多只能制造 20 枚针，有的甚至连一枚也制造不出来，而在分工之后，平均每人每天可以制造针 4800 枚，每个工人的劳动生产率提高了数百倍，这显然是分工的结果。因为分工的优势在于可以提高劳动生产率，原因是：第一，分工能增进劳动者的熟练程度或技巧；第二，分工使每个人专门从事某项作业，可以节省与生产没有直接关系的时间；第三，分工有利于发明创造和改进工具。

在斯密看来，分工是由交换引起的。他在《国富论》中说道："由于我们所需要的相互帮助，大部分是通过契约、交换和买卖取得的，所以当初产生分工的也正是人类要求相互交换这个倾向。"而引致交换的原因，斯密认为则是人类特有的一种倾向——"互通有无，物物交换，相互交易。"在他看来，交换是人类出于利己心并为达到利己的目的而进行的活动，人们为了追求私利而乐于进行交换。为了交换，就要生产能交换的东西，"这就鼓励大家各自委身于一种特定业务，使他们在各自的业务上，磨炼和发挥各自的天赋资质和才能。"于是便产生了分工。

（2）两国间的贸易基于绝对优势

斯密认为，分工既然可以极大地提高劳动生产率，那么每个人都专门从事他最擅长的产品的生产，然后彼此进行交换，去交换自己不擅长生产的产品，这样交换双方都会受益。他指出"如果一件东西在购买时所费的代价比在家里生产时所费的小，就永远不会想要在家里生产。这是每一个精明的家长都知道的格言。裁缝不想制作他自己的鞋子，而是向鞋匠购买。鞋匠不想制作他自己的衣服，而雇裁缝裁制。农民不想缝衣，也不想制鞋，而宁愿雇用那些不同的工匠去做。他们都感到，为了他们自身的利益，应当把他们的全部精力集中使用到比邻人处于某种有利地位的方面，而以劳动生产物的一部分购买他们所需要的任何其他物品。"

斯密还指出，一国内部不同个人或家庭之间的分工原则同样适用于国际分工。他在《国富论》中写道："在每一个私人家庭的行为中是精明的事情，那么这种行为，对一个国家说来绝不是件愚蠢的事情。如果外国能以比我们自己制造还便宜的商品供应我们，我们最好就用我们有利地使用自己的产业生产出来的物

品的一部分来向他们购买。"各国应选择自己最擅长的产品进行生产，然后进行交换，这样的国际分工和贸易必然对双方都有利。

那么，用什么标准来衡量一国是否"擅长"某种产品的生产呢？斯密认为应依据生产成本把本国生产某种产品的成本（即生产费用）与外国生产同种产品的成本相比较，以便决定是自己生产还是从外国进口。如果一国某种产品的生产成本绝对地低于他国，那该国在该产品的生产上就具有绝对优势；相反，就是不具有绝对优势或者说具有"绝对劣势"。各国应依照各自的绝对优势进行国际分工，专门从事本国具有绝对优势的产品生产并与他国进行贸易，这将使各国的劳动力、资本等资源得到最有效率的利用，将大大提高劳动生产率，增加各国的物质福利。这就是所谓"绝对优势理论"。

国际分工之所以应按照绝对优势的原则进行，斯密认为是因为"在某些特定商品生产上，某一国占有那么大的自然优势，以致全世界都认为，跟这种优势作斗争是枉然的。"举例来说，在气候寒冷的苏格兰，人们可以利用温室生产出极好的葡萄并酿造出与从国外进口一样好的葡萄酒，但却要付出高 30 倍的代价。如果真的这样做，那就是明显的愚蠢行为了。

（3）有利的自然禀赋或后天的有利条件是绝对优势的两大来源

斯密认为，自然禀赋和后天的有利条件是绝对优势的两大来源，也是国际分工的前提。所谓自然禀赋的优势，即一国在地理、环境、土壤、气候、矿产等自然条件方面的优势，是天赋的优势；而后天的有利条件优势则是指人民特殊的技巧和工艺上的优势，是通过训练、教育而后天获得的优势。各个国家的自然禀赋和后天的有利条件各不相同，一国如果拥有其中的一种优势，那么这个国家某种商品的劳动生产率就会高于他国，生产成本就会绝对地低于他国，而在该商品的生产和交换上处于绝对有利地位。各国按照各自的有利条件进行分工和交换，将会使各国的资源、劳动力和资本得到最有效的利用，将会大大地提高劳动生产率和增加社会物质财富，并使各国从贸易中获益，体现了绝对优势理论的基本精神。

2. 斯密贸易思想简评

绝对优势理论从劳动分工原理出发，在人类认识史上第一次论证了贸易互利性原理，克服了重商主义认为国际贸易只是对单方面有利的片面看法。这种贸易分工互利的"双赢"思想在国际贸易学说史上具有划时代的意义，到现代也没有过时，将来也不会过时。从某种意义上说，这种"双赢"理念仍然是各国扩大对外开放、积极参与国际贸易的指导思想。一个国家，一个民族，闭关自守肯定落后；以邻为壑的贸易保护主义政策，只会导致"两败俱伤"的结果，这仍然是斯密的贸易分工理论留给我们的最重要的启示。

但是，斯密关于交换引起分工，而交换又是人类固有的倾向的观点是错误的。事实上，交换以分工为前提。在历史上，分工先于交换产生。秘鲁人的分工很早就出现了，但那时并没有私人交换；印度共同体内部有严密分工的时候，也不存在商品交换。同时，交换也不是人类本性的产物，而是社会生产力和分工发展的结果。

此外，斯密的绝对优势理论本身具有一定的局限性。绝对优势理论只说明了国际贸易中的一种特殊情形，即具有绝对优势的国家如何通过参与国际分工而获益，而不能解释国际贸易的全部。

3.1.2 大卫·李嘉图的比较优势理论

大卫·李嘉图（David Richard，1772~1823）是英国工业革命深入发展时期的经济学家，是当时英国工业资产阶级的思想家，是资产阶级古典经济学的集大成者。他出身于一个交易所经纪人家庭，14 岁开始从事交易所活动，25 岁便成为百万富翁。1809 年，他开始钻研政治经济学，处女作《黄金的价格》使他一举成名，后当选为国会议员，备受政府要员的青睐。其主要代表作是 1817 年出版的《政治经济学及赋税原理》。

李嘉图所处的时代，是英国工业革命迅速发展、资本主义不断上升的时代。当时英国社会的主要矛盾是新兴工业资产阶级同地主贵族阶级之间的矛盾，工业革命的迅速发展将这一矛盾推至异常尖锐的程度。在经济方面，工业资产阶级和地主贵族阶级围绕《谷物法》的存废展开了激烈的斗争。李嘉图在这场斗争中站在工业资产阶级一边，他在《政治经济学及赋税原理》一书中提出了以自由贸易为前提的比较优势理论，不但进一步发展了斯密的理论，而且解释了斯密未能解释的事实上存在的几乎所有产品都处于绝对优势的发达国家和几乎所有产品都处于绝对劣势的经济不发达国家之间的贸易现象，为工业资产阶级的斗争提供了有力的理论武器。

1. 比较优势理论的产生

19 世纪初，英国进行了反对拿破仑的战争，军费增加导致财政困难，政府采取了大量发行纸币的应付方法，导致货币贬值，物价上涨。战争、工业革命和城市人口的增加，使国内谷物供应不足，需要大量进口，而英国国会却在 1815年颁布了《谷物法》，规定国内谷物价格高到一定程度才允许进口谷物，而这一价格界限定得十分高，造成国外谷物无法进入英国市场。《谷物法》颁布后，英国国内粮价和地租猛涨，资本家雇佣工人的成本（工资）增加，利润减少，工人生活支出中粮食部分加大，用于购买其他工业品部分减少。同时其他国家必然进行报复，对英国工业品实行高关税。这一切都损害了新兴工业资产阶级的利益，加剧了他们同地主贵族之间的矛盾。为此，工业资产阶级主张废除《谷物法》，实行自由贸易；而地主阶级则极力维护《谷物法》，认为英国可比其他国家更便宜地生产粮食，反对进口。作为工业资产阶级的代言人，李嘉图认为尽管英国生产粮食比外国便宜，仍应该大量进口粮食，因为英国在某些其他生产部门中的优势大大超过粮食生产的优势，英国应该大力发展相对来说具有更大优势的产业，并用这些产业的产品去换取更多的粮食，这样对英国更有利。对此，李嘉图提出了比较优势理论。

2. 比较优势理论的内容

李嘉图的比较优势理论是在斯密的绝对优势理论的基础上发展起来的。斯密认为由于自然禀赋和后天的有利条件的差异，各国均有一种产品生产成本低于他国而具有绝对优势，按绝对优势原则进行分工和交换，各国均可获益。李嘉图发展了斯密的观点，认为各国不一定要专门生产劳动成本绝对低（即绝对有利）的产品，而只要专门生产劳动成本相对低（即利益较大或不利较小）的产品，便可进行对外贸易，并能从中获益和实现社会劳动的节约。

李嘉图采用从个人到国家的推论法来阐述比较优势理论。在《政治经济学及赋税原理》的"论对外贸易"一章中，他举例说，如果两个人都制造鞋子和帽子，其中一个人在这两种产品的制造上均强于另一个人，但是制帽时只强 $1/5$，而制鞋时则强 $1/3$，那么这个较强的人应专门制鞋，而那个较弱的人则专门制帽，然后交换，这样对双方来说都有利。

由个人推及国家，李嘉图认为国家也应按"两利相权取其重，两弊相权取其轻"的比较优势原则进行分工。他主张，"各国应集中生产优势较大或者劣势较小的商品……这样的国际分工对贸易各国都有利"。也就是说，在各种商品的生产上都占有绝对优势的国家，应集中生产优势相对较大的产品，而在各种产品的生产上都处于劣势的国家，应集中生产劣势相对较小的产品，然后通过国际贸易，双方都能取得比自己以等量劳动所能生产的更多的产品，从而实现产品总产量的提高、各国消费水平的提高和社会劳动的节约，给贸易双方都带来利益。

总之，李嘉图认为，国际贸易的基础并不限于绝对成本差别，只要各国之间存在着生产成本上的相对差别，就会出现产品价格上的相对差别，从而使各国在不同产品的生产上具有比较优势。比较成本差异的存在，是国际贸易分工的基础。

3. 李嘉图贸易思想简评

李嘉图比较优势理论的问世，标志着国际贸易学说总体系的建立。它被美国当代著名经济学家萨缪尔森称为"国际贸易不可动摇的基础"。处于国际贸易理论核心地位的比较优势理论，具有很高的科学价值和现实意义。比较优势理论作为反映国际贸易领域客观存在的经济运行的一般原则和规律的学说，具有很高的科学价值和现实意义。

首先，比较优势理论比绝对优势理论更全面、更深刻，为世界各国参与国际分工和国际贸易提供了理论依据，具有划时代的意义。它的问世改变了过去一些学者关于自由贸易的利益只是来自于商品成本绝对低的国家生产的观点，从实证经济学的角度揭示了贸易互利性原理，证明了国际贸易的产生不仅在于绝对成本的差异，而且在于比较成本的差异：一国只要按照比较优势原则参与国际分工和国际贸易，即专业化生产和出口本国生产成本相对较低（即具有比较优势）的产品，进口本国生产成本相对较高（即具有比较劣势）的产品，便可获得实际利益。这个理论比起斯密的绝对优势理论对于贸易分工基础的认识，无疑是大大前进了一步。它阐明了这样一个道理：经济发展水平不同的国家都可以从参与国际贸易与国际分工中获得利益。这无疑为各国发展经济贸易关系提供了有力的论证，有助于整个世界贸易的扩大和社会生产力的发展。

其次，比较优势理论在历史上起过重大的进步作用。它为当时的英国工业资产阶级争取自由贸易政策提供了有力的理论武器，促进了英国生产力的迅速发展，在英国成为"世界工厂"，位居世界工业和贸易首位的进程中贡献卓著。

但是，比较优势理论也存在一些缺陷和问题。

首先，在比较优势理论的论证中，李嘉图把多变的经济情况抽象为静态的、凝固的状态，而忽略了动态分析。他没有认识到劳动生产率是一个可变的因素，并非固定不变。一个国家可以通过技术引进和革新来提高劳动生产率，从而改变比较成本的差异，使国际贸易分工格局发生变化。在科学技术和劳动生产率不断变化的现实情况下，一国当前的相对优势，有可能变成以后的相对劣势；当前的相对劣势，也有可能变成以后的相对优势。因此，一国在参与国际贸易分工时，不能只着眼于当前的静态优势，还要着眼于长远的发展利益，注意培育动态优势。否则，一国如果把生产的相对优势长期固定在少数几种产品上，特别是固定在少数初级产品的生产上，将是非常不利的。

其次，李嘉图的比较优势理论仍是以劳动价值论为基础，但从总体上讲，其劳动价值论是不彻底的，这主要体现在他不能正确解释为什么在国际间不等量的劳动可以相交换并形成贸易互利。李嘉图大概也感觉到他难以回答这些问题，只得说："支配一个国家中商品相对价值的法则不能支配两个或更多国家间相互交换的商品的相对价值。"对于支配国家间贸易商品的相对价值的因素，他解释说，一切外国商品的价值，是由用来和它们交换的本国土地和劳动产品的数量来衡量的。这样，李嘉图又回到他批评斯密的"购得劳动决定价值"论去了。李嘉图认识到价值规律的国际作用发生了重大变化，但却未能正确解释这一变化，这是由于他没有国际社会必要劳动时间和国际价值的概念，因而找不到国际交换的价值标准的结果。

最后，李嘉图并没有考察国际相对价格或者贸易条件是如何精确地被决定的。实际上，贸易中的价格不仅仅只是由劳动价值论来决定，而且还取决于两个贸易国家之间的均衡。

3.1.3　赫克歇尔—俄林的要素禀赋理论

古典学派的国际分工和国际贸易理论在西方经济学界占支配地位长达一个世纪之久，直到 20 世纪 30 年代，瑞典经济学家伯尔蒂尔·俄林（Bertil Ohlin）在其《区际贸易和国际贸易》书中，提出了要素禀赋理论（Factor Endowment Theory），开始了新古典贸易理论的探索和发展。由于俄林在其著作中采用了其师埃利·赫克歇尔（Eli Heckscher）的主要观点，因此要素禀赋理论也被称作赫克歇尔—俄林原理（The Heckscher—Ohlin Theoren）或赫—俄模型（H - O 模型）。

1. 要素禀赋理论模型

为了准确表达和解释要素禀赋理论模型，我们必须首先准确地界定与该理论相关的主要概念。

（1）要素禀赋（factor endowments）

所谓要素禀赋，指的是各国生产要素（即经济资源）的拥有状况，是生产要素在一个地区的天然供给状况。有的国家劳动力十分丰裕，例如中国、印度、巴基斯坦等，中国与印度的人口都超过 10 亿，劳动力的绝对数量是非常丰裕的。有的国家和地区资本非常丰裕，例如美国、日本、欧洲一些发达国家等。有的国家土地非常丰裕，例如澳大利亚、加拿大等。

（2）要素密集度（factor intensity）

要素密集度，是指生产某产品投入不同要素的相对密集程度。我们通常会因某种产品生产时投入要素的多少而称其为劳动密集型产品、资本密集型产品、土地密集型产品、资源密集型产品或技术密集型产品等。这实际上就涉及产品所包含的各种生产要素密集度这一概念。举例来说，有 X、Y 两种商品，K（资本）、L（劳动）两种生产要素，如果 $K_X/L_X > K_Y/L_Y$，那么 X 商品称为资本密集型商品，Y 商品为劳动密集型商品。衡量商品的要素密集度，关键看单位劳动所需资本，而不是劳动和资本的绝对数量。

（3）要素丰裕度（factor abundance）

生产要素禀赋不同并不是指某种生产要素在两个国家的绝对量不同，而是指各种生产要素量的比率在两个国家不同。所谓要素丰裕度，即是指相对要素富裕程度，可以用两种方式来定义：实物定义（physical definition）和价格定义（price definition）。

实物定义是以各国所拥有的两种要素的实物数量来判断要素的富裕程度。如果 A、B 代表两个国家，K、L 分别代表资本和劳动两种生产要素，$K_A/L_A > K_B/$

L_B，那么 A 国资本丰裕，劳动稀缺，B 国资本稀缺、劳动丰裕。

价格定义是以资本与劳动的相对价格（r/w）来判断要素丰裕度。如果 $r_A/w_A < r_B/w_B$，表示 A 国资本的相对价格比 B 国的低，也就是 A 国的资本比 B 国的资本丰裕。相对价格越低，要素就相对越丰裕。

2. 赫克歇尔—俄林模型的假设前提

和古典贸易模型一样，赫克歇尔—俄林模型也有很多简化的假设前提，特别是：

（1）世界经济中只有两个国家、两种同质的生产要素和两种同质的商品，各国拥有的生产要素的初始水平是给定的，各不相同；

（2）两国的技术水平相同，即两国的生产函数相同；

（3）规模报酬不变；

（4）生产两种商品的要素密集度不同，要素密集度不随要素相对价格的变化而变化；

（5）两国经济都是完全竞争的；

（6）要素在国内可自由流动，但在国家之间不能流动；

（7）没有运输成本；

（8）没有政府政策干预商品在国家之间流动以及干预市场价格和产出；

（9）两国对两种商品的喜爱和偏好都相同。而且，在任一既定的商品价格条件下，两国所消费的两种商品的相对数量不随收入水平的变化而变化，即存在着同位相似的偏好。

赫克歇尔—俄林模型中的大部分假设条件我们早已熟悉，但有两条是其解释贸易成因和结构的关键，一个是各国的要素禀赋各不相同，另一个是无论要素的相对价格如何变化，商品的要素密集度都不会改变。

3. 赫克歇尔—俄林模型的基本内容

赫克歇尔—俄林模型假定各国的劳动生产率是一样的，在这种情况下，产生比较成本差异的原因有两个：一是各个国家生产要素禀赋比率的不同；另一个是生产各种商品所使用的各种生产要素的组合不同，即使用的生产要素的比例不同。一般来说，一个国家的生产要素丰裕，其价格就便宜，比如，劳动力丰富的国家，劳动力的价格——工资就低一些，资本丰裕的国家，资本的价格——利息率就低一些，等等。反之，比较稀缺的生产要素，其价格当然就会高一些。每一个国家各种生产要素的丰裕度不可能一样，有的相对丰裕，有的相对稀缺，其要素的价格也会高低不同。各国生产要素禀赋比率不同，是产生比较成本差异的重要决定因素。各国都生产密集使用本国禀赋较多、价格相对便宜的生产要素的商品以供出口，这样双方都可获得利益。另一个产生比较成本差异的决定因素是生产各种商品所需投入的生产要素的组合或比例，即商品生产的要素密集度。例如劳动密集型商品在其生产过程中使用劳动的比重大，资本密集型商品在其生产过程中使用资本的比重大。即使生产同一种商品，在不同的国家生产要素的组合也不完全一样。例如同样的大米，泰国主要靠劳动，而美国主要靠资本和技术。不论是生产不同的商品，还是生产相同的商品，只要各国生产商品所投入的生产要素的组合或比例不同，就会产生比较成本差异，从而产生国际贸易分工的基础。

俄林论证生产要素禀赋理论的逻辑思路如图 3 – 1 所示：商品价格差异是国际贸易的基础，而商品价格的差异是由于商品生产成本的不同，商品生产成本的不同是因为各种生产要素的价格比率不同，而生产要素价格比率的不同，则是由于各国的生产要素禀赋比率的不同。

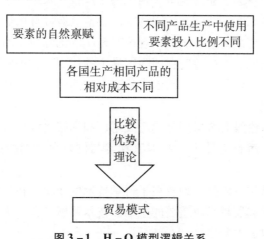

图 3 – 1　H – O 模型逻辑关系

因此，生产要素禀赋的不同，是产生国际贸易最重要的基础。一个国家出口的是它在生产上大量使用该国比较充裕的生产要素的商品，而进口的是它在生产上大量使用该国比较稀缺的生产要素的商品。各国比较优势的地位是由各国所拥有的生产要素的相对充裕程度来决定的。用俄林的话来说就是："贸易的首要条件是某些商品在某一地区生产要比在别一地区便宜。在每一个地区，出口品中包含着该地区拥有的比其他地区较便宜的、相对大量的生产要素，而进口别的地区能较便宜地生产的商品。简言之，进口那些含有较大比例昂贵生产要素的商品，而出口那些含有较大比例便宜生产要素的商品。"

4. 赫克歇尔—俄林模型的评价

赫克歇尔—俄林的要素禀赋理论被认为是现代国际贸易的理论基础。他们继承了传统的古典贸易理论，但又有新的发展。

第一，在各国参加国际分工、专业化生产的依据上，赫克歇尔—俄林模型比李嘉图的比较优势理论模型更为深入和全面。李嘉图用比较成本差异阐述了贸易互利性的普遍原理，而俄林等则进一步用生产要素禀赋差异解释了为什么比较成本会有差异，在理论上有所发展和创新。

第二，把个量分析扩大为总量分析，不是单单比较两国两种产品的单位劳动耗费的差异，而是直接比较两国生产要素总供给的差异，从一国经济结构中的资本、土地、劳动等这些最基本的因素来解释贸易分工的基础和贸易格局。

第三，与古典贸易模型相比，赫克歇尔—俄林模型的假设前提更加接近经济运行的现实，理论的实用性大大增强。

但是，赫克歇尔—俄林模型也存在着一定的不足。

首先，和古典贸易模型一样，赫克歇尔—俄林模型也是建立在一系列假定的基础之上的。自由贸易、完全竞争、两国的生产技术水平一致、生产要素在国内能自由流动而在国家间不能流动、同种生产要素具有同样的劳动生产率等，这些假定与现实仍有一定距离，影响到该理论对现实的国际贸易的解释力。

其次，该理论没有考虑政府在国际贸易中的作用。在现实的国际贸易中，发达国家的政府往往凭借其经济、政治力量来影响国际经济活动，使国际贸易不利于落后国家的发展。

再其次，该理论没有考虑国际生产关系、国际政治环境对国际贸易分工格局的影响，从而无法解释为什么一些国家在参与国际分工时往往偏离其要素禀赋格局。

最后，赫克歇尔—俄林模型忽视了科学技术的作用。在当代国际分工和国际贸易中，科学技术起着越来越重要的作用。技术革新、技术进步可以改变要素成本，从而改变相对成本差异。

3.2　当代国际贸易理论

3.2.1　人力资本说

人力资本说（Human Capital Theory）是美国经济学家舒尔茨（T. W. Schultz）创立的。该学说用人力资本的差异来解释国际贸易产生的原因和一国对外贸易的类型。

舒尔茨和许多其他西方经济学家认为，在国际贸易商品生产中使用的资本既包括物质资本也包括人力资本。物质资本指厂房、机器设备、原材料等有形资本，它是对生产资料投资的结果。人力资本指寓于人体中人的智能，表现为人的文化水平、生产技巧、熟练程度、管理才能及健康状况，它是对人力投资的结果，即政府、企业和个人投资于教育和培训的结果。各国人民的天赋是相近的，而人的智能差别是后天人力投资的结果。人力资本丰富的国家，如美国、日本在知识、技术密集型产品生产和出口上具有比较优势，而人力资本比较缺乏的发展中国家在知识、技术密集型产品生产上则处于劣势地位。

人的智能之所以成为资本，是因为通过教育和培训所获得的智能可持续使用很长时间，并大大提高劳动生产率，从而取得大于投资的收益。人力资本在比较优势决定中所起的重要作用，则是由于不同产品生产需要的人力智能高低、多寡不同。初级产品的生产需要较少、较低的人力智能，因而人力资本缺乏，但自然资源和劳动力丰富的发展中国家具有生产和出口优势；而战后信息、生物、空间、新材料及新能源等新兴产业的产品需要较高的人力智能，因此，人力资本丰富的发达国家具有比较优势。

3.2.2　原料周期说

第二次世界大战后，合成代用品不断涌现，原料贸易的流向受到了经济学家的关注。1978 年，经济学家梅吉（S. P. Majee）和罗宾（N. L. Robin）提出了原料周期说。他们根据一些初级原料发展的历史，将初级原料产品周期划分为三个阶段，如表 3 - 1 所示。

表 3 - 1　　　　　　　　　　　　　　初级原料产品周期三阶段

阶段	特点	以橡胶为例
第一阶段：派生需求繁荣	工业生产的发展使对原料的派生需求急剧增加，价格急剧上涨	第一阶段（1885～1910 年），汽车工业发展使天然橡胶价格在 1900～1910 年间上升了 78%，巴西和一些非洲国家供应的橡胶占世界市场的 61%
第二阶段：供应和需求来源替代	由于初级原料供应来源的增多和使用相对便宜的原料，初级原料价格上升势头减弱；甚或价格下降	第二阶段（1910～1940 年），传统的供应者逐渐丧失控制世界橡胶市场的能力，到 1930 年，后起的马来西亚、斯里兰卡和印度尼西亚控制了世界橡胶市场的 92%，期间天然橡胶消费量增加了 10 倍，价格却逐渐下降
第三阶段：合成代用品和/或研究与开发的介入	研究开发的介入，新的合成代用品的形成或节约使用原料的科学方法的发现，将初级原料推向生命末期	第三阶段（1940 年至今），人工合成橡胶出现并很快替代天然橡胶，1940 年合成橡胶仅占世界橡胶消费量的 20%，1962 年达 50%，1970 年已超过 70%

在原料产品周期的不同阶段，各类国家在原料的国际贸易中所处的地位是不

同的。在原料周期的早期，发展中国家凭借其自然资源优势，在原料的国际贸易中占据十分重要的地位，是原来产品的主要出口国。但随着发达国家以先进技术生产合成代用品，使该项初级原料进入后期阶段，发展中国家在该原料贸易中的优势丧失，而发达国家在该原料的合成原料贸易中占据优势，它们不仅减少了初级原料的进口，而且开始出口合成原料。近百年来，世界主要原料贸易的发展基本上都经历了上述演变过程。

3.2.3 产业内贸易理论

产业内贸易理论（Intra-industry Trade Theory）又称差异化产品理论（Differentiated Product Theory），是当前国际贸易理论最热门的课题之一。该理论博采第二次世界大战后国际贸易新理论的研究成果，着重产业内贸易的探讨，即一国同时出口和进口同一产业的产品，国家间进行相同产业的产品异样化竞争，并认为这是更符合现实情况的国际贸易。

1. 产业内贸易理论的发展

产业内贸易理论的发展经历了 20 世纪 70 年代中期以前的经验性研究和随后的理论性研究两个阶段。20 世纪 70 年代中期以前，西方经济学家佛丹恩（Vordoorn）、迈凯利（Mlchealy）、巴拉萨（Bela Balassa）和考基玛（Kojlma）对产业内贸易作了大量的经验性研究。佛丹恩对比荷卢经济同盟的集团内贸易格局变化的统计分析表明：和集团内贸易相关的生产专业化形成于同种贸易类型之内，而不是在异种贸易类型之间，而且交易的产品具有较大的异质性。迈凯利对 36个国家五大类商品的进出口差异指数的计算结果说明：高收入国家的进出口商品的结构呈明显的相似性，而大多数发展中国家则相反。巴拉萨对原欧共体贸易商品结构的研究结果表明，欧共体制成品贸易的增长大部分是产业内贸易。考基玛对发达国家间的贸易格局的研究发现：高度发达的、类似的工业国之间横向制成品贸易增长迅速，因而认为产业内贸易现象背后必然包含着一种新的原理，对这一新原理的揭示，可以在传统比较利益理论的基础上形成一种理论创新。

20 世纪 70 年代中期，格鲁贝尔（Herbert G. Grubel）和劳尔德（P. J. Loyld）对产业内贸易现象作了开创性的系统研究，使产业内贸易理论发展步入第二阶段——理论性研究阶段。继格鲁贝尔和劳尔德之后，格雷（Gray）、戴维斯（Devies）、克鲁格曼和兰卡斯特（Lancaster）等对产业内贸易进行了大量的理论性研究，使产业内贸易理论日趋丰富、成熟。格鲁贝尔和劳尔德合著的《产业内贸易》一书认为，技术差距、研究与开发、产品的异质性和产品生命周期的结合以及人力资本密集度的差异与收入分配差异（或偏好的差异）相结合均可能导致产业内贸易。

戴维斯以进入市场的障碍解释产业内贸易，并从规模经济的角度揭示产业内贸易的成因，指出规模经济可以在产业内形成互有竞争力的价格，从而导致产业内贸易的发生。

20 世纪 70 年代中期以后，在对产业内贸易的理论性研究不断深化的同时，对产业内贸易的经验性研究也步步深入。这一阶段的经验性研究已从此前主要研究地区经济集团形成而导致专业化格局变化，转向主要致力于研究产业内贸易的程度和趋势，以及在不同类型国家、不同产业中的发展状况及原因。

2. 产业内贸易的理论解释

产业内贸易（intra-industry trade）指的是同一产业部门内部的差异产品（differentiated products）及其中间产品的交换。产业内贸易是相对于产业间贸易（inter-industry trade，不同产业之间完全不同产品的交换）而言的。

国家间要素禀赋差异是产业间贸易发生的基础和原因。国家间的要素禀赋差异越大，产业间贸易量就越大。这是传统的贸易理论对产业间贸易的解释。国际贸易中的产业内贸易现象显然不能用传统的贸易理论来解释，因为传统贸易理论有两个重要的假定：一是假定生产各种产品需要不同密度的要素，而各国所具有的生产要素禀赋是不同的。因此贸易结构、流向和比较优势是由各国不同的要素禀赋来决定的；二是假定市场竞争是完全的，在一个特定产业内的企业，生产同样的产品，拥有相似的生产条件。而产业内贸易理论则表明，产品差异、规模经济或规模报酬递增及偏好相似可以解释产业内贸易现象。

（1）产品差异性

在每一个产业部门内部，由于产品的质量、性能、规格、牌号、设计及装潢等的不同，甚至每种产品在其中每一方面都有细微差别而形成由无数产品组成的差别化系列产品。各国由于财力、物力、人力的约束和科学技术的差距，不可能在具有比较利益的部门生产所有的差别化产品，而必须有所取舍，着眼于某些差别化产品的专业化生产，以获取规模经济利益。因此，每一产业内部的系列产品常产自不同的国家。而消费多样化造成的市场需求多样化，使各国对同种产品产生相互需求，从而产生贸易。例如，欧共体（现欧盟）建立以后，随着关税的下降及最后取消，以及共同体内部贸易的扩大，各厂商得以专业化生产少数几种差异化产品，使单位成本较之过去生产许多种差异产品时大为下降，成员国之间的差异产品交换亦大大增加。

与产业内差异产品贸易有关的是产品零部件贸易的增长。为了降低成本，一种产品的不同部分往往通过国际经济合作形式在不同国家生产，追求多国籍化的比较优势。例如，波音 777 飞机的 32 个构成部分，波音公司承担了 22%，美国制造商承担了 15%，日本供应商承担了 22%，其他国际供应商承担了 41%。飞机的总体设计在美国进行，美国公司承担发动机等主要部件的生产设计和制造。

其他外国承包商在本国进行生产设计和制造有关部件，然后运到美国装配。显然，波音 777 飞机是多国籍化的产物。类似的跨国公司间的国际联盟、协作生产和零部件贸易正在促进各国经济的相互依赖和产业内贸易的扩大和发展。

（2）规模经济或规模报酬递增

规模报酬递增与不完全竞争是最普遍用来解释产业内贸易的理论。如前面所述，规模经济或规模报酬递增是指厂商进行大规模生产，使成本降低，报酬递增。国际贸易开展后，厂商面对更大的市场，生产规模可以扩大，规模经济使扩大生产规模厂商的生产成本、产品价格下降，生产相同产品而规模不变的其他国内外厂商因此被淘汰。因此，在存在规模经济的某一产业部门内，各国将专于该产业部门的某些差异产品的发展，再相互交换（即开展产业内贸易）以满足彼此的多样化需求。

国家间的要素禀赋愈相似，愈可能生产更多相同类型的产品，因而它们之间的产业内贸易量将愈大。例如，发达国家之间的要素禀赋和技术越来越相似，它们之间的产业内贸易相对于产业间贸易日益重要。

（3）偏好相似

瑞典经济学家林德从需求方面探讨国际贸易产生的原因，提出了偏好相似说。林德认为，发达国家间产业结构相似，它们之间的分工大多是部门内、产业内分工。它们收入水平相近，消费结构大体相同，对对方的产品形成广泛的相互需求。因重合需求大，所以发达国家间产业内贸易量不断增大。

产业内贸易程度可通过产业内贸易指数（B）来测量。

$$B = 1.0 - \frac{|X - M|}{X + M} \tag{3.1}$$

式中，X 与 M 分别代表一个国家属于同一产业的产品的出口值和进口值。B 的最大值为 1，最小值为 0。当某一产业产品的进口、出口相等，即 X - M = 0 时，B 为最大值 1；但当某一产业只有进口没有出口或只有出口没有进口，即没有产业内贸易时，B 为最小值 0。工业国之间的产业内贸易程度较高，而且随着经济的发展，工业国之间的产业内贸易越来越普遍。据新加坡国立大学朱刚体博士对 1990 年 10 个发达国家和 5 个非经合组织（OECD）成员的 181 组商品的产业内贸易程度的调查计算，10 个发达国家的 B 值平均达 0.60，其中以原欧共体国家的 B 值为最高；5 个非经合组织成员的 B 值平均为 0.43，其中以新加坡的 B 值最高。他的测定还发现，化工产品、按材料分类的工业制成品，以及未分类的其他商品的产业内贸易程度最高，表明产业内贸易主要是工业国的制成品行业内贸易，发展中国家间以及农产品的这种贸易不甚普遍。

应该注意的是，界定一个产业的范围大小不同，会得出极不相同的 B 值。界定的范围越大，B 值也越大。

3.2.4　国际竞争优势说

国家竞争优势说（the theory of competitive advantage of nations）是美国经济学家迈克尔·波特（Michael Porter）1990 年在《国家之竞争优势》一文中提出的。

国家竞争优势说的核心是"创新是竞争力的源泉"。波特认为，一国的竞争优势，就是企业、行业的竞争优势。国家的繁荣不是固有的，而是创造出来的。一国的竞争力高低取决于其产业发展和创新的能力高低。企业因为压力和挑战才能战胜世界强手而获得竞争优势，它得益于拥有国内实力雄厚的对手、勇于进取的供应商和要求苛刻的顾客。在全球性竞争日益加剧的当今世界，国家变得愈来愈重要。国家的作用随着竞争的基础愈来愈转向创造和对知识的吸收而不断增强，国家竞争优势通过高度地方化过程得以产生和保持，国民价值、文化、经济结构、制度及历史等方面的差异均有助于竞争的成功。然而，各国的竞争格局存在明显的区别，没有任何一个国家能或将能在所有产业或绝大多数产业上有竞争力，一国至多能在一些特定的产业竞争中获胜，这些产业的国内环境往往最有动力、最富挑战性。

波特将竞争优势的各个方面归为四类：要素状况、需求状况、相关和支撑产业以及企业战略、结构与竞争等，并以此为基础构建了"国家竞争优势的钻石型"，如图 3 - 2 所示。现对"钻石的四面"解释如下：

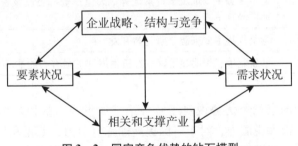

图 3 - 2　国家竞争优势的钻石模型

1. 要素状况

它是指适于一国在某一产业竞争中获胜的生产要素状况。波特指出，虽然要素状况在贸易类型的决定中十分重要，但这并不是竞争力的唯一源泉，最为重要的是一国不断创造、改进和调动其生产要素的能力，而不是要素的初始禀赋。在波特看来，高级要素比基本要素更有价值。

2. 需求状况

它是指企业在国内市场上面临的竞争及其健康程度。能在激烈竞争中生存并发展壮大的企业更可能获得竞争优势。波特指出，在促进企业持续竞争力方面，最重要的是市场的特征，而不是市场的大小。若国内消费者爱挑剔，品位较高，则有助于企业提高产品质量和服务水平，从而取得竞争优势。

3. 相关和支撑产业

它是指企业所有相关产业及供应商的竞争能力。那些拥有发达而完善的相关产业和支撑产业的企业在运作过程中，通过密切的工作关系、与供应商的接近、及时的产品供应和灵通的信息获得来保持优势。

4. 企业战略、结构与竞争

它是指资助或妨碍企业创造和保持竞争力的国内环境。波特指出，没有任何战略是普遍适用的，战略的适用性取决于某时某地某企业有关工作的适应性和弹性。政府应为社会创造一种公平的竞争环境，激烈的竞争会迫使企业不断提高生产效率，以取得竞争优势。

在动态层面上，波特认为一国竞争优势的发展可分为四个阶段，如表 3 - 2 所示。

表 3 - 2　　　　　　　　　　　国家竞争优势发展四阶段

阶段	竞争优势与发展动力
要素推动阶段	竞争优势主要取决于一国的要素禀赋优势，即拥有廉价的劳动力和丰富的资源
投资推动阶段	竞争优势主要取决于资本优势，大量投资可更新设备，扩大规模，增强产品竞争力
创新推动阶段	竞争优势主要来源于研究与开发
财富推动阶段	创新竞争意识明显下降，经济发展缺乏强有力的推动力

波特提出的国家竞争优势说对于解释第二次世界大战以后的国际贸易新格局、新现象具有很大说服力，对于一国提高国际竞争力，取得和保持竞争优势有重大的借鉴意义。根据这一理论，一国要提高经济实力和竞争力，必须创造公平竞争的环境，重视国内市场的需求，重视企业的创新机制和创新能力。

第 4 章

浙江经济主要成就概览①

4.1 浙江经济社会发展主要成就

2013 年以来，浙江坚持以习近平新时代中国特色社会主义思想为指导，坚持稳中求进工作总基调，坚持供给侧结构性改革主线，坚持以人民为中心的发展思想，统筹推进"五位一体"总体布局和协调推进"四个全面"战略布局，经济社会建设取得历史性成就，综合实力连上新台阶，发展方式发生根本性变革，质量效益持续提升，城乡区域发展更加协调，人民获得感幸福感安全感明显增强，公共服务均等化程度不断提高，生态环境进一步改善，为加快推进"两个高水平"建设奠定了坚实基础。

4.1.1 综合实力连上新台阶

经济总量站上 5 万亿元级台阶。全省生产总值（当年价）从 2012 年的 3.5 万亿元、2014 年的 4 万亿元跃升至 2017 年的 51768 亿元，约合 7667 亿美元，与 2016 年居全球经济总量第 18 位的荷兰大体相当。按可比价计算，比 2016 年增长 7.8%，比 2012 年增长 45.8%，年均增长 7.8%，高于 7.1% 的全国年均增幅。2017 年，人均生产总值为 92057 元，按可比价计算，五年年均增长 7.2%。按当年平均汇率折算，2012 年人均生产总值突破 1 万美元，2017 年达 13634 美元。

浙江主要经济指标居全国前列。2017 年，地区生产总值总量列广东、江苏、山东之后，连续 22 年居全国第 4 位，人均生产总值列北京、上海、天津、江苏之后，居全国第 5 位、省区第 2 位，一般公共预算收入列广东、江苏、上海、山

---

① 本章内容根据浙江统计信息网、浙江省统计公报等资料整理所得。

东之后，居全国第 5 位，社会消费品零售总额居全国第 4 位，进出口总值列广东、江苏、上海之后，居全国第 4 位，出口总额列广东、江苏之后，居全国第 3 位，网络零售额仅次于广东，居全国第 2 位。全省居民人均可支配收入居全国省区第 1 位。城镇常住居民人均可支配收入连续 17 年居全国第 3 位、省区第 1 位；农村常住居民人均可支配收入 2014 年首次超过北京，列上海之后居全国第 2 位，连续 33 年居省区第 1 位。

4.1.2 质量效益持续向好

财政总收入超万亿元。财政总收入从 2012 年的 6408 亿元增至 2017 年的 10300 亿元，一般公共预算收入从 3441 亿元增至 5803 亿元，比上年分别增长 10.6% 和 10.3%，五年年均增长 10.0% 和 11.0%。一般公共预算支出从 4162 亿元增至 7530 亿元，比上年增长 8.6%，五年年均增长 12.6%，其中，城乡社区、节能环保、社保就业支出快速增长，年均增速分别为 24.2%、19.6% 和 18.3%；医疗卫生、科技、教育支出较快增长，年均增速分别为 13.8%、12.8% 和 10.3%。

效益效率持续提高。全社会劳动生产率从 2012 年的 9.4 万元/人提升至 2017 年的 13.7 万元/人，按可比价计算，比上年增长 6.9%，五年年均增长 7.3%。规模以上工业企业利润总额由 2012 年的 3113 亿元增至 2017 年的 4570 亿元，比上年增长 16.6%，五年年均增长 11.5%。规模以上工业企业劳动生产率从 2012 年的每人 15.5 万元提高至 2017 年的 21.6 万元，按可比价计算，比上年增长 7.7%，五年年均增长 8.6%。

居民收入增长与经济增长基本同步。坚持把人民对美好生活的向往作为奋斗目标，人民群众的获得感不断增强。2017 年，全省居民人均可支配收入 42046 元，比上年名义增长 9.1%，扣除价格因素实际增长 6.9%，五年年均实际增长 7.1%。按常住地分，城镇居民人均可支配收入 51261 元，比上年增长 8.5%，扣除价格因素实际增长 6.3%，五年年均实际增长 6.6%；农村居民人均可支配收入 24956 元，比上年增长 9.1%，扣除价格因素实际增长 7.0%，五年年均实际增长 7.4%。居民人均可支配收入与人均 GDP 的比值为 45.7%，比 2013 年提高 2.4 个百分点。

居民生活质量明显提高。2017 年，全省居民人均生活消费支出 27079 元，比上年增长 6.1%，比 2013 年增长 31.4%，年均增长 7.1%。城镇、农村常住居民人均生活消费支出增至 31924 元和 18093 元，比上年分别增长 6.2% 和 4.2%，比 2013 年分别增长 26.4% 和 41.3%，年均增长 6.0% 和 9.0%。居住、教育文化娱乐、医疗保健等消费支出占居民家庭人均消费支出的比重分别提升至 25.8%、

10.5%和6.3%。

4.1.3 经济结构调整优化

1. 产业升级步伐加快,新动能不断发展壮大

制造与服务业共同推动产业发展。三次产业结构实现了从"二三一"到"三二一"的历史性跨越。2017年,第一、二、三产业增加值分别为2017亿元、22472亿元和27279亿元,比上年分别增长2.8%、7.0%和8.8%,比2012年年均增长1.8%、6.7%和9.5%。三次产业比例由2012年的4.8:48.9:46.3,调整为2017年的3.9:43.4:52.7,三产比重比全国高1.1个百分点,三产对经济增长的贡献率提升至57.0%。与此同时,大力培育和发展新经济,预计"三新"经济增加值1.25万亿元,占生产总值的24.1%,比重分别比2016年和2015年提高1.2和2.5个百分点,对2017年生产总值的增长贡献率达37.1%。

八大万亿产业[①]加快发展。信息经济核心产业总产出和金融产业总收入已连续四年超万亿。2017年,信息经济核心产业增加值4853亿元,比上年增长16.7%(八大万亿产业增速按现价计算),占生产总值的9.4%,比重比上年提高0.6个百分点,比2014年提高2.3个百分点。预计旅游产业增加值比上年增长11%以上,占生产总值的7.5%左右,比2014年提高1个百分点左右;文化及相关特色产业增加值比上年增长12%左右,节能环保、健康、金融产业增加值均增长10%左右,高端装备产业增加值增长8%以上,时尚产业增加值增长8%左右。

先进制造业加快发展。积极推动浙江省从工业大省向工业强省、制造大省向"智造强省"迈进,标准强省、质量强省、品牌强省成为浙江经济发展新内涵。2017年,规模以上工业增加值14440亿元,比上年增长8.3%,比2012年年均增长6.8%。高新技术、装备制造、战略性新兴产业增加值年均分别增长9.4%、9.6%和8.9%,增速明显快于规模以上工业,占规模以上工业的比重分别为42.3%、39.1%和26.5%,比2012年分别提升18.1、6.4和3.3个百分点。规模以上工业新产品产值达24679亿元,比2012年年均增长18.1%,新产品产值率提升至35.4%。坚决打破坛坛罐罐,2016年、2017年共处置"僵尸企业"959家。坚决落实国家下达的压减钢铁产能计划,五年目标任务一年完成。至2017年底,累计淘汰1.3万家企业的落后产能,整治11.8万家脏乱差小作坊。水泥、有色金属加工、钢铁等8大高耗能产业比重从2012年的38.5%下降到

---

① "八大万亿产业"是在浙江省十二届人大五次会议上,浙江省代省长车俊作政府工作报告时,首次提出的"八大万亿产业",分别指信息、环保、健康、旅游、时尚、金融、高端装备制造业和文化产业。

33.0%。

新兴服务业快速发展。2013~2016年，信息传输软件和信息技术服务、科学研究和技术服务、租赁和商务服务、卫生和社会工作、文化体育和娱乐、教育等服务业增加值年均分别增长23.8%、17.3%、15.6%、11.1%、10.5%和10.3%。2017年1~11月，规模以上服务业（不包括批零住餐、银证保和房地产开发）营业收入11759亿元，比上年增长27.1%，比2013年增长1.0倍，年均增长19.1%。其中，高技术产业服务业企业营业收入比2013年增长1.6倍，年均增长27.0%，占53.4%，比重比2013年提高14.9个百分点。细分行业看，信息传输软件和信息技术服务业增长最快，营业收入比2013年增长2.0倍，年均增长31.1%。

现代农业稳步发展。大力推进农业供给侧结构性改革，新型经营主体、经营方式、新业态正在加快形成，农业产业化规模化态势良好。至2017年末，累计建成粮食生产功能区10172个，面积819万亩，比2012年分别增长1.8倍和1.3倍。累计建成现代农业园区818个，总面积516.5万亩，其中，现代农业综合区107个，主导产业示范区200个，特色农业精品园511个。拥有省级骨干农业龙头企业494家，省级智慧农业示范园区11个，农业物联网示范基地234个。共培育全国休闲农业与乡村旅游示范县24个，居全国第一。共培育农家乐休闲旅游特色村1155个，特色点2328个，农家乐经营户20463户。据省农业厅测算，2013~2016年全省农业现代化发展水平综合评价得分分别为73.22、77.60、80.79和83.11，逐年稳步提升。

2. 需求结构不断改善，三驾马车协同发力

内需对经济增长的拉动力增强。经济增长由主要依靠投资、出口拉动向依靠投资、消费、出口共同拉动转变。2017年，固定资产投资、社会消费品零售总额、外贸出口额分别达到31126亿元、24308亿元和19446亿元，比上年分别增长8.6%、10.6%和10.1%，与2012年相比，年均分别增长12.7%、11.4%和6.5%。对外依存度明显降低。2017年，进出口总额25604亿元，五年年均增长5.4%，相当于生产总值的49.5%，其中，出口相当于生产总值的37.6%，外贸依存度和出口依存度分别比2012年下降7.3和3.2个百分点。

投资结构不断优化。投资更多地投向基础设施和新兴产业。2013~2017年，基础设施投资年均增长20.7%，服务业投资年均增长14.7%，均快于全部投资增速。以"机器换人"为重点的工业技术改造投资占工业投资的比重从2012年的61.1%上升至2017年的75.5%。高技术、高新技术、装备制造业、战略性新兴产业投资占制造业投资的比重分别为11.3%、30.8%、49.2%和35.7%，比2012年分别提高2.7、7.6、1.9和4.5个百分点。重大基础设施、重大产业项目、生态保护和环境治理投资等重点领域投资年均分别增长22.9%、18.8%和

66.0%，远高于全部投资增速。

消费升级态势明显。与住房和文化消费有关的商品零售额快速增长，传统消费增势平稳。从限额以上批发零售业商品零售额看，增长最快的是通信器材、建筑及装潢材料、文化办公用品、家具、五金电料类，2013～2017 年年均分别增长 30.9%、16.4%、15.5%、14.8%、13.7%，均快于社会消费品零售总额的增速；零售规模最大的是汽车、石油及制品类，2017 年分别达到 3474 亿元和 1331 亿元，占限额以上批零贸易商品零售额的 38.5% 和 14.7%。

全面开放步伐加快。中国（浙江）自由贸易试验区等一批重大开放平台获批，境外投资总额连续多年位居全国前列，外贸出口占全国比重达 12.7%。出口结构优化调整。2017 年，机电产品出口 8412 亿元，比上年增长 12.3%，占全省出口的比重由 2012 年的 40.1% 提高至 43.3%，对全省出口增长的贡献率达 51.8%，五年年均增长 8.2%；高新技术产品出口 1260 亿元，比上年增长 13.6%，占全省出口的比重由 2013 年的 6.2% 提高至 6.5%，年均增长 9.2%。纺织品、服装、箱包、鞋类、玩具、家具、塑料制品等 7 大类传统劳动密集型产品占出口总额的比重降至 36.1%。跨境电子商务成为外贸增长新亮点。跨境电商交易额居全国第 2 位，出口比上年增长 37.2%。"义新欧"班列常态化运行，2017 年双向运行 168 列。服务贸易发展初具规模。2017 年，服务贸易进出口为 3663 亿元，比上年增长 15.5%，比 2012 年年均增长 16.5%，占货物贸易和服务贸易进出口总额的 12.5%。引进外资稳步提升。2013～2017 年累计实际利用外商直接投资 5292 亿元，年均增长 6.5%，超额完成"五年五千亿"目标。175 家世界 500 强企业落户浙江，投资企业 581 个。

4.1.4　创新强省积极推进

创新发展各项指数居全国前列。据《中国区域创新指数报告（2017）》，浙江区域创新能力列广东、江苏、北京和上海之后居全国第 5 位，综合科技进步水平居全国第 6 位，企业技术创新能力居全国第 3 位，知识产权综合实力和专利综合实力均居全国第 4 位。据 2017 年国家工信部首次发布的中国电子信息产业综合发展指数研究报告，浙江电子信息制造业综合发展指数列广东、江苏、上海、北京之后居全国第 5 位，软件和信息技术服务业综合发展指数列广东、北京之后居全国第 3 位。据 2016 年中国电子信息产业发展研究院发布的评估报告，浙江信息化发展指数仅次于北京、上海居全国第 3 位、省区第 1 位，两化融合发展指数仅次于广东，居全国第 2 位。2017 年，浙江首获国家科学技术特等奖、国家技术发明一等奖，实现两个零突破。

创新投入不断加大。2017 年，一般公共预算支出中科技支出 304 亿元，与

2012 年相比，年均增长 12.8%，五年累计科技支出 1223 亿元。研究与试验发展（R&D）经费支出总量于 2015 年首次突破千亿大关，预计 2017 年达到 1260 亿元，列江苏、广东、山东、北京之后居全国第 5 位，比 2012 年增长 74.4%，年均增长 11.8%，占生产总值的 2.43%，比重比 2012 年提高 0.35 个百分点。研究与试验发展人员总量为 39 万人年，稳居全国第 3 位。发明专利授权量 28742 件，比 2012 年增长 1.5 倍，年均增长 20.2%，占专利授权量的比重为 13.4%，比 2012 年提升 7.3 个百分点，发明专利授权量居全国前五。

创新平台建设加快推进。以浙江大学和阿里巴巴集团为主要研究力量的之江实验室落户杭州未来科技城，杭州城西科创大走廊成为有全国影响的科创中心，宁波、嘉兴等科技城成为创新主阵地。新认定高新技术企业从 2012 年的 5008 家增至 2017 年的 11462 家，年均增长 18.0%。科技型中小企业从 5574 家增至 40440 家，年均增长 48.6%。技术市场成交额从 293.4 亿元增至 469.9 亿元，年均增长 9.9%。"国千""省千"人才分别达到 672 人和 1970 人。特色小镇成为加快转型发展的新载体。全省形成 2 个省级特色小镇、106 个省级创建小镇、64 个省级培育小镇的梯度建设格局，集聚大批创业创新人才。2017 年前三季度，106 个省级创建小镇投资 1155 亿元，镇均 10.9 亿元，同比增长 11.2%。特色小镇科技创新活动专项调查结果显示，纳入调查的 91 个特色小镇共有世界 500 强企业 51 家，国内 500 强企业 83 家，国家级高新技术企业 530 家，科技型中小企业 1125 家。有高中级职称人员 14339 人，"国千""省千"人才分别为 324 人和 339 人，2017 年发明专利授权 2877 项，省级及以上品牌产品（名牌、商标、商号、产品）335 个，提升了小镇产业链与创新链的整合能力。

以数字经济为特征的新业态、新模式迅猛发展。数字经济、平台经济、分享经济、共享经济等新模式广泛渗透，线上线下融合、跨境电商、社交电商、智慧家庭、智能交通等新业态不断涌现。据第四届世界互联网大会发布的《中国互联网发展报告 2017》，浙江互联网发展综合指数仅次于广东、北京居全国第 3 位。其中，基础设施建设指数、网络管理指数均居全国第 2 位，创新能力指数、数字经济发展指数均列广东、江苏之后居全国第 3 位。据省商务厅统计，2017 年，网络零售额达 13337 亿元，比 2012 年年均增长 45.8%。共有淘宝镇 78 个，淘宝村 793 个，均居全国第一。拥有全球最大的中小企业电子商务平台、网络零售平台，共有各类活跃网店 74.1 万家，天猫活跃网店 2.5 万家。同时，电子商务支撑服务体系逐步完善，物流配送能力持续提升，快递业务量从 2012 年的 8.2 亿件增至 2017 年的 79.3 亿件，快递业务收入从 119.7 亿元增至 668.2 亿元。至 2017 年上半年，浙江省医院预约诊疗服务平台接入医院 280 家，累计注册用户 747.8 万人，预约总量超过 3326 万人次，预约成功率 70% 以上。

浙商创业活力和优势持续提升。全面推进"最多跑一次"改革，优化营商环境。至 2017 年底,"最多跑一次"实现率达 87.9%,满意率达 94.7%。举办四届世界浙商大会,实施"千万招引行动计划",推进浙商产业回归、总部回归、资本回归和人才回归等。2013～2017 年,浙商回归资金累计 1.7 万亿元,其中投资重大项目到位资金占全部到位资金的 70% 以上。积极推进个转企、小升规、规改股、股上市,制订小微企业三年成长计划,不断鼓励民营企业做大做强。近年来,民营经济增加值占生产总值的比重均为 65%。2017 年,民间投资占全部投资的比重为 58.3%,民营企业出口占全省的比重从 2012 年的 62.5% 提升至76.9%。全省市场主体从 2012 年的 344.1 万家增至 593.4 万家,境内上市公司从 246 家增至 415 家。民营企业影响力和知名度越来越高,阿里巴巴、万向、吉利汽车、海康威视等一批企业国际知名,在中国民营企业 500 强中,浙江占 120席,连续 19 年保持全国第一。

4.1.5　新型城市化扎实推进

新型城市化科学布局。由长三角区域中心城市、省域中心城市、县市域中心城市、小城镇构成的城镇体系不断完善,大湾区大花园大通道大都市区建设积极推进。至 2017 年,浙江有特大城市 1 个、大城市 7 个、中小城市 3 个、市辖区36 个,建制镇 655 个,城镇人口比重(城市化率)为 68.0%,列广东、辽宁、江苏之后居全国各省区第 4 位,比全国平均水平(58.5%)高 9.5 个百分点,比2012 年提高 4.8 个百分点,年均提高 0.96 个百分点。杭州、宁波、温州、金华等 4 市的城市化水平达到 71.9%,高出全省平均水平 3.9 个百分点;4 市生产总值占全省的 6 成以上,主体地位不断增强。

区域协调发展水平不断提高。2017 年,城乡居民人均收入倍差为 2.054,比上年缩小 0.012,比 2012 年缩小 0.087,小于全国(2.71),也小于上海(2.25)、江苏(2.28)、山东(2.43)、北京(2.57)和广东(2.60)。不仅城乡差异缩小,地区差异也在缩小。2017 年,全体居民人均可支配收入最高市为最低市的 1.70 倍,低于上年的 1.72 倍、2013 年的 1.76 倍。

加大低收入群体帮扶力度。认真贯彻落实中央扶贫开发战略,不断创新精准扶贫方式,有力地促进了低收入群体的增收致富。率先于 2015 年消除低收入农户家庭人均纯收入 4600 元以下贫困现象。2016 年低收入农户人均可支配收入突破万元大关,2017 年比上年增长 10% 以上,有效巩固了"消除 4600"成果。健全城乡低收入居民收入增长的长效机制,逐年提高全省城乡低保标准和最低工资标准。2017 年,城乡低保标准分别达到每人每月 685 元和 645 元,最低月工资标准的最高一档由 2012 年的 1310 元调整到 2017 年的 2010 元,保证了城乡低收入群体分享经济发展成果。

山区和海岛地区绿色发展加快。深入实施 "山海协作" "重点欠发达县特别扶持计划" 等工程，加快山区和海岛地区经济发展。海洋经济区成为发展新空间，宁波舟山港成为全球首个货物年吞吐量突破 10 亿吨的港口，集装箱吞吐量位居全球第四。生态功能区生态经济快速发展。衢州、丽水、舟山等市主要经济指标呈现良好发展势头，淳安等 26 个生态经济发展地区经济总量、财政收入、居民人均收入等主要经济指标均超过全国县级平均水平。

五年来，浙江经济社会发展取得了令人瞩目的历史性成就。同时也要看到，经济社会发展中还存在不少矛盾和问题，发展不平衡不充分的一些突出问题尚未解决，发展质量和效益还不高。党的十九大开启了中国特色社会主义新时代，浙江经济已进入向高质量发展的关键阶段。全省上下要认真贯彻党的十九大、中央和省委经济工作会议、省第十四次党代会及二次全会精神，高举习近平新时代中国特色社会主义思想伟大旗帜，坚定不移沿着 "八八战略" 指引的路子走下去，突出 "四个强省" 导向，践行以人民为中心的发展思想，突出高质量、现代化、竞争力和浙江特色，坚持用发展的办法和理性担当、真抓实干的姿态解决发展中的矛盾，全面抓好改革开放、增长转型、改善民生、整治环境、防范风险各项工作，加快形成质量高、效率优、创新强、体制活、协调性好的具有鲜明浙江特点的现代化经济体系，努力实现更高质量、更有效率、更加公平、更可持续的发展，统筹推进富强浙江、法治浙江、文化浙江、平安浙江、美丽浙江、清廉浙江建设，高水平谱写实现 "两个一百年" 奋斗目标的浙江篇章。

4.2　浙江省国民经济和社会发展统计

2017 年，浙江深入学习贯彻习近平新时代中国特色社会主义思想，全面贯彻落实党的十九大精神，认真落实省第十四次党代会精神，坚定不移贯彻落实新发展理念，坚持稳中求进工作总基调，以供给侧结构性改革为主线，按照 "秉持浙江精神，干在实处、走在前列、勇立潮头" 的要求，统筹抓好改革、发展、民生各项工作，经济社会持续健康发展，圆满完成了年初确定的各项目标任务。

4.2.1　综合

据 2017 年全省 5‰人口变动抽样调查，年末全省常住人口 5657 万人，比上年末增加 67 万人。其中，男性人口 2897 万人，女性人口 2760 万人，分别占总人口的 51.2% 和 48.8%。全年出生人口 67 万人，出生率为 11.92‰；死亡人口

31.3 万人, 死亡率为 5.56‰; 自然增长率为 6.36‰, 城镇化率为 68.0%。

初步核算, 浙江省全年地区生产总值 51768 亿元, 比上年增长 7.8%。其中, 第一产业增加值 2017 亿元, 第二产业增加值 22472 亿元, 第三产业增加值 27279 亿元, 分别增长 2.8%、7.0% 和 8.8%, 第三产业对地区生产总值增长的贡献率为 57.0%。三次产业增加值结构由上年的 4.2:44.8:51.0 调整为 3.9:43.4:52.7。人均 GDP 为 92057 元(按年平均汇率折算为 13634 美元), 增长 6.6%。全年全员劳动生产率为 13.7 万元/人, 按可比价计算比上年提高 6.9%(见图 4-1、图 4-2)。

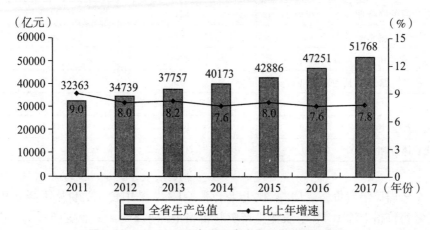

图 4-1 2011~2017 年浙江省生产总值及增长速度

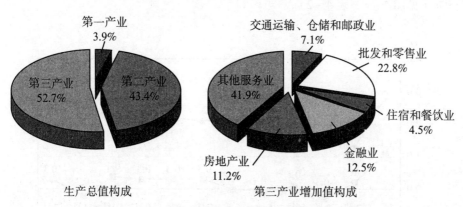

图 4-2 2017 年浙江省生产总值及第三产业增加值构成

全年以新产业、新业态、新模式为主要特征的"三新"经济增加值占 GDP 的 24.1%。信息经济核心产业增加值 4853 亿元, 按现价计算增长 16.7%, 占 GDP 的 9.4%。规模以上服务业企业营业收入 13288 亿元, 比上年增长 25.5%

（见表 4 - 1）；利润总额 2202 亿元，增长 21.4%。

表 4 - 1　　　　　　　2017 年浙江省规模以上服务业主要行业营业收入情况

行业	营业收入（亿元）	比上年增长（%）
总计	13288	25.5
交通运输、仓储和邮政业	2844	19.6
信息传输、软件和信息技术服务业	5787	34.9
房地产业（除房地产开发经营）	423	11.9
租赁和商务服务业	2121	22.1
科学研究和技术服务业	1194	24.9
水利、环境和公共设施管理业	279	7.1
居民服务、修理和其他服务业	63	17.8
教育	55	5.3
卫生和社会工作	148	18.9
文化、体育和娱乐业	373	4.2

全年居民消费价格（CPI）比上年上涨 2.1%，其中食品类价格下降 0.9%。商品零售价格上涨 1.4%。农业生产资料价格上涨 1.8%。工业生产者出厂价格（PPI）上涨 4.8%，工业生产者购进价格上涨 9.6%。固定资产投资价格上涨 5.8%（见图 4 - 3、表 4 - 2）。

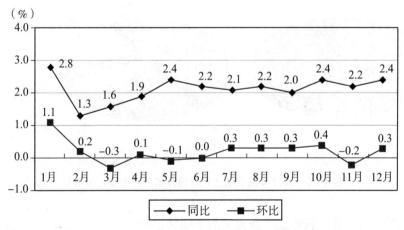

图 4 - 3　2017 年浙江居民消费价格月度涨跌幅度

表 4 - 2　　　　　　　2017 年浙江居民消费价格指数情况（上年 = 100）

指标	全省	城市	农村
居民消费价格指数	102.1	102.1	102.0
其中：食品烟酒	100.3	100.4	100.0
食品	99.1	99.2	98.9
粮食	101.3	101.1	101.9
衣着	101.9	101.6	103.1
居住	105.1	105.1	105.1
生活用品及服务	100.7	100.5	101.5
交通和通信	101.3	101.1	101.7
教育文化和娱乐	102.7	102.8	102.2
医疗保健	102.3	102.6	101.5
其他用品和服务	101.1	102.8	102.3

全年财政总收入 10300 亿元，比上年增长 10.6% ；一般公共预算收入 5803 亿元，同口径增长 10.3% 。

全年新增城镇就业 127.2 万人，其中 45.1 万名城镇失业人员实现再就业，12.9 万名就业困难人员实现就业。年末城镇登记失业率为 2.73% ，比上年下降 0.14 个百分点。

4.2.2　农业和农村

全年粮食总产量 768.6 万吨，比上年增长 2.2% 。油菜籽播种面积 113.8 千公顷，下降 3.2% ；蔬菜 644.1 千公顷，增长 1.7% ；花卉苗木 161 千公顷，增长 0.8% ；中药材 48.6 千公顷，增长 13.0% ；果用瓜 102.1 千公顷，增长 0.3% 。

生猪年末存栏 548 万头，年内出栏 1033 万头，分别比上年下降 4.5% 和 11.7% ；全年肉类总产量 104.4 万吨，下降 11.6% ；水产品总产量 642.9 万吨，增长 1.9% ，其中，海水产品产量 520.8 万吨，增长 0.8% ；淡水产品产量 122.1 万吨，增长 6.8% 。

全年新建粮食生产功能区 1041 个，累计建成粮食生产功能区 10172 个，总面积 819 万亩。累计建成现代农业园区 818 个，面积 516.5 万亩。省级骨干农业龙头企业 494 家，产值 10 亿元以上的示范性农业全产业链 55 条；全国休闲农业与乡村旅游示范县 24 个；中国重要农业文化遗产 8 个；中国美丽休闲乡村 28 个。

全年新增开展生活垃圾减量化资源化处理试点村 6675 个，生活垃圾集中收集处理建制村覆盖率 100%；新建公厕 3397 个。在建省级历史文化村落重点村、一般村 705 个。新创建美丽乡村示范县 6 个，建成美丽乡村风景线 136 条、整乡整镇美丽乡村乡镇 142 个、美丽乡村精品村（特色村）795 个。

培育农家乐休闲旅游特色村 1155 个、特色点 2328 个，农家乐经营户 20463 户，从业人员 16.8 万人，带动就业 45.4 万人。接待游客 3.4 亿人次，增长 21.6%；营业总收入 353.8 亿元，增长 20.5%，其中，直接营业收入 281.3 亿元、销售农产品等收入 72.5 亿元，分别增长 20.6% 和 19.9%。

"千万农民素质提升工程"培训 46.6 万人次，其中，农村实用人才和新型职业农民培训 19.7 万人次，农村富余劳动力转移就业技能培训 6.5 万人次；实现转移就业 5.2 万人；普及性培训（农业实用技术、科普知识）20.4 万人次；农民大学各校区全年共培训 5522 人。

4.2.3　工业和建筑业

全年规模以上工业增加值 14440 亿元，比上年增长 8.3%。规模以上工业销售产值 67857 亿元，增长 14.6%，其中出口交货值 11585 亿元，增长 9.4%。

规模以上制造业中，高技术、高新技术、装备制造、战略性新兴产业增加值分别比上年增长 16.4%、11.2%、12.8%、12.2%，占规模以上工业的 12.2%、42.3%、39.1%、26.5%。在规模以上工业中，信息经济核心产业、文化产业、节能环保、健康产品制造、高端装备、时尚制造业增加值分别增长 14.1%、5.7%、11.4%、13.3%、8.1% 和 2.4%。在战略性新兴产业中，新一代信息技术和物联网、海洋新兴产业、生物产业增加值分别增长 21.5%、11.2% 和 12.5%。规模以上工业新产品产值率为 35.4%，比上年提高 1.5 个百分点。10 大传统制造业产业增加值增长 4.5%。2017 年浙江省主要工业产品的产量及增幅见表 4-3。

表 4-3　　　　　　　　2017 年浙江省主要工业产品的产量及增幅

产品名称	单位	产量	比上年增长（%）
布	亿米	137.4	1.8
化纤	万吨	2055.7	7.0
房间空调器	万台	1485.0	55.7
发电量	亿千瓦时	3259.2	5.0
钢材	万吨	3148.2	-6.6

续表

产品名称	单位	产量	比上年增长（%）
水泥	万吨	11231.2	4.6
发电机组	万千瓦	516.1	3.0
电工仪器仪表	万台	9852.3	11.6
光纤	万米	1832.1	43.5
光缆	万芯千米	4389.7	-0.8
光电子器件	亿只（片、套）	240.8	54.0
锂离子电池	万只	27522.0	26.2
太阳能电池	万千瓦	854.2	21.7
集成电路	亿块	79.9	12.9
电子元件	亿只	1044.7	4.9
微型计算机设备	万台	186.4	2.0
移动通信手持机（手机）	万台	5495.7	6.0
其中：智能手机	万台	4916.4	5.5
彩色电视机	万台	609.6	42.8
其中：智能电视	万台	497.5	81.8
汽车	万辆	84.5	20.7
其中：新能源汽车	万辆	3.3	57.6
工业机器人	套	3136	15.6
稀土磁性材料	吨	359.5	-0.2
碳纤维增强复合材料	吨	550.2	-27.6
城市轨道车辆	辆	121.0	33.0

全年规模以上工业企业实现利润 4570 亿元，比上年增长 16.6%。高新技术、装备制造和战略性新兴产业利润总额分别增长 20.3%、19.5% 和 25.6%；10 大传统制造业产业利润增长 23.2%。劳动生产率为 21.6 万元/人，按可比价计算比上年提高 7.7%。

全年建筑业增加值 2845 亿元，占 GDP 的比重为 5.5%。具有资质等级的总承包和专业承包建筑业企业总产值 27236 亿元，增长 9.0%；实现利税总额 1305 亿元，增长 6.5%。

4.2.4　固定资产投资和房地产业

全年固定资产投资 31126 亿元，比上年增长 8.6%。非国有投资 19586 亿元，占 62.9%，其中民间投资 18152 亿元，占 58.3%。

在固定资产投资中，第一产业投资 265 亿元，比上年增长 0.1%；第二产业投资 9308 亿元，增长 6.2%；第三产业投资 21553 亿元，增长 9.8%。施工项目 50136 个，增长 0.3%，其中新开工项目 34086 个，下降 6.3%。

全年房地产开发投资 8227 亿元，比上年增长 10.1%，其中住宅投资 5646 亿元，增长 17.5%。商品房销售面积 9600 万平方米，增长 11.1%；商品房销售额 12340 亿元，增长 28.5%。

4.2.5　国内贸易

全年社会消费品零售总额 24308 亿元，比上年增长 10.6%。按经营地统计，城镇消费品零售额 20168 亿元，增长 10.3%；乡村消费品零售额 4140 亿元，增长 12.2%。按消费类型统计，商品零售额 21750 亿元，增长 10.3%；餐饮收入额 2558 亿元，增长 13.8%。网络零售额 13337 亿元，增长 29.4%；省内居民网络消费 6777 亿元，增长 29.0%。

在限额以上批发零售业商品零售额中，粮油、食品类增长 9.5%，服装、鞋帽、针纺织品类增长 14.8%，金银珠宝类增长 8.7%，日用品类增长 10.4%，五金、电料类增长 31.6%，中西药品类增长 8.8%，家具类增长 25.5%，通信器材类增长 25.0%，建筑及装潢材料类增长 16.6%，汽车类零售额比上年增长 8.3%，石油及制品类增长 12.8%。

年末已登记商品交易实体市场 3824 个，交易额为 2.15 万亿元，比上年增长 5.0%。其中，10 亿元级市场 284 个，100 亿元级市场 35 个，1000 亿元级市场 2 个。

4.2.6　对外经济

全年货物进出口总额 25604 亿元，比上年增长 15.3%。其中，出口 19446 亿元，增长 10.1%，出口占全国的 12.7%；进口 6158 亿元，增长 35.6%。民营企业出口 14956 亿元，增长 11.8%，占出口总额的 76.9%，比上年提高 1.2 个百分点。机电产品出口 8412 亿元，增长 12.3%；高新技术产品出口 1260 亿元，增长 13.6%。对"一带一路"沿线国家合计出口 6303 亿元，增长 9.2%（见表 4-4、

表 4 -5）。

表 4 -4　　　　**2017 年浙江货物进出口主要分类情况**

指标	金额（亿元）	比上年增长（%）
货物进出口总额	25604	15.3
货物出口额	19446	10.1
其中：一般贸易	15508	11.2
加工贸易	1701	8.9
市场采购贸易	1910	2.0
其中：机电产品	8412	12.3
高新技术产品	1260	13.6
货物出口额	6158	35.6
其中：一般贸易	4789	37.3
加工贸易	642	19.7
其中：机电产品	1067	25.2

表 4 -5　　　　**2017 年浙江对主要市场货物进出口情况**

国家和地区	出口额（亿元）	比上年增长（%）	进口额（亿元）	比上年增长（%）
欧盟	4326.7	9.6	766.1	31.1
美国	3698.6	13.8	499.1	30.9
东盟	1742.6	7.9	834.0	42.0
日本	804.8	7.7	657.9	32.6
俄罗斯	544.7	22.5	108.7	11.2
韩国	503.4	13.1	535.2	32.1
中国香港	239.2	-9.9	8.8	-9.8
中国台湾	193.0	9.1	528.1	18.5

全年服务贸易进出口额 3663 亿元，比上年增长 15.5%，服务贸易进出口额占货物和服务贸易总额的 12.5%。其中，出口 2429 亿元，增长 17.1%；进口 1234 亿元，增长 12.3%。

新批外商直接投资项目 3030 个，比上年增加 885 个；合同外资 346.9 亿美元，实际利用外资 179.0 亿美元，分别增长 23.5% 和 1.8%。第二产业中，建筑业实际利用外资增长 3.3 倍。第三产业投资项目 2438 个，比上年增加 720 个，占外商直接投资项目总数的 80.5%，合同外资 238.8 亿元，实际利用外资 116.8 亿元，分别增长 32.5% 和 13.5%，占外资总额的比重分别为 68.9% 和 65.2%。

国外经济合作完成营业额 476.0 亿元，比上年增长 0.4%。其中，对外承包工程完成营业额 466.5 亿元，增长 0.8%；新签合同额 331.2 亿元，下降 12.4%；共派出各类劳务人员 16233 人次，外派劳务人员实际收入 9.5 亿元。

4.2.7　交通运输、邮电和旅游

全年交通运输、仓储和邮政业增加值 1939 亿元，比上年增长 7.2%。

全省公路总里程 12 万公里，其中高速公路 4154 公里。共有民航机场 7 个，旅客吞吐量 5759 万人，其中发送量 3040 万人。铁路、公路和水运完成货物周转量 10106 亿吨公里，比上年增长 3.2%；旅客周转量 1096 亿人公里，增长 2.0%。港口完成货物吞吐量 16 亿吨，增长 12.8%，其中，沿海港口完成 13 亿吨，增长 10.1%。宁波—舟山港完成货物吞吐量 10.1 亿吨，增长 9.5%，集装箱吞吐量跃居全球第四，达 2461 万标箱，增长 14.1%（见表 4-6）。

表 4-6　　　　　　　　　　　　2017 年浙江交通客货运输量

指标	单位	绝对数	比上年增长（%）
货物周转量	亿吨公里	10106	3.2
其中：铁路	亿吨公里	215	1.9
公路	亿吨公里	1821	12.0
水运	亿吨公里	8069	1.5
旅客周转量	亿吨公里	1096	2.0
其中：铁路	亿吨公里	658	9.0
公路	亿吨公里	432	-7.2
水运	亿吨公里	6	8.1
明航旅客吞吐量	万人	5759	14.0

2017 年末全省民用汽车保有量 1397 万辆，比上年末增长 11.0%，其中个人汽车 1228 万辆，增长 11.1%。民用轿车保有量 887 万辆，增长 9.5%，其中个人轿车 823 万辆，增长 9.7%。

全年完成邮电业务总量 3518 亿元，其中，邮政业务总量 1728 亿元，比上年增长 38.2%，电信业务总量 1790 亿元，增长 62.1%。年末移动电话用户 7590 万户，比上年增加 365 万户，其中使用 3G、4G 移动电话用户 6248 万户。固定互联

网宽带接入用户 2465 万户，增加 305 万户，其中固定互联网光纤宽带接入用户 2111 万户，增加 326 万户。移动互联网用户 7456 万户，增加 1090 万户。全省快递业务量 79 亿件，比上年增长 32.5%。

全年旅游产业增加值 3913 亿元，比上年增长 12.6%，占 GDP 的 7.6%；实现旅游总收入 9323 亿元，增长 15.1%，接待游客 6.4 亿人次，增长 9.6%，其中接待入境旅游者 1212 万人次，增长 8.3%。

4.3　浙江对外经济贸易情况

4.3.1　对外经济与贸易分析

2016 年，面对错综复杂的外部发展环境，浙江坚持稳中求进工作总基调，坚定不移打好转型升级系列组合拳，货物贸易稳中向好，服务贸易较快增长，引进外资水平稳步提高，境外直接投资快速增长，国外经济合作稳定增长。

1. 货物贸易稳中向好，出口市场份额持续提高

2016 年，货物贸易进出口额 22202 亿元，比上年增长 3.1%，增速高于全国平均水平 4.0 个百分点，比上年提高 4.2 个百分点，进出口额占全国的 9.1%，比上年提高 0.3 个百分点。

（1）出口增速保持领先，市场份额持续提高

2016 年，货物出口 17666 亿元，比上年增长 3.0%，增速高于全国平均水平 4.9 个百分点，也高于广东（-1.0%）、江苏（0.2%）、上海（-0.5%）、福建（-2.3%）和山东（1.2%），出口增速连续四年居沿海主要省市之首。市场份额不断提高，占全国出口的 12.8%，比上年提高 0.7 个百分点；出口规模已超越印度，占全球市场的 1.7%，相当于全球排名第 17 的西班牙的出口额。表 4-7 为 2014~2016 年全省出口情况。

表 4-7　　　　　　　　　　2014~2016 年浙江省出口情况

年份	出口额（亿元）	增速（%）	占全国比重（%）	占全球比重（%）
2014	16793	8.8	11.7	1.4
2015	17174	2.3	12.1	1.7
2016	17666	3.0	12.8	1.7

分月度看，出口额变化大致呈"W"型趋势，2月受春节假期和企业提早出货影响，出口额为全年最低，之后基本逐月增长，8月出口创历史新高，9月小幅回落，10月受国外圣诞节因素影响有所回升，12月出口创全年次新高。规模以上工业出口交货值与出口变化态势基本同步（见图4-4）。

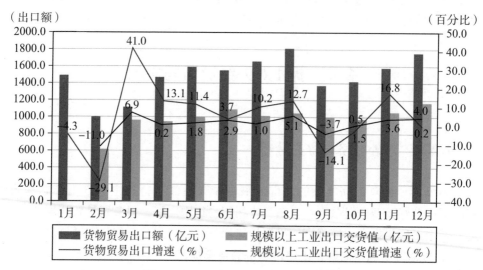

图4-4　2016年浙江省出口变动情况

（2）出口发挥引擎作用，贸易竞争力较强

出口对浙江经济增长发挥重要作用。2016年，出口依存度为38.0%，高于全国平均水平19.4个百分点，在沿海主要出口省市中仅次于广东（49.7%）和上海（44.1%），高于江苏（27.7%）、山东（13.5%）和福建（24.0%）。贸易顺差达到13093亿元，约相当于全国顺差额的五分之二（39.2%）。货物贸易竞争力较强，2016年贸易竞争力指数为0.591，远高于全国和沿海主要出口省市（见表4-8）。

表4-8　　　　　　　　　　2016年全国及沿海主要省市数据

地区	依存度（%）			贸易竞争力
	进出口	出口	进口	
全国	32.7	18.6	14.1	0.138
广东	79.4	49.7	29.6	0.253
江苏	44.2	27.7	16.5	0.252
浙江	47.8	38.0	9.8	0.591

地区	依存度（%）			贸易竞争力
	进出口	出口	进口	
上海	104.4	44.1	60.3	−0.155
山东	23.1	13.5	9.6	0.171
福建	36.3	24.0	12.3	0.321

（3）一般贸易占比进一步提高，新型贸易方式发展良好

一般贸易是货物出口的主要形式。2016 年，一般贸易出口 13936 亿元，比上年增长 4.4%，增速比上年提高 4.1 个百分点，占全省出口的 78.9%，比重高于全国 53.8% 的平均水平，比上年提高 1.0 个百分点。加工贸易出口 1694 亿元，下降 6.7%，降幅比上年收窄 2.2 个百分点。市场采购贸易方式出口 1872 亿元，增长 5.9%，占全省出口的 10.6%，比重比上年提高 0.3 个百分点。13 家外贸服务平台企业出口 606 亿元，增长 83.2%，新增有外贸实绩的企业 1.13 万家，新增企业出口值达 245 亿元。

（4）民营企业出口一枝独秀，外商投资企业出口降幅收窄

2016 年，拥有外贸经营权的登记备案企业达 15.2 万家，比上年增加 1.6 万家。民营企业继续发挥出口主力军的作用，2016 年出口 13380 亿元，比上年增长 6.5%，占全省出口的 75.7%，比重比上年提高 2.5 个百分点。国有企业和外商投资企业出口分别为 964 亿元和 3322 亿元，分别下降 10.7% 和 5.4%。

（5）出口产品结构升级优化，机电、高新技术产品出口高于平均水平

机电、高新技术产品出口占比不断提高。2016 年，机电产品出口 7490 亿元，比上年增长 3.6%，占全省出口的 42.4%，比重比上年提高 0.3 个百分点；其中机械设备出口 20850 亿元，增长 5.8%。高新技术产品出口 1112 亿元，增长 6.5%，占全省出口的 6.3%，比重比上年提高 0.2 个百分点；其中材料技术出口增长 50.7%，增速居高新技术产品出口首位；生命科学技术出口 290 亿元，增长 7.2%。7 大类传统劳动密集型产品合计出口 6436 亿元，增长 1.6%，其中玩具出口高速增长，增速达 41.1%，增速比上年提高 20.4 个百分点。摩托车及其零附件、光伏产品、安防类电视摄像机等高附加值、自主品牌产品出口增速高于全省平均水平。

（6）对欧美等传统出口市场稳定增长，对"一带一路"国家出口快速增长

欧盟和美国是最主要的出口市场。2016 年，对欧盟和美国的出口分别为 3947 亿元和 3250 亿元，比上年分别增长 5.0% 和 6.9%，份额分别为 22.3% 和 18.4%。对东盟、俄罗斯出口较快增长，增速分别为 7.5% 和 6.4%；对日本出口平稳增长，增速为 1.4%；对中国香港、巴西出口大幅下降，分别下降 20.9%

和 11.8%。对"一带一路"沿线国家出口快速增长，在出口增速高于 10% 的 16 个国家中，除葡萄牙和韩国外，其他 14 个国家均为"一带一路"沿线国家，合计出口 1506 亿元，增长 18.6%。

（7）进口实现正增长

受产业结构优化升级、国际大宗商品价格上涨等因素影响，2016 年进口 4546 亿元，比上年增长 3.7%，从 2016 年 11 月开始结束了连续 29 个月的累计增速负增长态势，其中 12 月当月进口 489 亿元，增长 22.6%，规模和增速均创年内新高。机电产品进口 854 亿元，增长 4.0%，增速比上年提高 11.8 个百分点。高新技术产品进口 528 亿元，增长 11.9%，占全省进口的比重比上年提高 0.8 个百分点。15 种主要大宗商品合计进口 1939 亿元，增长 0.3%。

（8）区域差异明显，杭州、嘉兴和湖州出口增速居前三

从出口看，6 个市出口增速高于全省平均水平，其中杭州、嘉兴和湖州居前三，温州、宁波和衢州出口下降。从进口看，区域间分化明显，丽水、杭州、衢州增速在 15% 以上，而绍兴和舟山分别下降 21.4% 和 17.5%（见表 4 - 9）。

表 4 - 9　　　　　　　　　　　浙江全省及分市进出口情况

地区	出口		进口	
	金额（亿元）	增速（%）	金额（亿元）	增速（%）
浙江全省	17666.5	3.0	4535.6	3.7
杭州	3019.0	9.5	1091.0	18.3
宁波	4359.4	- 1.4	1902.7	6.5
温州	1060.4	- 0.1	132.4	- 9.5
嘉兴	1549.9	9.0	518.1	2.4
湖州	594.4	8.2	79.7	- 5.0
绍兴	1686.2	0.2	134.7	- 21.4
金华	3110.7	5.1	75.4	- 12.3
衢州	199.9	- 1.5	79.9	15.3
舟山	413.8	7.6	282.3	- 17.5
台州	1169.4	0.1	141.4	- 2.6
丽水	208.7	6.0	16.7	22.9

2. 服务贸易较快增长，文化、保险等领域亮点纷呈

（1）规模扩大，占比进一步提高

2016 年，服务贸易进出口 3173 亿元，比上年增长 15.2%，占全省货物和服

务贸易进出口总额的 12.5%，比重比上年提高 1.2 个百分点。其中，服务贸易出口 2074 亿元，增长 17.0%，增速比上年提高 0.5 个百分点，占全省货物和服务出口的 10.5%，比重比上年提高 1.2 个百分点；服务贸易进口 1099 亿元，增长 12.0%。

（2）贸易结构优化，市场有新拓展

2016 年，国际服务外包出口继续保持领军地位，出口 557 亿元，占服务贸易出口的 26.9%，比重比上年提高 2.0 个百分点，比上年增长 26.0%，增速比上年提高 0.4 个百分点。其中，信息技术外包（ITO）合同接包执行金额 328 亿元，是服务外包业务的主体。美国、中国香港、日本是国际服务外包业务的前三位发包地，合计市场份额超过 50%。61 个"一带一路"国家（地区）全年外包执行额 82 亿元，占全省离岸执行额的 14.8%。

旅游服务、建筑及相关工程服务、国际运输与海事服务依旧为服务贸易出口的主要行业，出口额分别为 501 亿元、450 亿元和 383 亿元，分别比上年增长 26.8%、19.3% 和 11.2%。

（3）服务领域进一步扩展，文件、保险等服务贸易增速较快

文化贸易发展态势较好。2016 年，文化服务进出口 40.7 亿元，比上年增长 29.8%。其中，文化服务出口 14.7 亿元，增长 1.4 倍；对"一带一路"沿线国家出口 5.0 亿元，首次成为文化出口第一市场；以高科技、高附加值为主的文化创意服务出口 8.2 亿元；影视、出版、艺术等核心领域的文化服务出口 6.1 亿元，增长 2.5 倍。

国际海事服务发展迅速，2016 年出口 30 亿元。保险服务高速增长，出口 2.5 亿元，比上年增长 96.0%。教育服务、金融服务出口增速高于平均水平。

3. 引资水平稳步提高，服务业利用外资快速增长

（1）实际使用外资稳定增长

2016 年，外商直接投资发展稳定，项目数 2145 个，比上年增长 20.6%；实际利用外资 176 亿美元，增长 3.6%，占全国的份额为 14.0%，份额比上年提高 0.6 个百分点，利用外资继续走在全国前列。分市看，台州实际利用外资增长 1.9 倍，增速居各市之首。

（2）服务业利用外资快速增长

服务业是外商直接投资的主要行业，2016 年项目数 1718 个，比上年增长 25.8%，占外商直接投资的 80.1%。服务业合同外资和实际外资分别为 180 亿美元和 103 亿美元，比上年分别增长 3.3% 和 6.4%，分别占外商直接投资的 64.2% 和 58.6%。化学原料及化学制品制造业，电力、燃气及水的生产和供应业实际利用外资快速增长，增速分别为 1.9 倍和 1.1 倍。

（3）大项目、发达国家的投资增多

2016 年，新批总投资净增资 1 亿美元以上的大项目 68 个，投资总额 183 亿美元，合同外资 87 亿美元。来自美国的合同外资 12 亿美元，比上年增长 29.8%；日本、韩国和我国台湾地区出现恢复性增长，实际利用外资分别增长 46.0%、37.3% 和 2.0 倍。

4. 境外直接投资快速增长，国际经济合作稳定增长

境外直接投资快速增长。2016 年，经备案、核准的境外企业和机构共计 803 家，境外直接投资备案额 1172 亿元，比上年增长 29.0%。主要涉及制造业、电力能源、租赁和商务服务业等行业。

国际经济合作稳定增长。2016 年，国外经济合作营业额 474 亿元，比上年增长 16.9%；其中，对外承包工程营业额 463 亿元，增长 15.3%；新签合同额 376 亿元，与上年基本持平。外派劳务人员实际收入总额 11 亿元；共派出各类劳务人员 20396 人次，比上年增加 467 人次。

第 5 章

浙江与中东欧 16 国经济贸易概览

5.1 浙江省经济贸易概览

5.1.1 浙江省概况

1. 总体概况

浙江，简称"浙"，省会杭州。境内最大的河流钱塘江，因江流曲折，称之江、折江，又称浙江，省以江名。

浙江地处中国东南沿海长江三角洲南翼，东临东海，南接福建，西与安徽、江西相连，北与上海、江苏接壤。浙江省东西和南北的直线距离均为 450 公里左右。据全国第二次土地调查结果，浙江土地面积 10.55 万平方公里，占全国的 1.1%，是中国面积较小的省份之一。

浙江是典型的山水江南、鱼米之乡，被称为"丝绸之府""鱼米之乡"。据百度百科记载，早在 5 万年前的旧石器时代，就有原始人类"建德人"活动；境内有距今 7000 年的河姆渡文化、距今 6000 年的马家浜文化和距今 5000 年的良渚文化等文化遗存；是吴越文化、江南文化的发源地，中国古代文明的发祥地之一。

浙江是中国第三批自由贸易试验区，是中国经济最活跃的省份之一，在充分发挥国有经济主导作用的前提下，以民营经济的发展带动经济的起飞，形成了具有鲜明特色的"浙江经济"，至 2013 年人均居民可支配收入连续 21 年位居中国第一，实际已达到中等发达国家水平。浙江与安徽、江苏、上海共同构成的长江三角洲城市群已成为国际 6 大世界级城市群之一。2022 年浙江省会杭州将举办第 19 届亚洲运动会。

2. 资源概况

①水资源。

浙江地处亚热带季风气候区，降水充沛，年均降水量为 1600 毫米左右，是中国降水较丰富的地区之一。

浙江省多年平均水资源总量为 937 亿立方米，但由于人口密度高，人均水资源占有量只有 2008 立方米，最少的舟山等海岛人均水资源占有量仅为 600 立方米。

②海洋资源。

浙江省海洋资源十分丰富，海岸线总长 6486.24 公里，占中国的 20.3%，居中国首位。其中大陆海岸线 2200 公里，居中国第 5 位。

浙江省内有沿海岛屿 3000 余个，水深在 200 米以内的大陆架面积达 23 万平方公里，海域面积 26 万平方公里。面积大于 500 平方米的海岛有 3061 个，是中国岛屿最多的省份，其陆域面积有 1940.4 万公顷，90% 以上无人居住。其中面积 495.4 平方公里的舟山岛（舟山群岛主岛）为中国第四大岛。

浙江岸长水深，可建万吨级以上泊位的深水岸线长 290.4 公里，占中国的 1/3 以上，10 万吨级以上泊位的深水岸线 105.8 公里。东海大陆架盆地有着良好的石油和天然气开发前景。港口、渔业、旅游、油气、滩涂五大主要资源得天独厚，组合优势显著。截至 2013 年，有港口 58 个，泊位 650 个，年吞吐量 2.5 亿吨。海岸滩涂资源有 26.68 万公顷，居中国第三。舟山是浙江唯一的海岛市，是国家重点开发区域之一。

浙江海域辽阔，气候温和，水质肥沃，饵料丰富，适宜多种海洋生物的栖息生长与繁殖。生物种类繁多，素有"中国鱼仓"美誉。

浙江可供海水养殖的品种：石斑鱼、鲍鱼、扇贝、海参、鳗鲡、褐菖鲉、黑鲷、真鲷、鲈鱼、鮸状黄姑鱼、黄条鰤、河豚、卵形鲳鲹、鲻骏鱼、海鳗、中华乌塘鳢、中国对虾、日本对虾、斑节对虾、长毛对虾、刀额新对虾、脊尾对虾、梭子蟹、青蟹、海马。

③土地资源。

土地调查是一项重大的国情国力调查。浙江省第二次土地调查自 2007 年启动，历时 3 年，至 2010 年 1 月完成了标准时点（2009 年 12 月 31 日）调查成果的汇总分析，全面查清了浙江省土地利用状况，掌握了各类土地资源底数。2014 年 6 月 20 日，经省政府同意，省国土资源厅、省统计局联合公布了浙江省第二次土地调查主要数据成果。

截至 2009 年 12 月 31 日（标准时点），浙江省耕地 2980.03 万亩，占 18.83%；园地 943.52 万亩，占 5.96%；林地 8530.94 万亩，占 53.91%；草地 155.76 万亩，占 0.97%；城镇村及工矿用地 1333.49 万亩，占 8.43%；交通运

输用地319.07万亩，占2.02%；水域及水利设施用地1289.53万亩，占8.15%；其他土地273.53万亩，占1.73%。

浙江省的土壤以黄壤和红壤为主，占浙江省面积70%以上，多分布在丘陵山地，平原和河谷多为水稻土，沿海有盐土和脱盐土分布。

④矿产资源。

浙江省矿产种类繁多，有铁、铜、铅、锌、金、钼、铝、锑、钨、锰等，以及明矾石，萤石、叶蜡石、石灰石、煤、大理石、膨润土、砩石等。明矾石矿储量居世界第一（60%），萤石矿储量居中国第二。

浙江省境内已发现矿产113种。截至2009年底浙江省统计的具有资源储量的矿产有93种（不包括油气、放射性矿产）。浙江省列入统计的矿区有2392个，比上年减少302个，其中固体矿产矿区2343个，地热矿泉水矿区49个。

浙江非金属矿产丰富，部分矿种探明资源储量位居全国前列。以探明资源储量而言，明矾石、叶蜡石居全国之冠，萤石、伊利石、铸型辉绿岩居全国第二，饰面闪长岩第三，沸石、硅灰石、透灰石、硼矿、膨润土、珍珠岩等列前十名之内。多数矿床规模大，埋藏浅，开采条件好。

浙江金属矿产点多面广，但规模不大。浙江省铁、铜、钼、铅、锌、金、银、钨、锡矿产较多，但多数为小型矿床或矿点，仅少数矿产地达到大中型规模，且矿石组成复杂，共伴生多种元素。

省域成煤地质条件差，煤炭资源贫乏；陆域尚无发现油气资源，但海域油气前景看好。

⑤生物资源。

浙江省植被资源在3000种以上，属国家重点保护的野生植物有45种。树种资源丰富，素有"东南植物宝库"之称。

浙江林地面积667.97万公顷，其中森林面积584.42万公顷。森林覆盖率为60.5%，活立木总蓄积1.94亿立方米。森林面积中，乔木林面积420.18万公顷，竹林面积78.29万公顷，国家特别规定灌木林面积85.95万公顷。

浙江的森林覆盖率、毛竹面积和株数位于中国前茅。其中竹林面积占中国的1/7，竹业产值约占中国的1/3，森林群落结构比较完整，具有乔木林、灌木林、草本三层完整结构的面积占了乔木林的54.2%，只有乔木层的简单结构的面积仅占乔木林的1.5%。森林的健康状况良好，健康等级达到健康、亚健康的森林面积比例分别为88.45%和8.23%。森林生态系统的多样性总体上属中等偏上水平，森林植被类型、森林类型、乔木林龄组类型较丰富。

浙江野生动物种类繁多，有123种动物被列入国家重点保护野生动物名录。野生动物有兽类80多种，鸟类300~400种，其中国家一级保护动物22种，二级保护动物103种，省级保护动物44种。

⑥其他资源。

电力生产：浙江省电力总装机容量 5728 万千瓦，总发电量 2568 亿千瓦时，其中 6000 千瓦及以上发电机组发电量 2503 亿千瓦时。

热电联产：地方热电联产企业年发电量 172 亿千瓦时，年集中供热量 3.2 亿吉焦（截至 2010 年）。

风能利用：浙江省已建成投产风力发电总装机容量 24.9 万千瓦。风力发电量 4.7 亿千瓦时。

太阳能利用：浙江省已建成投产的光伏利用示范项目装机容量 2.96 万千瓦，累计推广太阳能热水器 920 万平方米。

垃圾焚烧发电：浙江省已建成投产的垃圾焚烧发电机组装机容量 33.3 万千瓦，年发电量约 20.1 亿千瓦时。

农村生物质能：浙江省农村地区生产、生活用能中，秸秆和薪柴消费折合标准煤 57.8 万吨和 95.6 万吨。沼气用户 14.4 万户，大中型沼气工程 7240 处，年产沼气 1.7 亿立方米，折合标准煤 10.3 万吨。农村清洁能源利用率已达 66.0%。

3. 人口情况

按照国家统计局统一部署，2017 年浙江省 5‰人口变动抽样调查以全省为总体，以 11 市为子总体，采取分层、整群、概率比例的抽样方法，共抽取 1300 个村级单位为调查小区，调查人口 30 余万人。根据 5‰人口变动抽样调查数据推算的全省 2017 年人口主要数据为：①常住人口：2017 年末，全省常住人口为 5657 万人，与 2016 年末常住人口 5590 万人相比，增加 67 万人。②城乡构成：2017 年末全省常住人口中，城镇人口为 3846.8 万人，农村人口为 1810.2 万人。城镇人口占总人口的比重（即城镇化率）为 68.0%，与 2016 年相比，上升 1.0 个百分点。③性别构成：2017 年末全省常住人口中，男性为 2897.4 万人，占总人口的 51.2%；女性为 2759.6 万人，占总人口的 48.8%。性别比（以女性为 100，男性对女性的比例）为 105.0，比 2016 年下降 0.3 个点。④年龄构成：2017 年末全省常住人口中，0~14 岁的人口为 763.7 万人，占总人口的 13.5%；15~64 岁的人口为 4157.9 万人，占总人口的 73.5%；65 岁及以上的人口为 735.4 万人，占总人口的 13.0%。其中 60 岁及以上人口为 1069.2 万人，占比为 18.9%。2017 年常住人口总抚养比为 36.1%。⑤自然增长状况：2017 年末全省常住人口中，出生人口为 67 万人，死亡人口为 31.3 万人，自然增加人口为 35.7 万人。出生率为 11.92‰，死亡率为 5.56‰，自然增长率为 6.36‰。与 2016 年相比，出生率上升 0.7 个千分点，死亡率上升 0.04 个千分点，自然增长率上升 0.66 个千分点（见表 5-1）。

表 5 - 1　　　　　2016 年和 2017 年浙江省及各市主要人口数据

地区	年末常住人口（万人）		出生率（‰）		死亡率（‰）		城镇化率（%）	
	2017 年	2016 年	2017 年	2016 年	2017 年	2016 年	2017 年	2016 年
浙江省	5657	5590	11.92	11.22	5.56	5.52	68.0	67.0
杭州市	946.8	918.8	12.5	11.1	5.1	5.1	76.8	76.2
宁波市	800.5	787.5	10.0	9.7	4.8	4.7	72.4	71.9
温州市	921.5	917.5	13.7	13.2	5.0	4.9	69.7	69.0
嘉兴市	465.6	461.4	11.7	11.3	5.8	5.8	64.5	62.9
湖州市	299.5	297.5	10.4	9.5	6.7	6.9	62.0	60.5
绍兴市	501.0	498.8	9.2	8.6	6.4	6.5	65.5	64.3
金华市	556.4	552.0	13.3	12.4	5.7	5.6	66.7	65.7
衢州市	218.5	216.2	12.6	11.3	5.6	5.5	55.7	53.7
舟山市	116.8	115.8	9.7	9.5	6.2	6.1	67.9	67.5
台州市	611.8	608.4	12.6	12.1	5.8	5.6	62.2	61.3
丽水市	218.6	216.5	12.8	11.8	6.1	5.9	59.7	58.0

4. 基础设施

2016 年，全省基础设施投资 9365 亿元，比上年增长 26.3%，占固定资产投资的比重为 31.7%。基础设施项目对全部投资增长支撑作用明显，对全部投资增长贡献率达到 67%，拉动投资增长 7.3 个百分点。

九大类基础设施投资中，体育设施、电信和其他信息传输服务业等行业增速高达 70% 以上，分别为 79.7% 和 76.3%。水利环境和公共设施管理业、文化艺术业、教育设施、卫生设施投资增速也很快，分别增长 41.1%、29.3%、26.4% 和 24.1%。

截至 2016 年末，浙江省公路总里程为 11905.30 万公里，同比增长 0.88%；高级、次高级路面占公路总里程的 98.55%，其中高速公路 4062 公里，比上年末增加 145 公里。2016 年，全省客运量累计完成营业性道路运输 8.30 亿人次，同比下降 10.0%；旅客周转量 465.12 亿人公里，同比下降 14.6%。

浙江省内的民航客运行业同样发展迅速（见图 5 - 1）。浙江目前拥有杭州、宁波、温州三个国际机场和义乌、台州、舟山、衢州四个支线机场，以及东阳横店、建德千岛湖两个通用机场，共开通国内外航线 207 条。2016 年 1～12 月，省内民航运输业的旅客吞吐量达到 5050 万人次，同比增长 11.7%；民用机场建设投资达 46 亿元，同比增长 34.5%。

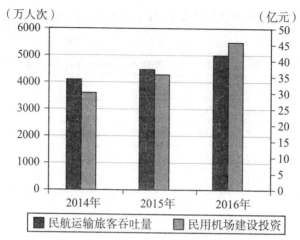

图 5 - 1　2014～2016 年浙江省民航客运业情况

　　截至 2015 年底，浙江省铁路营运里程达到 2537 公里，其中复线率 71.7%，电气化率 73.5%。根据浙江省政府的规划，"十三五"时期全省将推进省际省域干线铁路建设，投入约 2500 亿元（不含地铁），新增铁路营运里程 1800 公里，加快形成"层次分明、功能齐全、干线成网、方便快捷"的铁路综合交通运输系统，主要交通走廊实现客货分线运输。

5.1.2　经济表现

1. 国内经济发展情况

　　浙江是中国省内经济发展程度差异最小的省份之一，杭州、宁波、绍兴、温州是浙江的四大经济支柱。其中杭州和宁波经济实力长期位居中国前 20 位。

　　2016 年，浙江省生产总值（GDP）46485 亿元，比上年增长 7.5%。其中，第一产业增加值 1966 亿元，第二产业增加值 20518 亿元，第三产业增加值 24001 亿元，分别增长 2.7%、5.8% 和 9.4%，第三产业对 GDP 的增长贡献率为 62.9%。三次产业增加值结构为 4.2∶44.2∶51.6，第三产业比重提高 1.8 个百分点。人均 GDP 为 83538 元（按年平均汇率折算为 12577 美元），增长 6.7%。

　　2016 年，信息经济核心产业增加值 3911 亿元，按现价计算增长 15.9%，占 GDP 的 8.4%，比重比上年提高 0.7 个百分点。全省规模以上服务业企业营业收入 10573 亿元，比上年增长 21.1%；利润总额 1808 亿元，增长 21.4%。

　　2016 年，居民消费价格比上年上涨 1.9%，其中食品类价格上涨 5.1%。商品零售价格上涨 1.0%。农业生产资料价格下降 0.5%。工业生产者出厂价格下降 1.7%，工业生产者购进价格下降 2.2%。固定资产投资价格下降 0.5%。

2017 年，浙江地区生产总值 51768 亿元，比上年增长 7.8%。其中，第一产业增加值 2017 亿元，第二产业增加值 22472 亿元，第三产业增加值 27279 亿元，分别增长 2.8%、7.0% 和 8.8%，第三产业对 GDP 增长的贡献率为 57.0%。三次产业增加值结构由上年的 4.2∶44.8∶51.0 调整为 3.9∶43.4∶52.7。人均 GDP 为 92057 元（按年平均汇率折算为 13634 美元），增长 6.6%。全年全员劳动生产率为 13.7 万元/人，按可比价计算比上年提高 6.9%。

2. 对外贸易发展情况

2017 年，在世界经济温和复苏的大环境下，浙江省外贸年度进出口、出口、进口规模均创历史新高。全年实现进出口 25604.2 亿元，同比增长 15.3%，高于全国 1.1 个百分点。其中，出口 19445.9 亿元，增长 10.1%，增速与山东省并列沿海主要外贸省市第二位，高于上海（8.5%）、广东（6.7%），低于江苏（16.9%），在 2016 年出口总值逆势增长 3.0% 领跑全国的基础上，继续保持了两位数增长；出口总值居全国第三位，占全国的份额为 12.7%，与 2016 年基本持平，圆满完成了年度目标任务。进口 6158.2 亿元，增长 35.6%，高于全国 16.9 个百分点。浙江省作为贸易大省地位进一步巩固，贸易强省建设正在有序推进。

（1）机电与高新技术产品出口增长较快，主要出口商品多数保持正增长

2017 年，全省高新技术产品出口增长 13.7%，占全省出口比重为 6.5%，较 2016 年上升 0.2 个百分点；机电产品增长 12.3%，占全省出口比重为 43.3%，较 2016 年上升 0.9 个百分点。八大类轻工产品出口增长 6.9%，占全省出口比重为 16.7%，较 2016 年下降 0.5 个百分点。纺织服装产品出口增长 4.0%，占全省出口比重为 22.7%，较 2016 年下降 1.3 个百分点。

出口额排名前 20 位商品"18 增 2 降"，纺织、家具、塑料制品等 18 个产品实现增长，灯具和船舶出口有所下降。

（2）一般贸易出口比重进一步提升，外贸新业态出口比重有所下降

2017 年，全省一般贸易出口 15508.3 亿元，增长 11.3%，拉动全省出口增长 8.9 个百分点，占全省出口比重为 79.8%，较 2016 年上升 0.9 个百分点；加工贸易出口 1834.6 亿元，增长 8.3%，拉动全省出口增长 0.8 个百分点，占全省出口比重为 9.4%，较 2016 年下降 0.2 个百分点。

全省市场采购贸易方式出口 1909.7 亿元，增长 2.0%，占全省出口比重 9.8%，较 2016 年下降 0.8 个百分点；全省经认定的外贸综合服务企业出口 712.6 亿元，下降 17.1%，占全省出口比重 3.7%，较 2016 年下降 1.2 个百分点。

（3）民营企业出口主体地位进一步巩固，外商投资企业比重回落

2017 年，民营企业出口 14920.7 亿元，增长 11.8%，占比 76.7%，较 2016 年上升 1.2 个百分点；外商投资企业增长 3.4%，占比 17.7%，较 2016 年下降

1.1 个百分点；国有企业出口 1053.3 亿元，增长 9.2%，占比 5.5%，与 2016 年基本持平。

（4）对美欧出口增长较快，"一带一路" 沿线国家出口稳定增长

2017 年，浙江省对拉丁美洲出口 1753.6 亿元，增长 15.3%；对北美市场出口 4032.8 亿元，增长 13.9%；对欧洲出口 5109.1 亿元，增长 11.1%，美欧地区合计拉动全省出口增长 7.0 个百分点。对大洋洲出口 494.0 亿元，增长 8.8%；对亚洲出口 6581.8 亿元，增长 6.8%；对非洲出口 1474.3 亿元，增长 6.1%。

对 "一带一路" 沿线国家出口增长 9.2%，拉动全省出口 3.0 个百分点，其中老挝（384.8%）、蒙古（116.3%）、白俄罗斯（96.7%）增长最快。

出口额排名前 20 位国家（地区）"19 增 1 降"，其中对巴西（26.3%）、俄罗斯（22.5%）、印度（17.5%）等国家出口增速较快，对阿联酋（-13.5%）出口增速有所下降。

（5）进口增速继续领先沿海主要省市，主要市场和产品大部分维持高速增长

2017 年，全省进口 6158.2 亿元，增长 35.6%，高于全国 16.9 个百分点，居沿海六省市第一。从主要进口市场来看，除俄罗斯（11.2%）和中国台湾（18.5%）外，其余各国家和地区均保持 20% 以上高速增长，其中印度达 97.1%。从主要进口商品来看，所有产品均保持两位数增长，其中乙二醇（81.6%）、铜矿砂及其精矿（81.3%）、合成橡胶（78.4%）进口增速最快。

5.2 中东欧 16 国经贸概况

中东欧 16 个国家总面积 133.6 万平方千米，总人口 1.23 亿，接近中国的 1/7。面积最大和人口最多的是波兰（3850 万），面积最小和人口最少的是黑山（62.1万）。自然资源丰饶，经济基础扎实，产业特色鲜明，尤其是区位优势独特，地处 "一带一路" 沿线重要区域，且中东欧国家劳动力成本和人才、技术等优势明显，是中国企业进入欧洲市场的优质门户，被称为中欧经济合作的桥头堡。

5.2.1 阿尔巴尼亚

1. 国家概况

（1）地理位置与行政区划

阿尔巴尼亚共和国，简称阿尔巴尼亚，位于欧洲东南部，首都为地拉那。阿尔巴尼亚东临北马其顿，西隔亚得里亚海和奥特朗托海峡与意大利相望，南面与希腊接壤，北接塞尔维亚与黑山共和国。阿尔巴尼亚属于东 1 时区，比北京时间

晚 7 小时。

1994 年根据部长会议作出的决定，阿尔巴尼亚全国共分为 12 个省，36 个区。主要城市有：地拉那、都拉斯、培拉特、萨兰达和吉诺卡斯特等。截至 2016 年 1 月，阿尔巴尼亚总人口为 288.6 万，其中阿尔巴尼亚族占 82.58%，其他少数民族主要有希腊族、北马其顿族等。官方语言为阿尔巴尼亚语。56.7% 的居民信奉伊斯兰教，6.75% 信奉东正教，10.1% 信奉天主教。

阿尔巴尼亚水力与太阳能资源丰富，矿产资源种类也比较多，主要有石油、铬、铜、镍、铁、煤等。阿尔巴尼亚属亚热带地中海海洋性气候，降雨量较为充沛，年均达到 1300 毫米，每年的 11 月至次年 5 月为雨季。

（2）基础设施

根据世界经济论坛《2016～2017 年全球竞争力报告》，阿尔巴尼亚交通基础设施在全球 138 个国家（地区）排名中列第 91 位。

阿尔巴尼亚的交通以公路运输为主，公路总里程 1.8 万公里。近几年，道路建设是阿尔巴尼亚基础设施建设的优先领域，因此，阿尔巴尼亚新建及翻修了大量路段，公路状况有较大改善。

根据阿尔巴尼亚国家统计局的数据，阿尔巴尼亚铁路线总长为 447 公里，实际运营铁路线总长为 379 公里。阿尔巴尼亚与邻国黑山的波德戈里察虽有铁路连接，但是距离国际标准相距太远，与其他国家无铁路相接。阿尔巴尼亚的铁路设施落后，最高时速仅 60 公里，平均时速约 40 公里，部分路段（如爱尔巴桑与波格拉德茨路段）仅 20 公里/小时。近几年，阿尔巴尼亚政府一直希望吸引外资帮助其重建铁路交通系统。

阿尔巴尼亚共有机场 11 个。地拉那国际机场是阿尔巴尼亚目前唯一运营的民用机场，建于 1957 年，因位于里纳斯镇，又名"里纳斯国际机场"。该机场距地拉那市中心 17 公里，距都拉斯港 32 公里。2016 年，地拉那国际机场旅客吞吐量首次突破 200 万人次；货运吞吐量 2200 吨。截至 2016 年底，在地拉那国际机场运行的航空公司共 15 家，其中 14 家为外国航空公司。可从地拉那直飞维也纳、罗马、布达佩斯、伊斯坦布尔、伦敦、慕尼黑、普里什蒂那等 37 个城市。阿尔巴尼亚尚未开通至中国的直达航线。

截至 2016 年底，阿尔巴尼亚主要有 4 个港口：都拉斯港、法罗拉港、申津港与萨兰达港。2016 年，阿尔巴尼亚全国港口完成货物吞吐量 375.6 万吨，完成旅客吞吐量 128.9 万人次。

阿尔巴尼亚的邮政市场主要由阿尔巴尼亚邮政公司与私营快递公司组成。其中阿尔巴尼亚邮政公司是该国邮政业务最为全面的服务商，同时还垄断了该国的邮票发行业务。阿尔巴尼亚的固话市场主要由以下几个服务商提供：Albtelecom、Abcom、ASC、Nisatel、Telekom、AlbaniaFiks。截至 2016 年底，阿尔巴尼亚的固话装机总量接近 24.9 万部。阿尔巴尼亚从 1996 年开始提供移动电话服务，目前有四家移动电话运营商，分别为：Telekom Albania、Vodafone、Albtelecom 与 Plus。近年来，阿尔巴尼亚移动用户迅速增长，截至 2016 年底，阿尔巴尼亚活跃的手机用户数量接近 336.1 万，阿尔巴尼亚的家庭宽带覆盖率约为 33.4%，宽带用户接近 26.6 万。

阿尔巴尼亚的水力资源较为丰富，本国的发电全部依靠水力资源。但是阿尔巴尼亚的水力资源仅有 1/3 得到充分利用，而且受气候因素的影响非常大。2016 年的官方数据显示，阿尔巴尼亚国内水力发电量为 71.36 亿千瓦时，同比增长 21.7%。

（3）主要产业

农业：占国民生产总值的二分之一，农作物有小麦、玉米、蔬菜、马铃薯、甜菜等，山区牛羊畜牧业较发达。

工业：以食品、轻纺、机械、冶金、动力、建筑材料、化学、木材、石油、采矿等为主。

交通运输业：以公路为主，都拉斯、法罗拉为重要海港，主要港口是都拉斯港。

阿尔巴尼亚主要产业发展目标：一是发展现代农业，实现农产品自给有余，并能部分出口；发展都市农业，利用地理和资源优势，将阿尔巴尼亚发展为巴尔干地区的水果和蔬菜生产基地。二是提高矿业现代化水平，延伸矿业产业链，提高矿产品附加值，将资源开发和环境保护相结合，协调发展。三是大力发展旅游业，发挥历史文化资源和自然资源优势，将阿尔巴尼亚建成欧洲工薪阶层度假区。四是在 5~10 年内达到电力供给正常化，大力发展太阳能和风能等绿色能源。五是利用港口优势，将阿尔巴尼亚建设成巴尔干物流中心。六是将旅游业作为优先发展产业，游客主要来自北马其顿、黑山、希腊、意大利等国。

阿尔巴尼亚优先发展产业包括：水果、蔬菜的生产加工；资源开发、加工；商品流通；旅游开发。基础设施建设主要有：新电站建设和现有电站改造；太阳能和风能等绿色能源；公路和桥梁建设。

2. 经济表现

（1）国内经济发展概况

阿尔巴尼亚的地理位置优越，临近西欧发达国家，产品销往欧盟市场，具有低关税和低成本的优势。国内劳动力资源丰富，较低的劳动力成本可以吸引外国投资。世界经济论坛《2016~2017 年全球竞争力报告》显示，在全球参与排名的 138 个国家和地区中，阿尔巴尼亚排在第 80 位。世界银行集团发布的《2017年营商环境报告》显示，在全球参与排名的 190 个国家和地区中，阿尔巴尼亚的营商环境便利度排第 58 位。

图 5-2 显示了 2007~2017 年阿尔巴尼亚人均 GDP 及环比增速。2009 年、

2012 年和 2015 年人均 GDP 下滑严重。从图中还可以看出,2015 年人均 GDP 环比下跌接近 6%。导致经济下滑的原因:一是,来自国内的高税收、低消费;二是,政府实施的某些激进措施产生的负面影响;三是,阿尔巴尼亚货币列克与美元的汇率波动比较大,在经济下滑的年度,阿尔巴尼亚列克贬值相对较严重,导致以美元标记的名义 GDP 下降较严重。

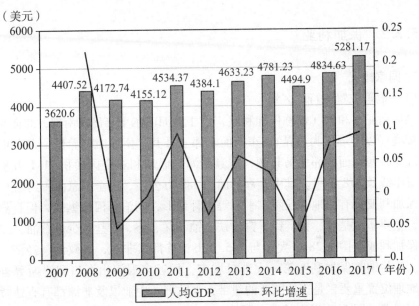

图 5-2 2007~2017 年阿尔巴尼亚人均 GDP 及环比增速柱状图

资料来源:国际货币基金组织、中国国家统计局。

(2) 对外贸易发展概况

阿尔巴尼亚的外贸出口商品主要为纺织、制鞋等来料加工产品及农副产品;沥青、铬矿石、镍铁矿石、铜精矿、烟草、水果也是主要的输出商品。进口商品主要为工业设备、运输工具、农业机械、矿产品和纺织品等。

贸易伙伴主要有意大利、希腊、土耳其、中国、德国等;主要投资国有意大利、希腊、美国、德国、土耳其、日本、加拿大等。阿尔巴尼亚拥有大量石油和天然气资源,但严重的能源短缺和陈旧且落后的基础设施使阿尔巴尼亚很难吸引和支撑国外投资。

据阿尔巴尼亚国家统计局发布的数据,2016 年,阿尔巴尼亚对外贸易总额 66.28 亿美元,同比增长 4.4%。其中,出口额约为 19.62 亿美元,同比增长 0.1%,主要出口商品为纺织品、鞋类、矿物、燃料、电力、建筑材料及金属等;进口额约为 46.66 亿美元,同比增长 6.4%,主要进口商品为机械设备、食品、饮料、烟草、化工制品等；贸易逆差约为 27.04 亿美元，同比增长 11.4%。2016年，阿尔巴尼亚前五大贸易伙伴分别为意大利（占比 36.8%）、德国（7.7%）、中国（7.7%）、希腊（6.9%）和土耳其（5.9%）；前五大出口目的地分别为意大利（54.6%）、科索沃（6.8%）、希腊（4.6%）、德国（3.4%）和马耳他（3.3%）；前五大进口来源地分别为意大利（29.3%）、德国（9.5%）、中国（8.8%）、希腊（7.9%）和土耳其（7.9%）。

5.2.2　保加利亚

1. 国家概况

（1）地理位置和行政区划

保加利亚共和国（简称保加利亚）位于欧洲巴尔干半岛东南部，北面与罗马尼亚接壤（以多瑙河为边界），东南面毗邻土耳其，南面毗邻希腊，西北面邻接塞尔维亚，西南面毗邻北马其顿，东濒黑海。保加利亚全国面积 11.1 万平方公里，海岸线长 378 公里。其中，森林面积 388 万公顷，占全国总面积约 35%。此外，保加利亚拥有山地、丘陵、平原等多种地形，湖泊、河流纵横，但自然资源贫乏，主要矿藏是煤、铅、锌、铜、铁、铀、锰、铬、矿盐和少量石油。

保加利亚全国有 28 个大区与 265 个市，首都索非亚，是政治、经济、文化中心。瓦尔纳是保加利亚第一大港口城市，靠近多瑙河出海口和博斯普鲁斯海峡，地理位置重要，是连接欧亚的纽带，与欧洲、中亚以及非洲都有直达货运航线，承担着全国 50% 以上的海上贸易。

截至 2015 年底，保加利亚约有 715.37 万人，约占欧盟总人口的 1.4%，主要民族是保加利亚族，居民主要信奉东正教，少数人信奉伊斯兰教。保加利亚语为官方和通用语言。

（2）基础设施

保加利亚的公路运输网络发达，全国公路总长 37286 公里，与罗马尼亚、希腊、塞尔维亚、土耳其和北马其顿等国互通。

保加利亚的铁路运输也较为发达，全国铁路总长 4294 公里，其中已电气化部分 2710 公里。国际铁路运输向北可经罗马尼亚通往波兰、俄罗斯，向南通希腊，向西经塞尔维亚通往中欧地区。2017 年 10 月，保加利亚和希腊签署了两国铁路合作协议，计划修建从希腊塞萨罗尼基经保加利亚黑海沿岸的布尔加斯港和瓦尔纳港到多瑙河鲁赛港的铁路，最终将保加利亚铁路网和匈塞铁路相连接。

2017 年保加利亚首都索非亚机场共有 5.76 万架次起飞和降落，同比增长 11.3%；旅客吞吐量达 649 万人次，同比增长 30.3%。位于瓦尔纳的保加利亚第二大机场与世界上 35 个国家的 101 个城市有定期及包机航线。但目前中国与保加利亚之间暂无直航班机。

保加利亚有超过一半的进出口货物通过海运，因此港口在该国的交通运输中占有非常重要的地位。保加利亚的港口主要包括瓦尔纳港与布尔加斯港，与黑海沿岸的多个国家互通。

（3）主要产业

工业以机械制造（运输起重机械、电器、发动机、金属切削、农业机械等）、化工、冶金、造船、炼油、食品加工为主。主要工业部门有冶金、机械制造、化工、电机和电子、食品和轻纺等。

保加利亚在历史上是一个农业国，主要农产品有谷物、烟草、蔬菜等。全国可耕地面积约占全国总面积的40%。农产品主要有小麦、烟草、玉米、向日葵等，盛产蔬菜、水果。在农产品加工方面以酸奶、葡萄酒酿造技术闻名。保加利亚号称"玫瑰王国"，雪茄烟闻名世界。

保加利亚优先发展农业、轻工业、旅游和服务业，经济逐渐得到恢复。工业以食品加工业和纺织业为主，旅游业也有所发展。

2. 经济表现

（1）国内经济发展概况

保加利亚属外向型经济，经济规模小，对外资依赖度高，经济发展主要依托经济发达的欧盟大国。2004年以来，保加利亚经济增长迅速，吸引了大量的外商投资。2000年欧债危机爆发后，政府虽然采取一系列应对措施，但经济仍呈下行态势，主要宏观经济指标明显恶化。2010年后，经济企稳回升，主要经济指标大都有所改善，对外贸易增幅较大、金融系统稳定、国际收支的紧张状况好转，但通胀率上升，财政赤字占比增加，外资锐减状况仍无起色，走出危机时间也相对滞后于欧盟大国。由图5-3可知，2007~2017年保加利亚的经济增长仍呈缓慢下跌趋势。2017年，保加利亚的人均GDP为7767.99美元。

导致保加利亚的GDP回升乏力的主要原因：一是，保加利亚信贷风险极高。2014年因企业、银行发生危机，政府拒绝为银行提供帮助，大量呆账、坏账制约了保加利亚银行业的发展，同时也增加了其在国际上进行融资的难度。二是，对俄贸易短期内难以恢复。2014年，欧盟对俄罗斯进行了严厉的经济制裁，尽管保加利亚十分不情愿但是作为欧盟的成员国不得不加入制裁俄罗斯的行列。俄罗斯是保加利亚最重要的贸易伙伴，制裁俄罗斯毫无疑问将严重影响保加利亚的经济。三是，人口老龄化使保加利亚失去经济发展的后续动力。截至2015年5月，保加利亚65岁以上的老年人占人口总数的20%，而且还将以每年0.4%的速度增长。与此同时，人口却以每年4.35万人的速度减少，如果按这一速度，据保加利亚官方预测，到2060年保加利亚全国的人口只剩下550万人。人口的减少必然是劳动力的减少，从而使保加利亚失去经济发展的后续动力。

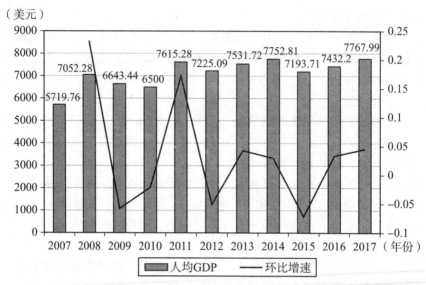

图 5-3　2007～2017 年保加利亚人均 GDP 及环比增速柱状图

资料来源：国际货币基金组织、中国国家统计局。

根据 2017 年全球经济竞争力指数排名结果，保加利亚在全球 137 个国家中排名第 49 位，仅比 2016 年排名前进了一个位次。而在世界银行发布的 2018 年世界营商环境评估报告中，保加利亚的营商环境明显下降，由原来的第 39 名下降到第 50 名位次，后退了 11 位，排名远远落后于北马其顿、塞尔维亚、黑山和罗马尼亚等国。

（2）对外贸易发展概况

外贸在保经济中占有重要地位，主要进口产品是能源、化工、电子等，出口产品主要是轻工产品、化工、食品、机械、有色金属等。保加利亚是欧盟成员国，其超过一半的货物贸易是在欧盟区域内进行。在欧盟区域内，保加利亚最主要的出口国是德国、意大利和罗马尼亚，最主要的进口国是德国和意大利。在欧盟区域外，土耳其是保加利亚最主要的出口国，俄罗斯是其最主要的进口来源国。2014 年保加利亚的前三大逆差来源地依次是俄罗斯、西班牙和匈牙利；贸易顺差主要来自土耳其、新加坡和比利时。从商品看，贱金属及其制品、机电产品和矿产品是保加利亚的主要出口商品，矿产品、机电产品和化工产品是保加利亚的前三大类进口商品。

据欧盟统计局统计，2014 年保加利亚与中国的双边贸易额为 18.6 亿美元，下降 1.6%。中国是保加利亚第九大进口来源国。贱金属及其制品是保加利亚对中国出口的主要产品，矿产品是保加利亚对中国的第二大类出口商品。保加利亚自中国进口的主要商品为机电产品、家具、玩具和化工产品，2014 年这三类商品合计进口 6.6 亿美元, 占保加利亚自中国进口总额的 57.2%。在劳动密集型产品上, 中国继续保持优势, 家具、玩具等轻工产品占保加利亚同类产品进口总额的比重较高, 在这些商品上, 德国、意大利、波兰、希腊等国是中国的主要竞争对手。

2017 年 1~9 月, 保加利亚货物进出口额为 462.5 亿美元, 比上年同期 (下同) 增长 15.0%。其中, 出口 219.0 亿美元, 增长 14.2%; 进口 243.4 亿美元, 增长 15.7%。贸易逆差 24.4 亿美元, 增长 31.6%。

保加利亚是欧盟成员国, 其超过一半的货物贸易是在欧盟内部进行。2017 年 1~9 月保加利亚对欧盟 28 国的出口额为 144.5 亿美元, 增长 11.1%, 占保加利亚出口总额的 60.0%; 从欧盟 28 国的进口额为 154.8 亿美美元, 增长 11.0%, 占保加利亚进口总额的 63.6%。在欧盟区域外, 土耳其是保加利亚最主要的出口国, 1~9 月出口额为 16.8 亿美元, 增长 13.0%, 占保加利亚出口总额的 7.7%。俄罗斯是保加利亚第二大进口来源国, 1~9 月进口额 24.2 亿美元, 增长 28.0%, 占保加利亚进口总额的 10.0%

机电产品、金属及其制品和矿产品是保加利亚的主要出口商品, 2017 年 1~9 月季度出口额分别为 39.5 亿美元、39.4 亿美元和 20.9 亿美元, 占保加利亚出口总额的 18.0%、18.0% 和 9.5%。矿产品、机电产品和化工产品是保加利亚的前三大类进口商品, 2017 年 1~9 月进口 47.6 亿美元、46.5 亿美元和 27.4 亿美元, 占保加利亚进口总额的 19.5%、19.1% 和 11.3%, 分别增长 43.6%、9.9% 和 10.4%。

2017 年 1~9 月保加利亚与中国双边货物进出口额为 14.6 亿美元, 增长 23.9%。其中, 保加利亚对中国出口 5.2 亿美元, 增长 70.0%; 自中国进口 9.4 亿美元, 增长 7.8%, 保加利亚与中国的贸易逆差为 4.2 亿美元。

贱金属及其制品是保加利亚对中国出口的主力产品, 2017 年 1~9 月出口额为 3.9 亿美元, 增长 165.8%, 占保加利亚对中国出口总额的 75.2%。在贱金属及其制品中最主要的出口产品是铜及其制品, 出口 3.9 亿美元, 增长 169.4%。矿产品是保加利亚对中国出口的第二大类商品, 出口额 0.5 亿美元, 下降 51.5%, 占保加利亚对中国出口总额的 8.5%。机电产品是保加利亚对中国出口的第三大类产品, 出口额 0.4 亿美元, 增长 26.3%。

保加利亚自中国进口的主要商品为机电产品、家具玩具和贱金属及其制品, 1~9 月分别进口 3.6 亿美元、1.1 亿美元和 0.9 亿美元, 合计占保加利亚自中国进口总额的 58.7%。在劳动密集型产品上, 中国继续保持优势, 家具、玩具等轻工产品占保加利亚同类产品进口总额的比例较高, 在这些商品上, 德国、意大利、波兰、希腊等国是中国的主要竞争对手。

5.2.3 匈牙利

1. 国家概况

（1）地理位置与行政区划

匈牙利是位于欧洲中部的内陆国家，东邻罗马尼亚，南接塞尔维亚，西接奥地利，北与捷克、斯洛伐克、乌克兰为邻，边境线长 2246 公里，国土面积为 93030 平方公里。全境以平原为主，80% 的国土海拔不足 200 米，属多瑙河中游平原。首都位于东一时区，每年 3 月末到 10 月末为夏令时，比北京晚 6 个小时。

匈牙利山区森林茂密，森林覆盖率约为 22.5%。自然资源比较贫乏，主要矿产资源是铝矾土，其蕴藏量居欧洲第三位。此外有少量褐煤、石油、天然气、轴、铁、锰等。

匈牙利地处北半球温带区内，是温带大陆性气候、温带海洋性气候和地中海气候的交汇点，受大陆性气候的影响较大，属大陆性温带落叶阔叶林气候。气候变化较大，国内不同地区之间温度差别也较大，全年平均气温为 10.8℃。7 月和 8 月最热，平均气温在 21.7℃，最冷的月份在 1 月和 2 月，平均气温为 −1.2℃。匈牙利全国分为首都和 19 个州，有 23 个州级市，州以下设 304 个市和 2826 个乡。首都布达佩斯是该国主要的政治、商业、运输中心和最大的城市。也是欧洲著名古城，位于国境中北部，坐落在多瑙河中游两岸。全国总人口 985 万人（截至 2016 年 1 月），主要民族为匈牙利（马扎尔）族（约占 90%），官方语言为匈牙利语，主要宗教信仰是天主教（信仰人口占比为 66.2%）和基督教（17.9%）。

（2）基础设施

截至 2015 年，匈牙利公路总里程为 3.17 万公里，其中高速公路 1510 公里，路网密度在欧洲仅次于比利时、荷兰，几乎每一个城镇之间都有柏油公路连通。公路运输在匈牙利交通运输中占据主导地位。

匈牙利铁路发展历史悠久，早在 1846 年就修建开通了第一条铁路。截止 2014 年底，匈牙利铁路总里程达到 7794 公里，平均每百平方公里国土就有 8.3 公里铁路，路网密度在欧盟成员国中居第五位，仅次于卢森堡、捷克、比利时和德国。

匈牙利现有机场 43 个，其中国际机场 5 个。匈牙利最大的机场为布达佩斯李斯特·费伦茨国际机场，绝大部分国际航班在此起降。包括 20 个铺设跑道的机场、21 个未铺设跑道机场以及 3 个直升机场，民用飞机 1256 架，其中直升机 137 架。匈牙利水运航道里程约 1622 公里，航道主要在多瑙河和蒂萨河上。水运在匈牙利交通运输中起辅助作用，仅占货运总量和城际旅客运输量的 3.26% 和

1%，客运量 857.1 万人公里，货运量 19.2 亿吨公里。

匈牙利通信基础设施完善，通信市场完全自由化，外资企业在该国通信市场中占据支配地位。匈牙利的现代电话系统是数字化和高度自动化的，主干业务由光纤电缆和数字微波无线电中继。2015 年，匈牙利与所有邻国都有光纤电缆连接，匈牙利的国际交换机在布达佩斯，匈牙利的卫星地球站包括 2 个国际通信卫星（大西洋和印度洋地区）、1 个国际海事卫星组织、1 个甚小孔径终端（VSAT）系统的地面终端。

匈牙利的广播媒体为国家支持的公共服务广播媒体和私人广播电台的混合体系。全国重要的广播电视台有 5 家公有电视频道和 2 家主要私营电视台。匈牙利有高度发展的卫星和有线电视服务市场，约三分之二的观众利用其服务；有 4 个国家支持的公共服务无线电网络；政府关联企业拥有广播和印刷媒体的所有权。

截至 2016 年，匈牙利的固定电话总数为 311.97 万部，大约每 3 位居民 1 部；移动电话总数为 1177.99 万部，平均每人拥有 1.2 部手机。2016 年匈牙利的互联网用户总计 782.67 万人，占总人口的 79.3%。

匈牙利电力设施完善，电力供给较为充裕，能够满足经济发展需求。2015 年匈牙利生产电力 286.7 亿千瓦时，用电量为 386.6 亿千瓦时，电力出口 25.4 亿千瓦时，进口 17.95 亿千瓦时。匈牙利电网与奥地利、斯洛伐克电网相连能够根据电力生产成本，灵活调整电力进出口。

（3）主要产业

匈牙利已进入发达国家行列，工业基础较好。匈牙利根据本国国情，研发和生产了一些有自己特色的知识密集型产品。如计算机、通信器材、仪器、化工和医药等。

汽车工业是匈牙利支柱产业，共有 700 多家汽车及零部件生产企业，产值占匈牙利国民生产总值的 10%，占工业总产值的 19.4%，占出口总额的 20%。外资在匈牙利汽车工业中占据重要地位，乘用车和发动机生产企业基本为外资，本土企业主要从事商用车汽车零部件的生产。

匈牙利制药业历史悠久，是匈牙利最富竞争力的产业之一。匈牙利也是中东欧地区最大药品生产和出口国，出口额占该地区的 30% 左右。

匈牙利是中东欧地区最大的电子产品生产国和世界电子工业主要生产基地，年产值保持在 100 亿欧元左右，占匈牙利制造业产值的 13.29%，出口额约占匈牙利出口总额的 10.8%，创造了 11.2 万个就业岗位。

农业基础较好，在国民经济中占重要地位，不仅为国内市场提供了丰富的食品，而且为国家赚取了大量外汇。主要农产品有小麦、玉米、甜菜、马铃薯等。有机农业发展迅速，已成为匈牙利农业发展的一大特色，匈牙利生产的有机农产品涉及农产品的各个领域，主要有谷物、油料、蔬菜、水果、蜂产品、乳制品、畜产品以及加工的各类产品，其中 80% 的产品用于出口。有机农业生产成为匈牙利农业发展的一大特色，是农产品出口创汇的主要来源之一，匈牙利成为目前中东欧地区有机农产品生产和出口大国。

服务业发展迅速，各种小商店、小饮食店、小旅馆和其他服务网点的私有化已经完成。全国商业网点多达 16 万个，就业人数占全国就业人数的 14% 左右，旅游业比较发达。

港口运输业方面，匈牙利首都布达佩斯所在地的柴佩尔自由港，是该内陆国的最大进出口岸，通过多瑙河与海外连接。该港已有长达 40 年的建港历史。另外一座港口是距离布达佩斯市中心仅仅 7 千米的马哈特自由港，是 1972 年建立的多瑙河上第一座集装箱码头，码头线长 2000 米，有占地 95000 平方米的仓库和占地 70000 平方米的露天堆场。无论是柴佩尔自由港还是马哈特自由港，在匈牙利的水路交通运输中的地位都是举足轻重，在匈牙利的经济发展中发挥着不可或缺的作用。

2. 经济表现

（1）国内经济发展概况

匈牙利是欧盟成员国，政局基本稳定，法律法规健全，金融市场开放，投资环境较好，对外国投资者具有一定吸引力。地处欧洲心脏、区位优势突出；匈牙利单位 GDP 的劳动力成本在中东欧地区是最低的，受教育程度高，劳动力性价比高；匈牙利人极富创新精神，有"发明家民族"的美誉，共产生了 15 位诺贝尔奖得主，匈牙利已经成为整个欧洲的知识和创新中心。

世界经济论坛《2017～2018 年全球竞争力报告》显示，匈牙利在全球最具竞争力的 137 个国家和地区中，排第 60 位，比上期上升 9 位。在美国传统基金会（Heritage Foudation）和《华尔街日报》（WSJ）公布的 2017 年经济自由指数排名中，匈牙利得分 65.8，排名第 56 位，属于"有限度自由"等级。世界银行《2017 年全球营商环境报告》（Doing Business 2017）中，匈牙利在全球参评的 190 个经济体中营商便利度排名第 41 位，相比上年有所提升、总分 73.07 分。

图 5-4 显示了 2007~2017 年匈牙利的人均 GDP 及环比增速。受欧债危机冲击以及全球经济放缓的影响，2011 年匈牙利 GDP 为 1400.92 亿美元，在 2009～2016 年中处于最高位。2012 年和 2015 年经济下滑较严重，下降达到 9% 左右；其他年度经济小幅上升。整体而言，匈牙利的名义 GDP 有所下降。主要原因在于匈牙利货币弗林与美元的汇率波动比较大，在经济下滑的年度，匈牙利弗林贬值相对较严重。

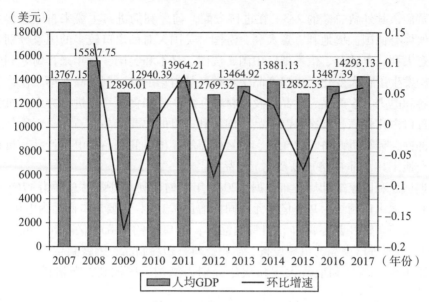

图 5 - 4　2007 ~ 2017 年匈牙利人均 GDP 及环比增速柱状图

资料来源：国际货币基金组织、中国国家统计局。

（2）对外贸易发展概况

匈牙利是世界贸易组织（WTO）的成员，2004 年成为欧盟的一员。它同时还是欧洲自由贸易协定（EFTA）、中欧自由贸易地区协定（CEFTA）的成员。另外，匈牙利还与以色列、土耳其、克罗地亚，取消了来自世界贸易组织成员方的产品配额，从欧盟和中欧自由贸易地区国家进口工业产品。

外国投资方面，20 世纪 90 年代，伴随着私有化进程，匈牙利开始实施积极引进外资的政策，采取各种措施优化投资环境，一度成为中东欧地区吸收外资最多的国家。受国际金融危机和欧债危机影响的合资企业，主要投资领域是零售、金融、通信、汽车、电子等行业，投资的主要地区是首都布达佩斯和匈牙利西部地区。

匈牙利移动通信业、保险业、电力分销企业几乎全部由外资掌控，银行业 80% 以上的资产由外资控制，批发零售业近一半市场份额掌握在外资手中，95% 以上的汽车由外资企业生产。从投资国别来看，欧洲国家是外资主要来源地，占吸收外资总额的大部分。其中，德国为匈牙利第一大外资来源地，其次为卢森堡、荷兰、奥地利和法国。美国为匈牙利在欧洲以外的第一大外资来源地。亚洲地区主要外资来源地为韩国、日本、中国和新加坡。外资企业增加值占匈牙利 GDP 的 1/3 左右，出口额占匈牙利总出口额的 74%。

对外贸易方面，匈牙利的出口增长主要依赖于在匈投资的跨国公司，对欧盟的外贸额占其外贸总额的 2/3。在进口方面，匈牙利的进口主要来自欧盟，主要贸易伙伴有德国、奥地利、意大利、法国、美国，对匈出口较多的国家分别为德国、意大利、奥地利、俄罗斯、中国、法国、日本和美国。近年来，匈牙利的产业结构发生了很大变化，出口产品中机械产品占第一位，制成品居第二位，其次是燃料和电力、农产品、食品以及原材料、农产品和食品。在进口方面，机械设备的进口占比最高，其次是制成品。匈牙利进口的主要产品有石油、天然气、汽车零部件、计算机设备、汽轮机、测量仪器等；出口的产品有电子产品、机械设备、交通工具（非铁路）以及化工产品等。

据匈牙利国家统计局发布数据，2016 年，匈牙利对外贸易总额为 1766 亿欧元。其中，出口额约为 933 亿欧元，同比增长 3.1%，主要出口商品为电机设备、机械产品、车辆及其零部件、塑料制品等；进口额约为 833 亿欧元，同比增长 1.7%，主要进口商品为机械设备、矿物燃料、塑料制品、钢铁制品等。

2016 年，匈牙利前五大贸易伙伴分别为德国、奥地利、斯洛伐克、法国、意大利。

5.2.4　波兰

1. 国家概况

（1）地理条件与行政区划

波兰共和国（简称波兰）是一个位于中欧由 16 个省组成的民主共和制国家，东与乌克兰及白俄罗斯相连，东北与立陶宛及俄罗斯的飞地加里宁格勒州接壤，西与德国接壤，南与捷克和斯洛伐克为邻，北面濒临波罗的海。波兰首都华沙，是全国第一大城市，也是工业、贸易、科学、文化中心，还是中欧诸国贸易的通商要道，比北京时间晚 7 小时。

波兰国土面积 31.27 万平方公里，75% 在海拔 200 米以下，气候介于东欧大陆性气候和西欧海洋性气候之间，年平均气温 9.6℃。波兰全境地势平坦、广阔，河湖密布，海拔 200 米以下的平原约占全国面积的 72%。波兰的森林面积为 889 万多公顷，森林覆盖率近 30%。

波兰的主要矿产有煤、硫黄、铜、锌、铅、铝、银等。2000 年硬煤储量为 453.62 亿吨，褐煤 139.84 亿吨，硫碳 5.04 亿吨，铜 24.85 亿吨。琥珀储量丰富，价值近千亿美元，是世界琥珀生产大国。

2016 年，波兰全国总人口 3795 万人，主要民族是波兰族，约占总人口的 98%，此外还有德意志、白俄罗斯、乌克兰、俄罗斯、立陶宛、犹太等少数民族。官方语言为波兰语，英语也日益普及。波兰人口中信仰天主教的占 95%，信仰东正教、基督教新教和其他教派的占 5%。

（2）基础设施

与欧盟成员国平均水平相比，波兰的基础设施比较落后，高速和快速公路少，优质公路比例较低，铁路网技术退化，空运和海运能力较低，难以满足经济发展和吸引外商投资的需要。

2016 年，波兰高速公路密度每百平方公里 44 公里，远低于欧盟每百平方公里 160 公里的平均水平。波兰铁路现有近一半线路时速不超过 60 公里，约 1/3 的铁路因技术原因限速或停运，1/3 需要加大维修力度，主要城市间也缺少快速铁路连接。波兰是全长 5400 公里的跨欧洲铁路运输网络（TEN－T）的重要组成部分，现有 4 条国际铁路运输走廊途经波兰。

波兰现有 13 个国际机场，其中 12 个为地区级空港，重要空港位于华沙、克拉科夫、格但斯克、波兹南、弗洛茨瓦夫和卡托维茨。2008 年华沙直飞北京的航线恢复通航，飞行时间约 9 个小时。

波兰具有港口区位优势，主要港口包括格但斯克、格丁尼亚、什切青、希维诺乌伊西切等。格丁尼亚为北波罗的海最大集装箱港口，也是波罗的海最大石油中转码头之一，什切青—希维诺乌伊西切海港组为波兰最大轮渡码头。

截至 2014 年底，波兰有线电话覆盖率为每百人 16 部，在欧盟中排名靠后。2000～2014 年波兰移动通信行业发展迅速，移动用户数量从 674.8 万增加到 5759.5 万，用户数量超过波兰人口总数，移动网络几乎覆盖全国。

（3）主要产业

波兰农业耕地占国土面积 50% 左右，是中东欧农业及食品生产大国，主要作物为各种麦类和马铃薯、甜菜等。

波兰工业发达。传统的工业部门有煤炭、纺织、化工、机械和钢铁部门等，经济转型以来，波兰的工业部门扩大到汽车制造、家用电器、食品生产、电子产品、化妆品、轮胎、石化、航空与火车制造、纺织品、陶器、家具、通信和信息技术等部门。

波兰是世界琥珀生产大国，琥珀开采有几百年历史。波兰的服务业、旅游业近年保持平稳态势，尤其是新兴服务业取得长足进步，电信市场全面开放。银行业私有化基本完成，外资在银行资本中占据较大比例。

2. 经济表现

（1）国内经济发展概况

自 1989 年经济转轨以来，波兰是中东欧国家中最早实现经济增长的。2011～2017 年，波兰经济持续增长。2016 年人均 GDP 约合 13598.37 美元，同比增长5.24%。由图 5－5 可以看出，受波兰货币兹罗提与美元汇率波动的影响，波兰兹罗提在 2012 年和 2015 年贬值相对较严重，使得 GDP 在这两年不断下跌，2015年下跌幅度达到 10.14%。2017 年，波兰人均 GDP 同比增长 6.56%。

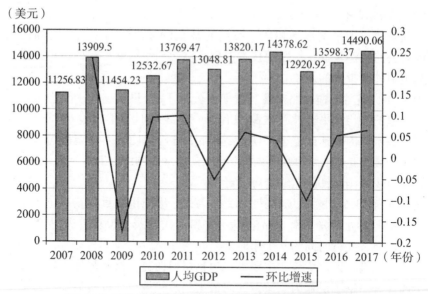

图 5 - 5　2007 ~ 2017 年波兰人均 GDP 及环比增速柱状图

资料来源：国际货币基金组织、中国国家统计局。

根据美国传统基金会和《华尔街日报》2016 年全球经济自由度指数排名，波兰得分 69.3，排在第 39 位，比 2015 年上升 3 位。其中，波兰在所有者权利、腐败情况、商业环境、货币政策、投资自由度方面表现不错。2017 年，波兰在全球经济自由度指数排名中位居第 45 位。总体而言，波兰是一个经济适度自由的国家。2017 年，波兰在全球经济论坛国家竞争力榜单上排名第 39 位，比 2016 年下降了 3 位。

（2）对外贸易发展概况

波兰的主要贸易伙伴为欧盟成员，波兰前十大出口市场中的九个是欧盟成员，前十大进口来源地中有六个是欧盟成员。德国为波兰最大贸易伙伴、最大出口市场和最大进口来源地。

机电产品、运输设备和贱金属及制品是波兰的主要出口商品，机电产品、矿产品和运输设备是波兰进口的前三大类商品，工矿产品（煤、褐煤、焦炭、船舶、车辆等）为大宗商品；另外，活动物及动物产品的进口额增长较为明显，光学、钟表、医疗设备的进口额减少较为明显。进口以石油制品、铁矿石、棉花和粮食为主。

2014 年，波兰货物贸易进出口总量为 4365.5 亿美元，比上年同期（下同）增长 5.8%。其中，出口 2166.7 亿美元，增长 5.6%；进口 2198.8 亿美元，增长 5.9%。贸易逆差是 32.1 亿美元，增长 22.1%。

2017 年上半年，波兰货物进出口额为 2168.2 亿美元，比上年同期增长

8.6%。其中，出口 1090.1 亿美元，增长 7.1%；进口 1078.0 亿美元，增长 10.3%。贸易顺差 12.1 亿美元，减少 70.1%。

2017 年上半年，波兰的主要出口目的国是德国、捷克、英国、法国和意大利，分别占波兰出口总额的 27.2%、6.4%，6.4%、5.6% 和 5.1%；主要进口来源国是德国、中国、俄罗斯、荷兰和意大利，分别占波兰进口总额的 27.5%、8%、6.3%、6% 和 5.2%。

机电产品、运输设备和贱金属及制品是波兰的主要出口商品。2017 年上半年出口额分别占波兰出口总额的 23.7%、15% 和 9.9%，较上年同期分别增长 5.2%、4% 和 13.9%。此外，光学、钟表、医疗设备的出口额也有所增长，增幅为 22.9%。机电产品、运输设备和贱金属及制品为波兰进口的前三大类商品，2017 年上半年的进口额分别为 255.1 亿元、125.3 亿元和 118.2 亿元。另外，矿产品的进口增幅明显，增长 45.8%。

5.2.5　罗马尼亚

1. 国家概况

（1）地理位置与行政区划

罗马尼亚位于东南欧巴尔干半岛东北部，国土面积 238391 平方公里，海岸线长 245 公里，北和东北分别与乌克兰和摩尔多瓦为邻，南接保加利亚，西南和西北分别与塞尔维亚和匈牙利接壤，东南临黑海。罗马尼亚首都布加勒斯特属于东 2 时区，比北京时间晚 6 小时。

罗马尼亚的主要矿藏有石油、天然气、煤、铝土矿、金、银、铁、锰、锦、盐、铀、铅等，森林面积为 633 万公顷，约占全国面积的 28%。罗马尼亚属典型的温带大陆性气候，年平均温度在 10 摄氏度左右。

罗马尼亚分为 41 个县（相当于省）和 1 个直辖市（首都布加勒斯特），县下设市、镇、乡。截至 2016 年底，罗马尼亚全国人口共 2222 万人。其中，城市人口所占比例约为 56.3%，农村人口所占比例约为 43.7%。当地人口中，罗马尼亚族占 89.5%，匈牙利族占 6.6%，罗姆族占 2.5%，德意志族和乌克兰族各占 0.3%，其余民族为俄罗斯、塞尔维亚、斯洛伐克、土耳其、鞑靼等，占 0.8%。官方语言为罗马尼亚语，主要少数民族语言为匈牙利语。主要宗教有东正教、罗马天主教、新教。

（2）基础设施

截至 2015 年底，罗马尼亚公路总长度 86080 公里，其中，国家级公路 17606 公里，占比 20.5%；县级公路 35316 公里，占比 41.0%；乡级公路 33158 公里，占比 38.5%，国家公路中共有 6193 公里为欧洲公路，占比 35.2%。高速公路总长 747 公里，较 2014 年增加 64 公里。

罗马尼亚目前使用的铁路总长度 10777 公里，其中电气化铁路长 4029 公里，占比 37.4%；标准轨矩铁路长 10638 公里，占比 98.7%，宽轨铁路长 134 公里。占比 1.3%。货运列车平均时速为 28 公里。客运列车时速为 43 公里。2014 年，铁路货运量 5074 万吨，客运量 6476 万人次。

罗马尼亚航空定位为区域性航空中心，目前已开辟连接首都和国内 17 个城市、欧洲大多数国家的航线，罗马尼亚主要航空公司为罗马尼亚航空公司，目前有 25 个铺设跑道的机场、36 个未铺设跑道的机场和 2 个直升机机场。其中，有 6 个国际机场，最重要的是布加勒斯特的广达国际机场，年货物处理量占全国航空货运的 80%。

罗马尼亚航线长 1779 公里，多瑙河为主要内河航线，在罗马尼亚境内有 1075 公里，并通过运河与康斯坦察港联通，罗马尼亚共拥有河港 35 个，海港 3 个，康斯坦察港为其最主要的港口。

罗马尼亚通信业发展迅速。移动通信从 1997 年开始建设。截至 2015 年底，罗马尼亚固定电话接入 410 万户，每百人占有率为 25%，每百户占有率为 52%，城市中固定电话占有率为 64%。移动用户共 2290 万户，超过罗马尼亚人口总数。2015 年罗马尼亚移动用户通话时长约为 100 亿分钟，短信共计 20 多亿条。截至 2015 年，罗马尼亚固定宽带用户约为 410 万，同比增长 6.6%，移动宽带用户为 1270 万，同比增长 22%，宽带在全球排名前列。

罗马尼亚电力资源相对充裕。罗马尼亚国家统计局公布的数据显示，2015 年，罗马尼亚总发电量为 693.7 亿千瓦时，同比增长 7.8%，最终消费电量为 525.65 亿千瓦时，同比上升 6.0%。电力出口 105.0 亿千瓦时，同比增长 128.1%，进口电量 37.75 亿千瓦时。

（3）主要产业

罗马尼亚是东欧国家中传统的纺织服装业强国。轻纺工业及计算机业尤为发达，开发了世界上最好的杀毒软件 Bitdefender（它拥有世界上最大的病毒库）。农业主要作物有小麦、玉米、向日葵、甜菜、马铃薯、亚麻等，葡萄和水果等园艺业较发达，畜牧业产值在农业总产值中占 40% 以上，现代化养畜场日益发展，主要饲养猪、牛、羊等。食品工业种类繁多。葡萄酒是罗马尼亚特产，罗马尼亚是世界十大葡萄酒酿造国之一，欧洲第五大葡萄酒出产国，世界第八大葡萄酒出产国。目前该国优先发展的产业为：公共基础设施建设，高速公路、铁路、水运基础设施建设和改造，电力、替代能源，旅游开发，信息技术，高新科技研发，食品加工，木制品深加工等。

2. 经济表现

（1）国内经济发展概况

罗马尼亚是新兴工业国家，因劳动力、土地、税收等方面的优势，成为东欧地区最有吸引力的投资目的国之一。世界经济论坛《2016～2017 年全球竞争力报告》显示，在全球参与排名的 138 个国家和地区中，排在第 62 位。世界银行集团发布的《2017 年营商环境报告》显示，在全球参与排名的 190 个国家和地区中，罗马尼亚排名第 36 位。

图 5-6 显示了 2007～2017 年罗马尼亚人均 GDP 及其环比增速。2017 年，罗马尼亚人均 GDP 提升至 11045.25 美元，处于近几年的一个较高水平。从图中还可以看出，罗马尼亚人均 GDP 在 2009 年、2012 年和 2015 年分别经历了三次下跌，主要原因在于罗马尼亚货币列伊与美元的汇率波动比较大，在经济下滑的年度，罗马尼亚列伊贬值相对较严重，导致以美元标记的 GDP 下降较大。

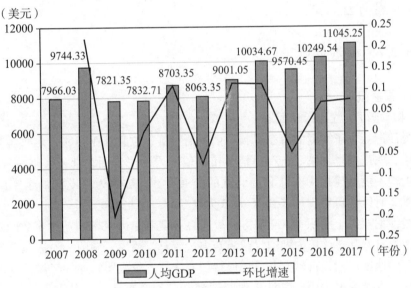

图 5-6　2007～2017 年罗马尼亚人均 GDP 及环比增速柱状图

资料来源：国际货币基金组织、中国国家统计局。

（2）对外贸易发展概况

罗马尼亚对外贸易主要以输出石油化工产品、石油装备、拖拉机、卡车和农产品，工业以机械制造、化学、电子和纺织工业为主，其次是电力、冶金、服装、制鞋、玻璃、造纸和印刷等。中国与罗马尼亚自 1949 年 10 月 5 日建交以来，一直保持着友好合作关系。罗马尼亚对中国出口最重要的商品是机电产品、木制品和贱金属制品；输入以机器设备和铁矿石、天然橡胶、焦炭、有色金属等工业原料为主。从中国进口煤炭、矿砂、矿渣及矿灰、家具及寝具、灯具、活动房、钢铁、钢铁制品、塑料及其制品、车辆及其零附件、铜及其制品、橡胶及其制品、食用水果及坚果；甜瓜等水果的果皮、酒及醋、有机化学品、铝及其制品、其他纺织制品；成套物品；旧纺织品、针织或钩编的服装及衣着附件、肉及食用杂碎、陶瓷产品、矿物材料的制品等。

据罗马尼亚国家统计局发布的数据，2016年，罗马尼亚对外贸易总额为1247.3亿欧元，同比增长6.1%。其中，出口额约为573.9亿欧元，同比增长5.1%，主要出口商品为运输设备、加工类产品、食品、饮料等；进口额约为673.4亿欧元，同比增长7%，主要进口商品为运输设备、加工类产品、化学制品等；贸易逆差约为99.6亿欧元，同比增长19%。

2016年，罗马尼亚最主要贸易伙伴为欧盟内国家。罗马尼亚在欧盟内进出口总额950.3亿欧元，同比增长7.0%，占罗马尼亚同期进出口总额的76.2%。罗马尼亚在欧盟外进出口总额297.0亿欧元，同比增长3.4%，占罗马尼亚同期进出口总额的23.8%。

5.2.6　爱沙尼亚

1. 国家概况

（1）地理位置与行政区划

爱沙尼亚位于波罗的海东岸，与俄罗斯接壤、拉脱维亚相邻，北面与芬兰隔海相望，西南濒里加湾。首都是塔林市，位于爱沙尼亚西北部，濒临波罗的海，历史上曾一度是连接中东欧和南北欧的交通要冲，被誉为"欧洲的十字路口"。位于东2时区，每年3月末到10月末为夏令时，比北京晚5个小时。

爱沙尼亚国土面积45339平方公里，森林覆盖率达48%，超过半数的森林仍处于原始自然状态，境内湖泊、沼泽众多，森林、沼泽、湖泊、河流几百年来按照自身的速度演变，自然生态系统保持得非常好。气候属海洋性气候，受海洋影响明显，春季凉爽少雨，夏秋季温暖湿润，冬季寒冷多雪，冬季平均气温7℃，夏季平均气温16℃，年平均降水量500~700毫米。

爱沙尼亚全国分为15个省，大小城镇共计254个，市级行政管理机构有33个，镇级管理机构有193个。爱沙尼亚共有人口131.56万，民族构成主要有爱沙尼亚人（69%）与俄罗斯人（26%）。官方语言为爱沙尼亚语，英语、俄语亦被广泛使用。国民主要信奉基督教路德宗、东正教和天主教。

（2）基础设施

爱沙尼亚地理位置优越，由公路、铁路和港口构建成的运输网络较为完善，在欧亚中转运输中发挥着重要作用。爱沙尼亚陆路运输特点是：铁路和公路在货运中大约各占半壁江山，公路客运占全部客运量的90%以上，中转运输占有重要地位，全国货运量中中转过境物资占比很高。

2016年，爱沙尼亚包括城市道路在内的公路里程数为58412公里，公路交通十分便利，塔林和其他各主要城市之间路况较好。此外，公路交通还可通往里加、圣彼得堡等周边国家城市。铁路总里程 2167 公里，电气化里程数为 132 公里，其中，公共铁路线 1540 公里，非公共铁路线 627 公里。铁路是爱沙尼亚境内主要交通方式之一，爱沙尼亚的铁路常年有通往爱沙尼亚主要城市的列车，在夏季还有前往莫斯科、圣彼得堡的国际列车。

爱沙尼亚国际航班均飞往欧洲主要国家，无直飞中国的航班。塔林梅里国际机场是爱沙尼亚最大的国际机场，距市中心约 20 分钟车程。该机场已开通至赫尔辛基、里加、斯德哥尔摩、莫斯科、巴黎、伦敦、法兰克福等欧洲城市的航线。截至 2016 年，爱沙尼亚总共有 19 个机场，其中铺设跑道的机场有 13 座，未铺设跑道的机场有 5 座，直升机场有 1 座；注册的航空公司有 3 家，年客运量为 51.24 万人，年货运里程为 87 万吨公里。

爱沙尼亚的水运分为内河航运与出境海运。内河航线总里程为 520 公里，已通航里程为 416 公里；海岸线总长度 3794 公里，有大小港口 101 个，其中最大的港口是塔林港，这些港口均是终年可以通航的深水不冻港，担负着向临近北欧国家的客、货运输任务，每天都有开往赫尔辛基和斯德哥尔摩的客运班轮。2016 年 1 月，爱沙尼亚共拥有 349 艘注册在运船只，超过 100 吨位的为 113 艘，317 艘为海运船只，32 艘为内陆水上运输船舶。

爱沙尼亚信息通信基础设施和应用技术在世界上名列前位。互联网服务广泛可用，学校和图书馆与互联网相连，大部分人口在网上提交所得税申报表，网上投票在地方和议会选举中自 2005 年首次推出以来稳步攀升。85% 的家庭拥有宽带接入，互联网用户总计 109.79 万人，占总人口的 87.2%。2016 年，有固定语音服务客户线路 370579 条，固定语音服务用户 202519 户，合约移动电话客户 1539706 人，ISDN 线路 9270 条。

爱沙尼亚电力资源充裕，不仅可以满足本国经济和社会发展需要，而且有一定的电力出口。2015 年，电力行业共发电 10417 千兆瓦时，比上年下降 16.3%，全国进口电力 545.2 万兆瓦时，出口电力 637.7 万兆瓦时。主要出口国家为拉脱维亚。据世界经济论坛《2016～2017 年全球竞争力报告》公布的排名，爱沙尼亚的基础设施在全球 138 个参评国家中排名第 33 位。

（3）主要产业

工业：主要有机械制造、木材加工、建材、电子、纺织和食品加工业；爱沙尼亚资讯科技较发达。制造业是爱沙尼亚支柱产业之一，其在 GDP 中的占比为 15%～18%。

农业："二战"以前，爱沙尼亚是一个农业国，生产的黄油、牛奶和奶酪在西欧市场声名卓著，现在的农业以畜牧业和种植业为主，主要饲养奶牛、肉牛和猪；主要农作物有小麦、黑麦、马铃薯、蔬菜、玉米、亚麻和饲料作物。

交通运输业在爱沙尼亚国民经济发展中起着举足轻重的作用。

爱沙尼亚电信和 IT 业发达，在欧盟处于领先地位。

爱沙尼亚旅游业较为发达。近 50% 的森林覆盖率、众多保留完好的中世纪古迹、自然迤逦的田园风光和明媚的海边度假胜地，大大带动了爱沙尼亚旅游业、运输业和零售业的发展，年均入境外国旅游者人数超过爱沙尼亚本国人口。

2. 经济表现

（1）国内经济发展概况

爱沙尼亚投资环境总体良好，几乎所有领域均对外国投资者开放。独特的区位优势，良好的投资环境，优惠的投资政策，便捷的电子服务使得爱沙尼亚在吸引外资方面卓有成效，人均吸引外商直接投资额位于波罗的海三国首位，在中东欧也名列前茅。

爱沙尼亚在美国传统基金会（Heritage Foundation）和《华尔街日报》（WSJ）公布的 2017 年经济自由指数排名中由第九位升至第六位，得分 79.1，属于"比较自由"等级。该指数基于 12 个定量和定性指标测量经济自由度，指标共分为四大类，包括法治、政府规模、监管效率和开放市场。世界银行《2017年全球营商环境报告》（Doing Business 2017）中，爱沙尼亚在全球参评的 190 个经济体中营商便利度排名第 12 位，比上年上升 4 位、总分 81.05 分，在"地区收入类别"中属"高收入国家"。世界经济论坛《2017～2018 年全球竞争力报告》显示，爱沙尼亚在全球最具竞争力的 137 个国家和地区中，排第 29 位，比上期上升 1 位。

图 5-7 显示了 2007～2017 年爱沙尼亚的人均 GDP 及环比增速。除了 2009年、2012 年与 2015 年，爱沙尼亚的 GDP 环比都有所增长。贸易、信息、通信以及交通行业增加值的提高是推动爱沙尼亚经济增长的主要因素。在过去三年中，交通运输行业放缓最快，2016 年第一季度继续下降，但从第二季度起，交通对GDP 增长开始有积极贡献。

（2）对外贸易发展概况

爱沙尼亚主要出口商品类别依次为：机械设备、电子产品及其零部件等、矿产品、木材及木制品、五金及其制品、车辆、航空及船舶等。

爱沙尼亚主要进口商品类别依次为：机械设备、电子产品及其零部件等、矿产品、车辆、航空及船舶、五金及其制品、化工或相关产业产品。

与欧盟国家的贸易在爱沙尼亚对外贸易中居于主导地位，占进出口贸易额的70% 以上。主要贸易伙伴有芬兰、俄罗斯、瑞典、德国、拉脱维亚等。对外投资方面，资本主要投向德国、拉脱维亚、立陶宛、俄罗斯等。

外商投资方面，主要投资国为瑞典和芬兰等，主要投资领域有金融、房地产、交通、运输、通信等。

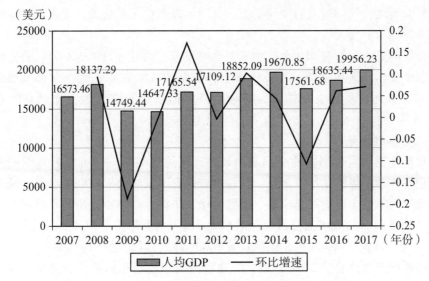

图 5 - 7　2007 ~ 2017 年爱沙尼亚人均 GDP 及环比增速柱状图

资料来源：国际货币基金组织、中国国家统计局。

据爱沙尼亚国家统计局发布数据，2016 年，爱沙尼亚全年进出口贸易额约为 281.14 亿美元，同比增长 2.7%。其中，出口额约为 131.72 亿美元，同比增长 2.8%，主要出口商品为电子机械产品、木制品、杂项制品等；进口额约为 149.42 亿美元，同比增长 2.7%，主要进口商品为电子机械产品、交通运输设备、矿产品等。

2016 年，爱沙尼亚前五大贸易伙伴分别为芬兰、瑞典、拉脱维亚、德国和立陶宛。双边贸易额下降的国家主要有：芬兰、瑞典、拉脱维亚等；双边贸易额上升的国家主要有：德国、立陶宛、荷兰、中国等。

5.2.7　拉脱维亚

1. 国家概况

（1）地理位置与行政区划

拉脱维亚共和国（简称拉脱维亚）处于欧洲西部和东部，俄罗新和斯堪的纳维亚半岛的交叉点上，同爱沙尼亚、俄罗斯、白俄罗斯和立陶宛接壤，因其位于波罗的海国家的中心地带，又被称为"波罗的海跳动的心脏"和"北方巴黎"。

拉脱维亚全国总面积为 64589 平方公里，森林覆盖率达到 49.9%，可耕地面积达到 73.3%，共有 1.4 万个野生物种。全国境内有 3000 多个湖泊，750 条河流，内陆水域面积达 2419 平方公里，是良好水产的天然场所。而其气候属海洋性气候向大陆性气候过渡的中间类型，平均年降水量 732 毫米，湿度大，全年约有一半时间为雨雪天气。

拉脱维亚全国设有 110 个区和 9 个全国级市，共有人口 196.6 万，官方语言为拉脱维亚语，通用俄语。主要信奉基督教路德教派和东正教。首都里加建于 1201 年，被列入世界文化遗产，是金融经济枢纽和旅游胜地，比北京晚 6 个小时。

（2）基础设施

拉脱维亚与周边国家的交通联通较好，区位优势明显，可辐射波罗的海东岸、独联体和斯堪的纳维亚地区。拉脱维亚现有国家级公路 20093 公里，从拉脱维亚乘坐国家巴士可前往莫斯科、圣彼得堡、华沙、明斯克、塔林、维尔纽斯等城市。2015 年，拉脱维亚公路货运量 620 万吨，与上年持平，其中，国内货运量 4820 万吨，同比下降 4.7%，国际货运 1400 万吨，同比增长 19.5%。

拉脱维亚铁路总长 2161 公里，与独联体国家使用相同路轨，自里加乘国际列车可达俄罗斯的莫斯科和圣彼得堡、乌克兰的基辅和敖德萨，并可经立陶宛和波兰到德国柏林等地。国内线路连通各主要城市。2017 年前 8 个月，拉脱维亚铁路货运量 3037.2 万吨，同比下降 0.7%。其中，国际货运 2938.8 万吨，同比下降 0.9%，国内货运 98.41 万吨，同比增长 4.6%。

拉脱维亚有 69 条航线，国际航线总长 8400 公里，有里加、文茨皮尔斯、利耶帕亚 3 个国际机场，里加机场是波罗的海三国最大的机场。2017 年 1 季度，里加国际机场客运运量 113 万人次，同比增长 2.6%。拉脱维亚唯一国有控股的波罗的海航空公司（Air Baltic）已开通 60 条航线，2017 年客运量 352.3 万人次，增长 22%，并以 90.01% 的准点率成为全球最准点的航空公司。中国与拉脱维亚没有直航，需在赫尔辛基、莫斯科、法兰克福、华沙、柏林、斯德哥尔摩、伊斯坦布尔等城市转机。

拉脱维亚内河航线全长 350 公里，共有 10 个港口，里加港、文茨皮尔斯港和利耶帕亚港为最大的 3 个港口。其中，里加港虽冬季冰冻，但对海运影响不大，其他两港为冬季不冻港。2017 年，拉脱维亚港口货物量为 6187.7 万吨，同比下降 2%，在波罗的海 3 国中占 41.4%。其中，里加港货运量为 3367.5 万吨，同比下降 9.2%；文茨皮尔斯港货运量为 2003.5 万吨，同比增加 6.5%。

拉脱维亚信息和通信基础设施发展良好，2015 年固定宽带覆盖率达 92.5%，超高速宽带覆盖率达 90.7%，平均网速居世界第六，互联网用户占总人口比例为 81.8%。2016 年拉脱维亚的固定电话总数为 36.72 万部，平均每 100 位居民有 19 人使用固话；移动电话总数为 265.03 万部，平均每人拥有 1.4 部手机；互联网用户总计 157.04 万人，占总人口的 70.9%。在 2017 年国际电信联盟发布的"信息和通信技术发展指数"中列第 35 位，较 2016 年上升 5 位。

（3）主要产业

拉脱维亚的工业发展水平在波罗的海三国中居首位，农业发展水平居第二位。

农业包括种植业、畜牧业、渔业等行业。畜牧业发达，其产值占农业总产值的 68%。

主要工业门类有电子产品、机器制造、食品、轻工、纺织、建材、化工、木材加工等。支柱产业有采矿、加工制造及水电气供应等。

第三产业是拉脱维亚国民经济的主要部分。旅游业的入境游客主要来自立陶宛、爱沙尼亚、俄罗斯、挪威、瑞典、德国等国。拉脱维亚出境旅游主要去往立陶宛、爱沙尼亚、俄罗斯、白俄罗斯及欧盟国家。

拉脱维亚优先发展的产业包括港口码头及空港等基础设施建设、信息技术、旅游开发、食品及鱼类产品深加工、林产品深加工。

2. 经济表现

（1）国内经济发展概况

拉脱维亚奉行自由经济政策，把吸引和鼓励外国投资视为经济发展的一个重要手段，投资环境总体良好。据世界银行发布的《2017 年营商环境报告》，拉脱维亚在 190 个国家和地区的营商便利度排名中排第 14 位。而在世界经济论坛发布的《2016～2017 年全球竞争力报告》中，拉脱维亚在 138 个经济体的全球竞争力指数排名中列第 49 位，其在木材加工、化妆品、创意设计、制药业具有一定的国际竞争力。但美国智库传统基金会和华尔街日报发布的 2018 年经济自由度指数排名中，拉脱维亚的得分为 73.6 分，在 180 个国家和地区中排名第 28 位，较 2017 年下滑 8 位。

图 5-8 显示了 2007～2017 年拉脱维亚人均 GDP 及环比增速。受国际金融危机影响，2009～2015 年拉脱维亚的经济增长总体下滑，尤其是 2009 年和 2015 年 GDP 环比下滑明显。而受外部需求拉动出口增长、投资恢复和家庭收入上促进消费等因素，2016 年起拉脱维亚经济向好发展。2017 年第 1 季度、第 2 季度和第 3 季度，拉脱维亚经济分别增长 4%、4% 和 5.8%。

（2）对外贸易发展情况

拉脱维亚是波罗的海地区中转运输的重要口岸，进出口和国内贸易也比较活跃。外商投资的主要来源地是卢森堡、荷兰、塞舌尔、法国、英国、俄罗斯、塞浦路斯和瑞典。拉脱维亚同奥地利、保加利亚、白俄罗斯、比利时、加拿大、中国、瑞士、捷克、丹麦、埃及、西班牙、爱沙尼亚、芬兰、法国、英国、希腊、克罗地亚、匈牙利、冰岛、以色列、意大利、韩国、科威特、立陶宛、摩尔多瓦、挪威、荷兰、波兰、葡萄牙、罗马尼亚、新加坡、斯洛伐克、瑞典、土耳其、乌克兰、乌兹别克、越南等国家有经贸往来。

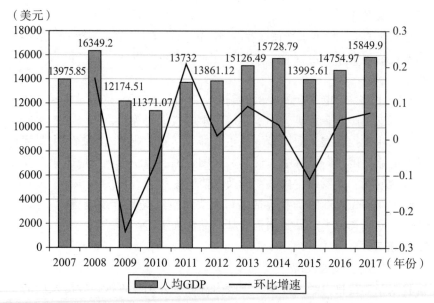

图 5 - 8　2007 ~ 2017 年拉脱维亚人均 GDP 及环比增速柱状图

资料来源：国际货币基金组织、中国国家统计局。

随着国内经济的好转，拉脱维亚的外部环境也逐步改善，为拉动出口创造了有利条件。2017 年上半年，拉脱维亚外贸总额 138.9 亿美元，同比增长 10.4%。其中，出口 62.7 亿美元，同比增长 8.7%，进口 76.2 亿美元，同比增长 1.8%，贸易逆差 13.4 亿美元，同比增长 29.2%。

2017 年上半年，拉脱维亚前五大顺差来源地依次是俄罗斯、瑞典、爱沙尼亚、英国和挪威，分别为 2.8 亿美元、1.5 亿美元、1.3 亿美元、1.1 亿美元和 1.1 亿美元；逆差主要来自德国、波兰、立陶宛和意大利，分别为 4.3 亿美元、3.9 亿美元、3.5 亿美元和 2.0 亿美元。

木及制品、电机电气音像设备、锅炉机械器具是拉脱维亚主要出口商品。2017 年上半年出口额分别为 10.4 亿美元、7.0 亿美元和 4.2 亿美元，分别占拉脱维亚出口总额的 16.5%、11.1% 和 6.7%，增减幅分别为 0.9%、6.8% 和 -0.1%。在各类商品出口中，编结用植物材料和其他植物产品的增幅明显，增长 531.7%；珠宝、贵金属及制品、仿首饰及硬币的下降幅度稍大，下降 49.3%。电机电气音像设备、锅炉机械器具、矿物燃料及矿物油是拉脱维亚进口的前三大类商品，2017 年上半年进口额分别为 8.1 亿美元、7.2 亿美元和 6.5 亿美元，分别同比增长 6.7%、1.9% 和 17.2%。拉脱维亚各类进口商品中，增幅较大的为船舶及浮动结构体，增长 257.5%，下降幅度较大的为谷物，下降 15.7%。

5.2.8　立陶宛

1. 国家概况

（1）地理位置与行政区划

立陶宛共和国（简称立陶宛）位于欧洲中东部，北与拉脱维亚接壤，东南与白俄罗斯毗邻，西南与俄罗斯加里宁格勒州和波兰相邻，西濒波罗的海。立陶宛的国土面积为 6.53 万平方公里，土地面积 6.268 万平方公里，水域面积 2620 平方公里，国境线总长为 1644 公里，海岸线长 90 公里。首都位于东 2 时区，每年 3 月末到 10 月末为夏令时，比北京晚 5 个小时。

立陶宛的森林和水资源较为丰富，覆盖率约为 34.6%。全国有 722 条河流，长度超过 100 公里的河流有 21 条，湖泊众多，水域面积超过 880 平方公里。立陶宛的石油、天然气等矿产资源比较贫乏，主要依赖进口，主要资源有西部地区和北波罗的海大陆架的石油、泥煤、建筑用石膏、石灰石、黏土和砂石等，东南部有铁矿和花岗岩，还有白云石、矿泉水、地热等资源。

立陶宛气候介于海洋性气候和大陆性气候之间，冬季较长，多雨雪，日照少；9 月中旬至次年 3 月中旬温度最低，1 月平均气温为 –4℃ ~ –7℃；夏季较短而且凉爽，日照时间较长；6 月下旬至 8 月上旬最温暖，7 月平均气温 16℃ ~ 20℃。立陶宛由 7 个城市、43 个区、8 个自治机构和 2 个疗养区共 60 个地方行政单位构成，大小城镇 100 余座。首都维尔纽斯位于立陶宛东南部的内里斯河和维尔尼亚河汇合处。全国拥有人口 285 万人（2016 年），主要有立陶宛族（占 84.2%）、波兰族（占 6.6%）、俄罗斯族（占 5.8%）。官方语言为立陶宛语，多数居民懂俄语。主要宗教信仰为罗马天主教，此外还有东正教、新教路德宗等。

（2）基础设施

立陶宛交通体系完备，公路网发达，有 E28、E67、E77、E85、E262、E272 6 条欧洲公路干线经过。国内公路总长 84467 公里，国家级公路 21254 公里。

立陶宛的铁路与俄罗斯及其他独联体国家联通，交通十分便利，铁路网与欧洲及独联体国家连成一体，可直接或转车前往这些国家。目前，立陶宛国内铁路铺轨里程为 2188.7 公里，运营里程为 1767.6 公里，其中 1.52 米的宽轨 1745.8 公里，1.435 米的窄轨 21.8 公里。宽轨连接波罗的海国家及独联体国家，窄轨连接波兰并通过波兰连接西欧国家。纵贯南北的 1 号铁路干线和横跨东西的 9 号干线使立陶宛成为连接东西欧的重要货物运输走廊。2015 年立陶宛铁路共运输旅客 422.65 万人次，完成货运量 4805.3 万吨，其中国际货运量 3360 万吨，国内货运量 1440 万吨。

克莱佩达港是立陶宛最大的海港，与世界200多个港口通航，油码头为But-inge油码头。2015年，克莱佩达港货物吞吐量为3851万吨，其中液体散货1012万吨，干货1723万吨，普货116万吨，同期集装箱吞吐量39.27万标箱。2017年立陶宛有商船60艘，其中集装箱船2艘、普通货物27艘、油船2艘、其他29艘。

立陶宛的电话系统资源充足，正在实现现代化，为国民提供了更好的国际交流条件。2016年，立陶宛通过海底电缆，与丹麦、瑞典和挪威的电话系统相连；经卫星传输，与拉脱维亚和波兰的电话系统连接。2016年，立陶宛的固定电话总数为53.09万部，平均每100位居民拥有19部；移动电话总数为420.47万部，平均每人拥有1.5部手机；互联网用户总计109.79万人，占总人口的87.2%。

由于波罗的海地区的唯一核电站"伊格纳利纳"核电站于2009年底关闭，立陶宛由电力出口国变为电力短缺国。2016年立陶宛发电量为3.97千瓦小时。为满足国内用电需求，立陶宛自周边国家大量进口电力，占用电总量的66%。其中，自拉脱维亚、爱沙尼亚、北欧国家的电力进口占比57%，自其他国家的电力进口占比43%。立陶宛政府对新能源要求较高，要求燃煤电厂进行改建，并有意在原核电站附近的维萨吉纳斯市建一座新的核电站。

（3）主要产业

立陶宛独立后通过企业私有化走向市场经济，经济形势基本平稳，工农业比较发达。国内有三个自由经济区：考纳斯、克莱佩达和希奥利艾。

农业以畜牧业为主，其产值占农产品总产值的90%以上。农作物有亚麻、马铃薯、甜菜和各种蔬菜，谷物产量很低。

工业是立陶宛的支柱产业，主要由矿业及采石业、加工制造业以及能源工业三大部门组成。工业门类比较齐全，以食品、木材加工、纺织、化工等为主，机械制造、石油化工、电子、金属加工等发展迅速，生产的高精度机床、仪表、电子计算机等产品行销全世界80多个国家和地区。立陶宛电子、纺织和食品加工业较发达，糖、奶、肉制品出口有一定优势。现已基本完成市场经济转轨，外资流入增多。首都维尔纽斯是全国工业中心，工业产值占立陶宛工业总产值的2/3以上。

服务业是立陶宛国民经济的重要组成部分。

生物技术产业方面，立陶宛是中东欧国家中的佼佼者，依靠遗传工程药品及遗传工程相关的生物化学和化学媒介进入西方市场。

激光产业方面，立陶宛激光企业早在20世纪80年代就跻身国际激光市场。

2. 经济表现

（1）国内经济发展概况

立陶宛地理位置优越、交通基础设施发达，连接独联体与欧盟国家、市场辐射能力强，加入申根协定，人员往来相对便利，基础设施完善、享受诸多投资便利。世界银行《2017 年全球营商环境报告》（Doing Business 2017）中，立陶宛在全球参评的 190 个经济体中营商便利度排名第 21 位，相比上年有所提升，总分 74. 84 分。世界经济论坛《2017～2018 年全球竞争力报告》显示，立陶宛在全球最具竞争力的 137 个国家和地区中，排第 41 位，比上期后退 6 位。在美国传统基金会（Heritage Foudation）和《华尔街日报》（WSJ）公布的 2017 年经济自由指数排名中，在 180 个国家和地区中，立陶宛位于第 16 位、得分 75.8，属于"比较自由"等级。

图 5 - 9 显示了 2007～2017 年立陶宛的人均 GDP 及环比增速。2012～2014年连续 3 年实现经济增长。相较于 2015 年，2016 年人均 GDP 有所提升，但是仍处于近几年的较低水平。从图中还可以看出，2009 年和 2015 年 GDP 环比下跌非常明显，导致下降的原因在于欧元与美元的汇率波动比较大，欧元贬值相对较严重，导致以美元标记的 GDP 下降较显著。根据立陶宛央行的预测，2018 年全球石油及食品价格将继续上升，但上升幅度减缓，通胀面临下行压力。

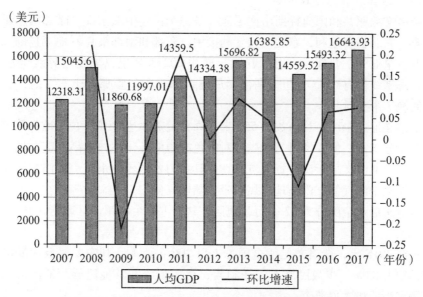

图 5 - 9　2007～2017 年立陶宛人均 GDP 及环比增速柱状图

资料来源：国际货币基金组织、中国国家统计局。

（2）对外贸易发展概况

立陶宛主要出口商品是矿产品和纺织品，主要进口商品是矿产品和机电产品。石油、天然气等矿产资源比较贫乏，主要依赖进口。

立陶宛主要出口伙伴国为英国、俄罗斯、德国、拉脱维亚、波兰，主要进口伙伴国为俄罗斯、德国、意大利、波兰。

外商投资方面，主要投资国家为丹麦、瑞典、爱沙尼亚、德国、美国，投资领域有加工制造业、金融、贸易、邮政及其他服务业。

据立陶宛国家统计局发布数据，2016年，立陶宛全年进出口贸易额约为525亿美元，同比下降1.99%。其中，出口额约为250亿美元，同比下降1.53%，主要出口商品为矿物燃料、电子机械产品、灯具、塑料制品、木制品等；进口额约为275亿美元，同比下降2.41%，主要进口商品为矿物燃料、机械、车辆、药品等。

2016年，立陶宛前五大贸易伙伴分别为俄罗斯、德国、波兰、拉脱维亚、瑞典。

5.2.9　斯洛文尼亚

1. 国家概况

（1）地理位置与行政区划

斯洛文尼亚共和国简称斯洛文尼亚，是一个位于中欧南部，毗邻阿尔卑斯山的国家。它北临奥地利，东北与匈牙利接壤，东部和南部被克罗地亚包围，西南通往亚得里亚海，西邻意大利。其国土面积20273公里，陆地边界线全长1334公里，海岸线仅有约47公里。斯洛文尼亚首都卢布尔雅那属于东1时区，比北京时间晚7个小时。

斯洛文尼亚全国平均海拔为557米，森林覆盖率达66%，位居欧洲第三，森林资源十分丰富，但其木材与衍生品对绿色能源的转化率并不高，甚至低于欧盟平均水平。斯洛文尼亚矿产资源贫乏，而其水力资源较为丰富。斯洛文尼亚的沿海地区属地中海气候，内陆地区属温带大陆性气候。

斯洛文尼亚全国分为12个行政地区，共有194个城镇、区政府，其中11个为市。

截至2015年，斯洛文尼亚全国总人口206.5万人。其主要民族为斯洛文尼亚族，约占83%。少数民族有匈牙利族、意大利族和其他民族。斯洛文尼亚的官方语言为斯洛文尼亚语。

（2）基础设施

截至2015年，斯洛文尼亚公路总里程为38906公里，其中高速公路746公里。2015年该国公路客运总量为4632.1万人次，货运总量为7051.3万吨，占客货运输的60%以上。

斯洛文尼亚铁路总长1209公里，其中干线576公里，支线633公里；电气化铁路500公里；单线铁路879公里，复线铁路330公里。该国拥有150多个铁路客站和 140 多个铁路货站。此外，欧洲 5 号和 10 号两条泛欧走廊在其境内全长分别为 320 公里和 250 公里，分别占铁路全长的 20% 和 10.6%。斯洛文尼亚全年客运总量 1455.8 万人次，货运总量 1783.2 万吨。老式列车是斯洛文尼亚吸引游客的重要手段之一。

卢布尔雅那约热·普奇尼克机场是斯洛文尼亚最主要的国际机场，也是欧盟12 个新成员国中的第 6 大机场。2015 年，机场运送旅客达到 143.6 万人次，同比增加 8.8%；国际货物运输达到 1.02 万吨，同比增加 3.9%。斯洛文尼亚与中国目前尚未开通直航航班，从中国前往该国需在欧洲其他城市转机。

斯洛文尼亚唯一的海运港口是位于亚得里亚海北端的科佩尔港，它也是中东欧内陆国家重要的中转港。近年来，该港的集装箱和其他货物吞吐量正逐年快速提升，每年约可增长 13%。目前，斯洛文尼亚政府正计划在未来 10 年内向科佩尔港投资 4.5 亿欧元，欲通过扩建与新建来打造中欧物流中心。

斯洛文尼亚境内通信设施完善，互联网普及广泛。截至 2015 年，斯洛文尼亚 78% 的家庭接入了互联网，61% 的居民每天上网，39% 的居民使用网上购物；76% 的企业使用移动宽带或互联网，17% 的企业接受网上订单。截至最新数据，斯洛文尼亚目前拥有固定电话 72 万余部，移动电话 235 万余部，并且每年的移动电话、电视和固定宽带用户仍在增长。

斯洛文尼亚 2015 年生产电力约 151 亿度，其中 37.4% 为核电，33.6% 为地热发电，27.2% 为水力发电，1.8% 为太阳能发电。该国当年出口电量 90.93 亿度，进口电量 90.45 亿度。斯洛文尼亚电网已同欧洲电网联网。

（3）主要产业

斯洛文尼亚属高度发达国家，有着非常好的工业、科技基础。

工业以黑色冶金、造纸、制药、家具制造、制鞋、食品加工等为主。主要工业部门有汽车制造、机械金属矿物制品加工、食品饮料加工、木材加工、家具制造、造纸、印刷出版、纺织、成衣和皮革制品加工等。

农产品以马铃薯、谷物、水果为主。林、畜牧业也是重要产业，主要饲养牛、猪、马、羊、家禽等牲畜。矿泉水、红酒质量上乘。

旅游业比较发达，截至 2014 年，全国共有旅馆饭店企业 850 家，房间 30794间，床位 80737 张，旅客达 248.5 万人次，住宿 772.2 万人次。国外游客主要来自意大利、德国和奥地利。主要旅游区是亚得里亚海海滨和阿尔卑斯山区。

交通运输业，有许多国际铁路、公路和航空线穿越斯洛文尼亚境内，电气化铁路和现代化公路占相当大比重。

2. 经济表现

（1）国内经济发展概况

斯洛文尼亚经济转型平稳，过渡良好。其优势是劳动力的素质、技术水平和熟练程度较高，平均生产力水平接近西欧国家，而劳动力成本在欧洲居中等水平。世界经济论坛《2016～2017 年全球竞争力报告》显示，在全球参与排名的138 个国家和地区中，排在第 56 位。世界银行集团发布的《2017 年营商环境报告》显示，在全球参与排名的 190 个国家和地区中，斯洛文尼亚的营商环境便利度排第 30 位。

斯洛文尼亚自然资源比较匮乏，但是其制造业基础雄厚，工业产能居前的主要有电子设备、汽车零配件、初级金属加工、金属制品加工、食品、机械设备制造等。

图 5－10 显示了 2007～2017 年斯洛文尼亚人均 GDP 及环比增速。2012～2014 年连续三年实现经济增长。相较于 2015 年，2016 年和 2017 的人均 GDP 有所提升，但是仍处于近几年的较低水平。

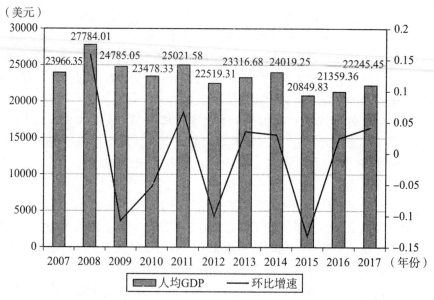

图 5－10　2007～2017 年斯洛文尼亚人均 GDP 及环比增速柱状图

资料来源：国际货币基金组织、中国国家统计局。

（2）对外贸易发展概况

出口在斯洛文尼亚国民经济中占有重要地位，出口产值占国民生产总值的一半以上。主要贸易对象是欧盟国家，其次为原南斯拉夫地区和中欧自由贸易协定国。主要出口运输车辆、电力设备、机械设备、服装、家具、药品和制药设施、有色金属制品、光学仪器等。主要进口汽车和运输设备、金属制品、化学制品、医药、人造纤维、石油制品、生活用品、食品、钢铁、纺织品等。欧盟是其主要贸易对象，主要贸易伙伴国为德国、意大利、奥地利、克罗地亚、法国、匈牙利、俄罗斯、荷兰、塞尔维亚和捷克。

中国是斯洛文尼亚排名第 24 位的出口市场和第五大进口来源地。机电产品是斯洛文尼亚对中国最主要的出口商品，塑料橡胶是第二大类商品，纤维素浆和纸张、贱金属及制品分别为斯洛文尼亚对中国出口的第三和第四大商品。斯洛文尼亚自中国进口的前两类商品为机电产品和化工产品。

据斯洛文尼亚国家统计局数据，2017 年上半年，货物出口 139.5 亿欧元，比去年同期增长 11.7%；进口 135.3 亿欧元，比去年同期增长 13.9%；贸易顺差 4.151 亿欧元。

2017 年上半年，欧盟仍是斯进出口贸易的主要市场，出口达 107.75 亿欧元，进口达 109.4 亿欧元；最重要的进出口贸易国为德国和意大利；同非欧盟成员国的贸易中，斯出口最多的是塞尔维亚和俄罗斯，进口最多的是中国（占总排名第 8 位）和土耳其。

据斯洛文尼亚商工会分析显示，进口增加的主要原因包括：一是，中间产品和所需原材料进口增加；二是，建筑材料进口增加；三是，个人和家庭消费品进口增长。2017 年前五个月，出口增长较快的产品主要包括：电机设备、汽车、石油及其制品等。

根据上述对中东欧国家的分析，可以将中东欧 16 国划分为两大类，即以工业为主导产业的国家、以农业和服务业为主导产业的国家。"以工业为主导产业的国家"主要指具有一定的工业产业基础且在工业领域具有一定竞争力的国家，包括捷克、斯洛伐克、斯洛文尼亚、匈牙利、波兰、罗马尼亚等国。"以农业和服务业为主导产业的国家"主要指在工业领域基础相对薄弱，且农业资源和旅游资源丰富、农业和旅游业占国内生产总值比重较大的国家，包括克罗地亚、保加利亚、塞尔维亚、黑山、波黑、阿尔巴尼亚、拉脱维亚等国。

5.2.10　克罗地亚

1. 国家概况

（1）地理位置与行政区划

克罗地亚共和国（简称克罗地亚）位于欧洲中南部、巴尔干半岛的西北部。西北和北部分别与斯洛文尼亚和匈牙利接壤，东部和东南部与塞尔维亚、波黑、黑山为邻。总面积 56594 平方公里，沿海海域（海水和领海）面积 31067 平方公里。首都萨格勒布位于东 1 时区，晚于北京 7 个小时。每年 3 月末到 10 月末为夏令时，比北京晚 6 个小时。

克罗地亚森林和水力资源丰富，森林覆盖率为 39.2%，主要矿产资源有石油、天然气、煤、铝矾土。北部为温带大陆性气候，四季分明，夏季温和，7月平均气温18~22℃，冬季寒冷，气温低于0℃；中部和中南部为高原山地气候，夏季凉爽，气温不超过18℃，冬季严寒且降雪频繁，平均气温低于零下2℃；南部和西南部海岸为地中海式气候，夏季炎热干燥，平均气温超过22℃，冬季温和多雨，气温在0℃以上。

克罗地亚全国设20个省和1个省级直辖市，共包括127个市和429个区。克罗地亚拥有420万人口（2016年），主要民族有克罗地亚族（90.4%）。官方语言为克罗地亚语；主要宗教信仰为天主教（信仰人口占比为86%），其他有东正教（4.4%）、穆斯林（1.5%）和新教徒（0.3%）。

（2）基础设施

克罗地亚公路交通系统较发达，以首都萨格勒布为中心通往全国各地以及周边欧洲各国。2015年公路总长26958公里，其中高速公路1416公里（世界排名第28位，2015年世界各国高速公路里程排名）。

克罗地亚铁路系统以萨格勒布为枢纽链接全国各地主要城市以及许多欧洲国家首都，2015年克罗地亚全国铁路营业里程为2604公里，全国旅客发送量完成2168.3万人，全国铁路货运总发送量完成993.9万吨。克罗地亚城市尚无地铁，有轨电车网络发达，公交汽车数量充足。

克罗地亚2015年有3家航空公司注册，其年客运量为178.3万人次，年度货运量为77.5万吨公里。2016年共有机场70个，其中包括24个铺设跑道的机场，45个未铺设跑道的机场，以及1个直升机机场。1998年1月1日，克罗地亚航空公司成为欧洲航空协会（AEA）第27个正式成员。2017年3月28日，克罗地亚首都萨格勒布机场新航站楼启用，航站楼面积6.59万平方米，共有8条登机桥（国际航线5条，国内航线3条），预计每年接待旅客能力达500万人次。中国至克罗地亚无直达航班，但可经莫斯科、法兰克福、维也纳、布拉格、布达佩斯等地转机至首都萨格勒布。

克罗地亚水路交通与运输较为发达，水运路线长785公里，2017年共有商船288艘，其中散货船17艘，普通货物船39艘，油船18艘，其他214艘。克罗地亚拥有7个可以停泊大型远洋轮船的海港，其中里耶卡港地位突出，经此港可通达克罗地亚全境及整个洲。

克罗地亚电话系统自20世纪90年代中期以来稳步发展，覆盖了曾经无法进入的地区，本地线路是数字的，萨格勒布的主要交换机提供全国的数字国际服务。克罗地亚2016年参与了跨欧亚光纤项目，该项目由斯洛文尼亚的2条光纤干线和里耶卡至普利特、杜布罗夫尼克的光纤干线组成，ADRIA-1海底电缆与阿尔巴尼亚和希腊连接。2016年克罗地亚的固定电话总数为143.60万部，平均每100位居民中有33人拥有1部固定电话；移动电话总数为441.43万部，平均每人拥有 1.0 部手机。克罗地亚国有公共广播电台克罗地亚无线电视公司经营着 4 个地面电视网络，为居住在国外的克罗地亚人转播节目的卫星频道，以及 6 个地区电视中心；2 家私营广播公司经营国家地面网络；克罗地亚大约有 25 个私营地区电视台；国营公共广播电台拥有 3 个国家无线电网络和 9 个地区广播电台。2016 年克罗地亚的互联网用户总计 313.60 万人，占总人口的 72.7%。

克罗地亚的电力供应已经覆盖了 100% 的人口，2015 年电力的装机容量为 491.5 万千瓦，生产电力 108.2 亿千瓦时，用电量为 158 亿千瓦时。2016 年的电力出口为 18.58 亿千瓦时，电力进口为 86.4 亿千瓦时。电力消费和生产缺口依靠进口解决，主要来源是斯洛文尼亚克尔什科核电站。

（3）主要产业

克罗地亚经济以第三产业为主，第二产业为辅。克罗地亚是原南斯拉夫经济较为发达的地区，经济基础良好，旅游、建筑、造船和制药等产业发展水平较高。主要工业部门有食品加工、造船、建筑、机械制造和木材加工业等，最大贸易伙伴为欧洲联盟。船业是克罗地亚政府重点扶持的行业之一，拥有 5 家大型造船厂（乌利亚尼克造船厂、"五三"造船厂、斯普利特造船厂、克拉列维察造船厂和特罗吉尔造船厂），8 家中型造船厂和 10 多家小型造船厂。克罗地亚有能力建造和修复吨位在 17 万吨以下的各种类型和用途的远洋船、近海航行的船只（渡轮、游船、渔船、巡逻艇等）。

克罗地亚拥有良好的旅游资源，号称"欧洲的后花园"，被中国媒体誉为"欧洲最美的国家之一"。因此，旅游业是国家经济的重要组成部分。

2. 经济表现

（1）国内经济发展概况

克罗地亚政治渐趋成熟，金融体系稳定，经济发展前景良好。港口设施较完善，公路、铁路交通便利，加入欧盟后，市场范围进一步扩大。

达沃斯世界经济论坛《2017~2018 年全球竞争力报告》显示，克罗地亚在全球最具竞争力的 137 个国家和地区中，排第 74 位，与上期相比不变。世界银行《2017 年全球营商环境报告》（Doing Business 2017）显示，克罗地亚在全球营商便利度排名的 190 个经济体中，排第 43 位，得分 72.99。在美国传统基金会（The Heritage Foundation）和《华尔街日报》联合发布的 2017 年"世界经济自由度指数"中，克罗地亚得分 59.4，在世界 180 个国家（地区）中排名第 95 位，欧洲排名第 37 位，属于"比较压制"等级。总体而言，克罗地亚在结构性经济改革中落后于其邻国，制度缺陷继续阻碍经济发展。膨胀的国营部门严重限制了私营部门的活力，延长了经济衰退。经济的亮点是贸易自由化程度高和货币稳定。

图 5-11 显示了 2007~2017 年克罗地亚的人均 GDP 及环比增速。受全球金

融危机辐射影响，克罗地亚经济增速放缓，主要原因在于克罗地亚货币库纳与美元的汇率波动比较大，在经济下滑的年度，克罗地亚库纳贬值相对较严重，导致以美元标记的 GDP 下降较多。2011 年，在消费、旅游和出口的拉动下，克罗地亚 GDP 环比有所增长。2012 年在全球经济下滑的整体环境下，克罗地亚经济继续衰退。2015 年克罗地亚的名义 GDP 止跌，2016 年有所上升。

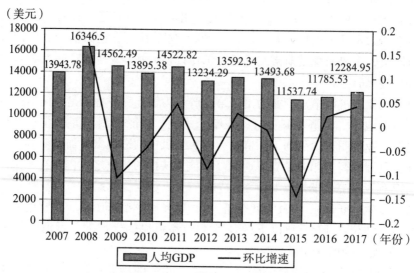

图 5-11　2007~2017 年克罗地亚人均 GDP 及环比增速柱状图
资料来源：国际货币基金组织、中国国家统计局。

（2）对外贸易发展概况

由于克罗地亚造船业发达，我国曾长期购买过克罗地亚的船只。克罗地亚烟草公司占据了国内 68% 和南斯拉夫国家 30% ~40% 的市场份额，年出口价值约 1.25 亿美元的卷烟和烟叶。近年来，克罗地亚进出口贸易逐年增长，且进口增长超过出口增长。主要出口国为意大利、波黑、德国和奥地利，主要进口来源国为意大利、德国、俄罗斯和奥地利。

克罗地亚国家统计局网站公布的信息显示，2014 年，中国和克罗地亚进出口总额 37.18 亿库纳，折合 4.88 亿欧元或 5.56 亿美元；中国向克罗地亚出口商品主要有轻纺产品、家用电器、药品等，自克罗地亚进口商品主要有钢材、化肥、卷烟纸等。

据克罗地亚国家统计局发布数据，2016 年，克罗地亚出口额约为 927.93 亿库纳，同比增长 5.7%，主要出口商品为电力、药品、石油、皮革制品等；进口额约为 1482.82 亿库纳，同比增长 5.4%，主要进口商品为石油、天然气、手机等；贸易逆差约为 554.89 亿库纳。

2016 年，克罗地亚前三大贸易伙伴分别为意大利、斯洛文尼亚与德国。其中，从意大利进口 24.3 亿欧元，出口 15.43 亿欧元；从斯洛文尼亚进口 19.71 亿欧元，出口 14.17 亿欧元；从德国进口 28.71 亿欧元，出口 13.03 亿欧元。

5.2.11　捷克

1. 国家概况

（1）地理条件和行政区划

捷克是位于中欧地区的内陆国家，东面毗邻斯洛伐克，南面接壤奥地利，北面邻接波兰，西邻德国。捷克总面积 78866 平方公里，国土分为位于西半部的波希米亚高地与位于东半部的喀尔巴阡山地两大部分。捷克属海洋性向大陆性气候过渡的温带气候。夏季炎热，冬季寒冷多雪。其中 7 月最热，1 月最冷。布拉格平均气温 7 月为 9.5℃，1 月为 -0.5℃。

捷克全国共分为 14 个州级行政区，布拉格是捷克的首都和最大的城市，地处欧洲大陆的中心，与周边国家联系密切。

捷克褐煤和硬煤资源较丰富，其中褐煤和硬煤储量总计约为 134 亿吨，分别居世界第 3 位和欧洲第 5 位。石油、天然气和铁矿砂储量很小，基本依赖进口。其他矿物资源有铀、锰、铝、锌、萤石、石墨和高岭土等。

捷克森林资源丰富，覆盖面积达 265.5 万公顷，森林覆盖率为 34%，占全国总面积的 1/3，在欧盟居第 12 位。主要树种有云松、冷杉、橡木和榉木等。从所有权来看，约有 60.32% 的森林归国家所有，地方州市及森林合作社拥有 17.63%，私人拥有 22.05%。

截至 2015 年底，捷克人口有 1056 万。捷克的主要民族为捷克族，占 90%；其他民族有摩拉维亚族、斯洛伐克族、德意志族和波兰族等。官方语言为捷克语，主要宗教是罗马天主教。

（2）基础设施

捷克位于欧洲中部，与周边国家均有高速公路连接。截至 2015 年底，捷克的公路总长 110700 公里，其中欧洲公路网 2628 公里，高速公路 776 公里。

捷克的铁路运输能力很强，与欧洲各国联网。2012 年铁路线 9588 公里，其中电气化铁路 3060 公里，客运量总计 1.7 亿人次，货运量总计 8710 万吨。2014 年，捷克有铁路线 15607 公里，其中电气线 6926 公里，客运量总计 69.52 亿人次，货运量总计 98.71 亿吨。

捷克的主要国际机场有布拉格瓦茨拉夫·哈维尔国际机场、布拉格卢津机场、布尔诺土拉尼机场、奥斯特拉发莫斯诺夫机场和卡罗维伐利机场等，捷克与中国已开通直航。

截至 2016 年底，捷克有几十个小型内河港口和码头，主要分布在拉贝河（德国境内为易北河）、伏尔塔瓦河与贝龙卡河沿岸，主要通航城市是布拉格、乌斯季、杰钦、梅尔尼克和科林等。通航水道总长约为 686.8 公里（含运河与湖泊），其中运河航段 38.6 公里。

（3）主要产业

捷克原为奥匈帝国的工业区，70% 的工业集中在此。工业主要以机械制造、各种机床、动力设备、船舶、汽车、电力机车、轧钢设备、军工、轻纺为主，化学、玻璃工业也较发达。纺织、制鞋、啤酒酿造均闻名于世。工业基础雄厚，"二战"后，捷克改变了原来的工业结构，重点发展钢铁、重型机械工业。工业在国民生产总值中的比重占 40%（1999 年）。捷克是啤酒生产和消费大国，人均啤酒消费量常居世界榜首，啤酒出口的主要对象是斯洛伐克、波兰、德国、奥地利和美国。通信业发展迅速，移动电话用户赶超一些西方发达国家。捷克经济大多已经私有化，包括银行和电信业。捷克是东欧经济最为发达的地区，拥有一个高度工业化的经济体。2007 年 12 月 21 日捷克成为申根公约成员，取消了同周边国家的边境限制。

2. 经济表现

（1）国内经济发展概况

2015 年，捷克的经济增长率为 4.3%，是自 2008 年国际金融危机以来经济增长最快的一年。2016 年，捷克经济整体运行良好，GDP 增速 2.3%，仅为上年度 GDP 增速的一半，人均 GDP 是 18292 美元。2017 年捷克工业生产同比增长 5.7%。其中，电子设备制造增长最快，为 9.6%；其次是机动车制造业，增长 9.1%；下降最快的是其他交通设备制造业，降幅为 11%。2017 年捷克新工业订单同比增长 6.6%。

图 5 – 12 显示了 2017～2017 年捷克的人均 GDP 及环比增速。受欧债危机冲击 2009～2015 年捷克 GDP 有所下滑，主要原因在于捷克克朗与美元的汇率波动比较大。在经济下滑的年度，捷克克朗贬值相对较严重，导致以美元标记的 GDP 下降较明显，相较于 2015 年，2016 年捷克的 GDP 逐步恢复增长。捷克经济恢复增长主要归功于汽车产业的复苏，实施促进出口的积极货币政策，以及房地产、家装家居业等内需市场的扩大。

根据世界银行发布的《2017 年营商环境报告》，捷克的整体营商环境进一步改善，全球排名较上年有所提高，位居第 27 名，是捷克有史以来获得的最好成绩，比其在 2010 年的名次前进了 47 位。但 2018 年捷克营商环境的排名下降至第 30 位，在中东欧国家中排名第 6，位列北马其顿、爱沙尼亚、立陶宛、拉脱维亚和波兰之后。

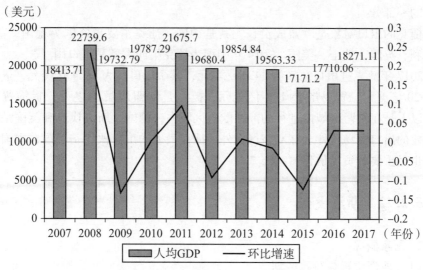

图 5 - 12　2007 ~ 2017 年捷克人均 GDP 及环比增速柱状图

资料来源：国际货币基金组织、中国国家统计局。

（2）对外贸易发展概况

外贸在捷克经济中占有重要位置，国内生产总值 80% 依靠出口实现。捷克的外贸具有以下四个特征。

一是捷克实行贸易自由化政策，取消了外贸的国有垄断，放开外贸经营权，取消进出口商品限制。根据捷克《贸易法典》，只要在法院和工商局注册的企业，都有外贸经营权。

二是商品和服务的进出口自由化，进口关税较低，对欧盟和与捷克签署贸易协定的国家提供最惠国待遇。对发展中国家（包括中国）提供普惠制待遇，对最不发达国家提供零关税进口待遇，出口不征税；只对极少数产品（如武器、药品和麻醉药品等）实行非关税的进口限制，即许可证制度；对国家限制出口的商品（如纺织品、钢材等）要求提供出口许可证。

三是积极支持世界贸易组织的自由化进程，并与欧盟签署了联系国协定，与波兰、匈牙利、斯洛伐克、斯洛文尼亚签署了中欧自由贸易协定（CEFTA），在这些协定中，对成员国彼此间商品和服务的市场准入都有更具体的规定。

四是为了扭转过去过度依赖原经济互助委员会国家特别是苏联的状况，积极与世界各地区发展经贸关系。捷克贸易政策的中心是"面向世界，开展多样化贸易，重点在欧洲"。自经济转轨开始以来，捷克逐渐完成了贸易的地区结构转变，即从东方市场转向西方发达市场经济国家。对西方发达市场经济国家特别是欧盟国家的贸易已在捷克对外贸易总额中占有极大份额，捷克于 2004 年 5 月 1 日正式加入欧盟，在对外经贸政策方面，执行欧盟的共同贸易政策，并成为欧盟统一市场的一部分。

捷克的出口对象是欧盟成员，尤其是德国。捷克主要投资国为德国、荷兰、奥地利、英国、瑞士、美国。2014 年中国为捷克第四大贸易进口国。

2017 年捷克进出口总额为 3424 亿美元，其中出口额为 1804 亿美元，进口额为 1620 亿美元，贸易顺差 184 亿美元。捷克是欧盟成员国之一，货物贸易的 80% 以上是在欧盟区域内进行的。在欧盟区域内，德国、斯洛伐克和英国是捷克最主要的出口贸易伙伴。在欧盟区域外，捷克最大的出口伙伴是美国，中国和俄罗斯也是重要的贸易伙伴。

5.2.12　斯洛伐克

1. 国家概况

（1）地理位置与行政区划

斯洛伐克共和国简称斯洛伐克，是一个位于中欧的内陆国家。它北临波兰，东界乌克兰，南接匈牙利，西南与西北分别与奥地利和捷克相邻。其国土面积为 49037 平方公里，居于欧洲 43 国中的第 27 位，东西长 428 公里，南北宽 226 公里，边界线总长 1772 公里。首都布拉迪斯拉发属于东 1 时区，当地时间比北京时间晚 7 小时。

斯洛伐克地势较高，领土大部分位于西喀尔巴阡山山区，西南和东南有小片平原；北部是西喀尔巴阡山脉较高的地带，大部分海拔 1000～1500 米，山地占据了国土的大部分地区。不过，该国森林资源丰富，森林面积约占全境三分之一左右，其山地南坡大多为阔叶林，北坡大多为混交林和针叶林。斯洛伐克的褐煤资源比较丰富，其最重要的煤炭区是位于上尼特拉的汉德洛瓦、齐盖尔、诺瓦茨盆地等地区。

斯洛伐克分 8 个州，分别是：布拉迪斯拉发州、特尔纳瓦州、特伦钦州、尼特拉州、日利纳州、班斯卡·比斯特理察州、普列索夫州、科希策州。每个地区以其首府命名，其下分区，一共有 79 个县，下设 2883 个市镇。截至 2014 年，斯洛伐克全国总人口 539.7 万人。其主要民族为斯洛伐克族，占人口总数的 85.8%，匈牙利族占 9.7%，罗姆（吉卜赛）族占 1.7%，其余为捷克族、乌克兰族、日耳曼族、波兰族和俄罗斯族。

（2）基础设施

斯洛伐克公路总里程 18239 公里，其中高速公路 420 公里。2015 年客运量总计 2.5 亿人次，货运量总计 1.47 亿吨。

斯洛伐克铁路总长为 3627 公里，其中复线 1017 公里，电气化铁路 1586 公里。2015 年，铁路年客运总量 6057 万人次，铁路年货运量总计 4735.8 万吨。同时，欧洲几条著名的国际走廊大部分也都穿过斯洛伐克，包括有 4 号、5 号、6 号和 9 号。随着欧洲一体化进程加快，欧洲铁路系统规划将更为统一，地处中部的斯洛伐克，其铁路市场将更为广阔。

斯洛伐克机场分布在布拉迪斯拉发、科希策、皮耶什佳尼等地。2015 年，客运量总计 583 万人次，货运量总计 2.4 万吨。

由于欧洲第二大河流多瑙河流经斯洛伐克，因此斯洛伐克的水运较为发达。多瑙河在斯洛伐克境内全长 172 公里，与匈牙利、奥地利界河长 149.5 公里。2015 年，客运量总计 13.2 万人次，货运量总计 168 万吨。

斯洛伐克通信业由于发展时间较早，因此普及程度较高。早在 2009 年，登记在用移动电话数量已超其人口总数，覆盖率超 100%。

斯洛伐克电力供应充足，2016 年全年供电量为 255.2 亿千瓦时，其中 57.9% 为核电，23.6% 为火力发电，18.5% 为水力发电。斯洛伐克电网已同欧洲电网联网。

（3）主要产业

斯洛伐克早期为农业区，基本无工业。捷克斯洛伐克共产党执政期间逐步建立了钢铁、石化、机械、食品加工及军事工业。1989 年剧变后，斯洛伐克根据联邦政府提出的“休克疗法”开始进行经济改革，导致经济大衰退。1993 年 1 月斯洛伐克独立后，推行市场经济，加强宏观调控，调整产业结构。斯洛伐克政府不断加强法制建设，改善企业经营环境，大力吸引外资，逐渐形成以汽车、电子产业为支柱，出口为导向的外向型市场经济。

目前，斯洛伐克有竞争力的产业包括汽车制造、机床生产、核电站设备制造、纳米织物技术、生物制药、化工、重型工业设备制造、雷达生产、自动化测量设备和光学仪器生产、环保设备制造、电子和电器产品生产、软件和服务外包等。

2. 经济表现

（1）国内经济发展概况

斯洛伐克是北约、欧盟、申根协议区、欧元区、经济合作与发展组织等重要国际组织的成员国。斯洛伐克拥有优质的劳动力资源，受过中高等教育的人数在劳动人口中所占比例位于所有欧洲国家之首。世界经济论坛《2016～2017 年全球竞争力报告》显示，在全球参与排名的 138 个国家和地区中，斯洛伐克排在第 65 位。世界银行集团发布的《2017 年营商环境报告》显示，在全球参与排名的 190 个国家和地区中，斯洛伐克的营商环境便利度排第 33 位。

图 5 - 13 显示了 2007～2017 年斯洛伐克人均 GDP 及环比增速。受欧债危机冲击以及全球经济放缓的影响，2014 年斯洛伐克人均 GDP 为 18454.04 美元，在 2007～2017 年中处于最高位。2015 年经济下滑较严重，下降幅度 12.55%；其他

年度经济小幅上升。整体而言，斯洛伐克人均GDP有所下降。

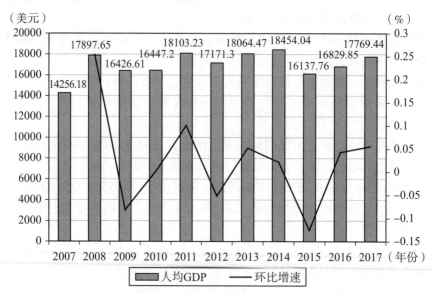

图 5-13　2007～2017 年斯洛伐克人均 GDP 及环比增速柱状图

资料来源：国际货币基金组织、中国国家统计局。

（2）对外贸易发展概况

斯洛伐克是一个内陆小国，国内资源有限，经济的对外开放水平高，经济的增长在很大程度上依赖对外贸易，故对外贸易在国民经济中占有重要地位，成为斯洛伐克与世界其他国家开展经济合作的重要纽带。鉴于国内原料短缺，斯洛伐克主要从国外进口工业原料，尤其是石油、天然气、硫、铝矾土、钾盐和磷盐、铁矿和锰矿砂、棉花和生皮等，注重进口新的工艺设备。近几年来，随着经济结构的变化，其进口商品的种类也发生了一些变化，主要进口机动车零部件、石油、天然气和其他碳氢化合物轿车、药品和绝缘电线、电缆。

在出口商品中，原来是以机械设备、冶金工业产品、玻璃、纺织品、药品、家具、纸、水泥和食品占主导地位，原材料的出口以菱镁矿和木材为主。近几年，随着汽车工业的迅猛发展，斯洛伐克出口商品的构成发生变化。2014年斯洛伐克出口排名前三位的商品是机电产品、运输设备和贱金属及制品；贸易伙伴主要有德国、捷克、波兰、匈牙利、奥地利、英国、意大利、俄罗斯、荷兰等国。在与中国的贸易中，斯洛伐克多年保持在中东欧16国中第四大贸易伙伴地位，而中国在斯洛伐克全球贸易伙伴的地位由2013年的第八位上升到第六位。

据斯洛伐克国家统计局发布数据，2016年斯洛伐克对外贸易总额为1365.1亿欧元，同比增长3.1%。其中，出口额约为701.2亿欧元，同比增长3.6%，

主要出口商品为汽车及零配件、电气设备及配件、钢铁制品等；进口额约为
663.9 亿欧元，同比增长 3.6%，主要进口商品为机械设备、电子设备、交通工
具及零配件等；贸易顺差约为 37.3 亿欧元，同比增长 11.4%。德国、英国和波
兰是其主要顺差来源国，中国、韩国和俄罗斯是其前三大贸易逆差来源国。

2016 年，斯洛伐克的主要贸易伙伴分别为德国、捷克、意大利、奥地利、
匈牙利、波兰、英国、法国、俄罗斯、中国、韩国等。

5.2.13　北马其顿

1. 国家概况

（1）地理位置与行政区划

北马其顿共和国，简称北马其顿，位于南欧地区，地处巴尔干半岛中部，是
个多山的内陆国家。东邻保加利亚，南邻希腊，西接阿尔巴尼亚，北傍塞尔维
亚。北马其顿的首都为斯科普里，位于东 1 时区，晚于北京 7 个小时。

北马其顿的国土面积为 25713 平方公里，地形多为山地，瓦尔达尔河贯穿南
北。北马其顿矿产资源比较丰富，主要有铁、铅、锌、铜等。北马其顿气候以
温带大陆性气候为主，大部分农业地区夏季最高气温达 40℃，冬季最低气温达
-30℃，西部受地中海式气候影响，夏季平均气温为 27℃，全年平均气温为 10℃。

2004 年 8 月，北马其顿议会通过《新行政区划法》，共设 85 个地方行政单
位。主要城市有比托拉、库马诺沃、普里莱普、泰托沃。2016 年北马其顿有 210
万人，主要民族为北马其顿族（64.18%）、阿尔巴尼亚族（25.17%）、土耳其
族（3.85%）、吉卜赛族（2.66%）和塞尔维亚族（1.78%）。官方语言为马其
顿语。主要信奉东正教，少数信奉伊斯兰教。

（2）基础设施

北马其顿公路网比较发达，地处两条泛欧交通走廊（8 号走廊和 10 号走廊）
的交汇处，贯通亚得里亚海、爱琴海和黑海。境内有南接希腊、北连塞尔维亚的
欧洲 75 号公路，并有多段高速公路。2015 年公路总长为 9570 公里。在北马其顿
政府加大公共投资以刺激经济发展的策略下，正在对其国内道路，特别是 8 号及
10 号走廊进行大规模升级改造，进一步改善交通条件。据北马其顿交通部长在
新闻发布会公布，2017 年，北马其顿新建和修复公路项目将创下新纪录。

2015 年，北马其顿铁路客运量为 101.3 万人次，货运量为 91.74 万吨，较上
一年度 237.6 万吨大幅减少。截至 2015 年，北马其顿铁路总长度 925 公里，最
主要的铁路干线是由贝尔格莱德经过北马其顿首都斯科普里向南连接爱琴海上的
塞萨洛尼基港。2014 年、2017 年相继从中国购置了 6 列动车组和 4 台电力机车。
8 号走廊铁路北马其顿境内段正在建设中。

北马其顿 2016 年总共有 10 个机场，其中铺设跑道的机场有 8 个，未铺设跑道的机场有 2 个。有 2 个国际机场，12 条国际航线。主要机场是斯科普里机场。北马其顿两大国际机场 2016 年航空客运量 179.4 万人次，同比增长 15%，货运量 3090 吨，同比增长 10%。

北马其顿广播电视台拥有 3 个国家地面电视频道和 2 个卫星电视频道；此外还有 5 个使用地面发射机的私营电视频道，4 个有线电视特许电视频道，5 个国家级卫星电视频道，47 个地方商业电视道，以及大量有线电视运营商的国内和国际节目；公共广播电台经营多个电台；有 3 家私营广播电台在全国播出，约有 75 家当地商业广播电台。

2016 年北马其顿的固定电话总数为 36.8 万部，平均每 100 位居民有 18 人订阅；移动电话总数为 222.3 万部，平均每人拥有 1.1 部手机。2016 年北马其顿的互联网用户总计 147.5 万人，占总人口的 70.4%。

（3）主要产业

黑色和有色金属冶金行业：拥有一大批设施和设备，产品以出口为主，主要产品包括热扎和冷轧钢板、铝棒、铁合金、焊接管、镍制品、铅、锌、铜、黄金、白银等。

金属制造、汽车和电器设备制造业：制造各种产品，包括巴士、铸件、钢管、电池、电缆、水泵、家用电器等。

化工行业：北马其顿的化学工业占其工业生产的 10%，对于基础化工产品、人造纤维、聚氯乙烯以及洗涤剂、化肥、聚氨酯泡沫塑料和纤维等产品，有很强的生产能力；医药和化妆品公司每年生产 3500 吨药品和医疗物资以及 12500 种化妆品。

纺织和皮革业：北马其顿提供就业的主要行业，产品主要包括棉线和布料、羊毛纱线及其制品、针织品等，出口供应欧洲和北美市场。

建筑行业：北马其顿较发达的行业，该行业依赖于国内建筑原料长石、碳酸钙、膨润土、超细石英、珍珠等，生产中国瓷砖、洁具、石棉、水泥及水泥制品。北马其顿的技术人员和在现代技术的使用方面为业界公认，特别擅长土木工程和水利建设。因此北马其顿已经成为中东部欧洲、中东和俄罗斯各种小型、大型项目建设的主要劳务供应国。本地设立的外国建筑公司在北马其顿市场不受任何限制。

农业和农业综合产业：北马其顿气候条件良好，适合各种农作物的生长，主要农作物有小麦和燕麦、玉米、水稻、棉花、烟草、向日葵、蔬菜、水果，水果和蔬菜出口量较大。农业综合产业是北马其顿经济最重要部分之一。良好的气候条件适宜葡萄等水果和蔬菜的生长和禽畜的养殖。葡萄和烟草的生产加工已形成一定的规模，特别是葡萄酒业已经成为北马其顿的阳光产业，烟叶种植和烟草加工是北马其顿的传统工业。

2. 经济表现

（1）国内经济发展概况

北马其顿的区位优势明显，在税收、劳动力等方面也具有一定的优势，被称为"欧洲新商务天堂"。北马其顿属于开放经济体，一直以吸引外资作为促进国内经济发展的重要目标。

世界经济论坛《2016～2017 年全球竞争力报告》显示，北马其顿在全球参与排名的 138 个国家和地区中，排在第 68 位。世界银行集团发布的《2017 年营商环境报告》显示，在全球参与排名的 190 个国家和地区中，北马其顿位居第 10。

图 5-14 显示了 2007～2017 年北马其顿的人均 GDP 及环比增速。从图中可以看出，2015 年 GDP 环比跌幅最大，这主要受北马其顿货币代纳尔贬值的影响，导致人均 GDP 下降较严重，同时政局危机也导致北马其顿的经济发展增长乏力。相较于 2015 年，2016 年、2017 年的 GDP 有所提升，逐渐恢复到近几年的较高水平。

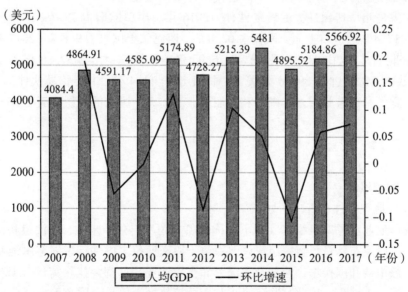

图 5-14　2007～2017 年北马其顿人均 GDP 及环比增速柱状图
资料来源：国际货币基金组织、中国国家统计局。

（2）对外易发展概况

农产品出口额约占北马其顿总出口的 20%。农产品中主要出口商品包括：烟草原料和制成品、葡萄酒、羊肉和园艺产品。在葡萄酒业竞争激烈的欧洲市场，北马其顿的葡萄酒享有盛誉。农产品和食品的进口约占进口总额的 15%，主要进口包括冷冻和加工肉类、植物油和动物油脂、蔬菜、食糖、小麦等。北马其顿的主要农业食品贸易伙伴是欧盟和塞尔维亚与黑山。

在烟草企业私有化的过程中，吸引了很多外国资本向该领域投资。由于欧盟在逐步停止烟草补贴，来自欧盟香料烟的供应明显下降。

北马其顿是一个小国，但也是一个经济多元化的国家，有一些产业具有投资和出口的潜力。这些有潜力吸引外国直接投资的行业包括：纺织及皮革制品、鞋业、水果和蔬菜种植、食品加工和包装、葡萄酒、烟草和香烟、旅游、钢铁和金属加工、化学和医药、汽车和巴士装配、电机及电器设备、建筑、基础设施、银行、电信和其他服务行业等。

北马其顿在全球贸易中以逆差为主。2017 年 1 ~ 10 月北马其顿对外贸易进出口总额为 1.04 亿美元，同比增长 14.2%；其中出口 46.58 亿美元，同比增长 16.9%，进口为 62.46 亿美元，同比增长 12.2%，逆差为 15.8 亿美元。主要出口产品为含贵金属及其化合物的催化剂、点火接线组及用于机动车的其他接线组、飞机与船舶、镍铁、服装等，主要进口产品为未锻造或粉末状销金及金合金、石油及沥青矿物提炼油、未锻造或粉末状铂族及铂族合金等。

欧盟是北马其顿最大的贸易伙伴。2016 年，出口欧盟占 79.7%，西巴尔干国家占 12.4%。进口方面，欧盟占 62.0%，西巴尔干国家占 9.8%。2017 年 1 ~ 10 月，北马其顿与欧盟 28 国贸易额 76.96 亿美元，其中出口 37.86 亿美元，同比增长 18.5%，进口 39.10 亿美元，同比增长 11.4%。主要贸易伙伴为德国、英国、意大利、希腊、塞尔维亚和保加利亚。前 5 个国家的贸易份额占 50.3%。

5.2.14　波黑

1. 国家概况

（1）地理条件和行政区划

波斯尼亚和黑塞哥维那（以下简称波黑）位于巴尔干半岛，由波黑联邦、塞族共和国以及布尔奇科特区组成。波黑位于原南斯拉夫中部，东邻塞尔维亚，东南部与黑山共和国接壤，西部及北部紧邻克罗地亚。首都萨拉热窝建于 1263 年，是波黑第一大城市，比北京晚 7 个小时。萨拉热窝不仅是全国政治、经济和文化的中心，还有 36 个国际组织和机构以及非政府组织的代表处集中于此。

波黑的国土面积为 51129 平方公里，其中森林覆盖面积占 46.6%。波黑矿产资源丰富，主要有煤、铁、铜、锰、铅、汞、银、褐煤、铝矾土、铅锌矿、石棉、岩盐、重晶石等，其中煤炭蕴藏量达 38 亿吨，图兹拉地区食用盐储量为欧洲之最。波黑还拥有丰富的水力资源，潜在的水力发电量达 170 亿千瓦。

波黑四季分明，夏季炎热，冬天寒冷，温和干燥的5~10月是到波黑旅游的最佳时间。

截至2015年底，波黑地区人口总数为353万人，主要民族是波什尼亚克族、塞尔维亚族和克罗地亚族，官方语言为波斯尼亚语、塞尔维亚语、克罗地亚语，主要宗教信仰为伊斯兰教、东正教和天主教。

（2）基础设施

波黑的交通运输以公路和铁路为主，现有公路总长2.26万公里，而贯通波黑境内、连接欧洲公路主干线的VC走廊高速公路项目仍在建设中。波黑现有铁路1031公里，但铁路设施较为陈旧，最高时速仅为70~90公里/小时，急需升级改造。波黑仅有萨拉热窝一个国际机场，主要的国际航线飞往慕尼黑、维也纳、法兰克福、伊斯坦布尔、贝尔格莱德等重要城市。萨拉热窝机场年运送旅客60万人次。波黑的20公里海岸线上只有一个涅姆港，但因出海口受限，故波黑主要是利用克罗地亚的普罗切克港作为出海口。

波黑的互联网于2002年全面开放，可以为客户提供各种服务。2012年，波黑注册移动电话用户为317万，普及率已经达到82.45%，拥有互联网用户211万，普及率达到55%，比上年度增长5.7%。根据2014年10月互联网用户统计机构的调查显示，波黑互联网用户名列全球198个国家（地区）中的第90位。波黑的移动通信运营商主要包括：波黑电信、塞族电信与HT莫斯塔尔电信，主要采用全球移动通信系统（GSM）技术、通用分组无线业务（GPRS）技术以及电子数据采集设备（EDGE）技术。

（3）主要产业

工业：主要是电力、褐煤、面粉。

农业：主要是小麦、大麦、玉米、土豆，畜牧业产品主要是牛奶、绵羊奶、山羊奶、鸡蛋、羊毛。

旅游业：旅游业设施主要有旅馆、浴场、私人小旅馆、汽车宿营地、温泉和疗养地等。

工业、农牧业、旅游业都处于战后恢复期。

2. 经济表现

（1）国内经济发展概况

2015年，波黑名义GDP为285.4亿马克，比2014年增长4.52%，实际增长为3.03%，人均国内生产总值为7473马克。2015年波黑的CGDP是欧洲平均水平的28%，位列欧洲最穷国家之首，约有20%的波黑人民生活极度贫困。2016年波黑名义GDP为191.61亿马克，名义增幅比上年回落2.2个百分点。值得注意的是，2016年波黑人口为220.62万人，同比减少了5.49%。

由图5-15的人均GDP环比增速折线图可以看出：自2009年以来，波黑

GDP 持续低增长，2012 年与 2015 年相比更是不增反降，2015 年人均 GDP 环比下跌接近于 7.26%。导致波黑经济下滑的原因主要包括：一是，失业率居高不下，波黑青壮年劳动力进一步外流。二是，通货膨胀较为严重，从蔬菜到公共服务价格都在上涨，政治环境的复杂性使得国家结构改革的实施困难重重。三是，庞大、复杂和低效的公共部门也阻碍了旅游和信息技术等关键部门的发展。四是，波黑持续增长的外债也令人担忧。目前波黑的债务总额约为国内生产总值的 40%，其中约 70% 的公债属于外国债权人，主要以国际货币基金组织、欧洲投资银行和世界银行等国际金融机构为主，而其大部分提供的是有条件的贷款。五是，波黑第纳尔与美元的汇率波动比较大，在经济下滑的年度，波黑第纳尔贬值相对较严重。

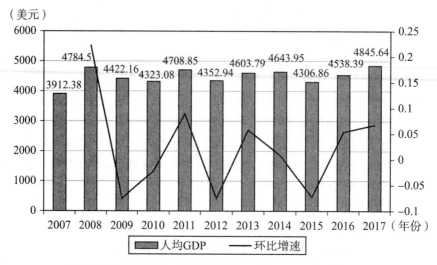

图 5 - 15　2007～2017 年波黑人均 GDP 及环比增速柱状图

资料来源：国际货币基金组织、中国国家统计局。

(2) 进出口贸易发展概况

波黑人均饮用水量在本地区排名第一，欧洲名列第七，是德国的 7 倍。但波黑饮用水进口量是出口量的 5 倍。水出口目的地市场主要集中于周边巴尔干地区国家，如克罗地亚、黑山、北马其顿等。进口水主要来自塞尔维亚。制成品出口主要是机械、交通设备、矿物燃料、润滑剂、烟酒、食品和活畜、畜牧产品加工和原材料类，如皮革、纸张、纸板、钢铁类等。波黑出口市场主要包括德国、意大利、克罗地亚、塞尔维亚、奥地利。进口的粮食主要是玉米、小麦等农产品，食品、木材、石材、水果、蔬菜。波黑进口市场主要包括克罗地亚、德国、意大利、塞尔维亚。

波黑 2014 年对外贸易额为 248.8 亿马克，欧盟居于波黑贸易伙伴的首位，占 63.559%，中东欧自贸区国家占 12.95%，其他市场占 23.51%。波黑的主要出口国包括德国、意大利、克罗地亚、奥地利、意大利、塞尔维亚、中国、俄罗斯、斯洛文尼亚、土耳其和美国，占进口总额的 74.13%。2013 年 5 月 18 日，中国东方电气集团承建的波黑共和国的斯坦纳里火电站项目建设开工。

2016 年，波黑进出口总额为 1447 万马克，其中进口 1002 万马克，出口 516.18 万马克，贸易逆差为 485.73 万马克。主要的出口贸易伙伴是德国、意大利、克罗地亚、塞尔维亚、斯洛文尼亚、奥地利和土耳其等国，主要的进口贸易伙伴是德国、意大利、塞尔维亚、克罗地亚、中国、斯洛文尼亚和俄罗斯等国。波黑出口的主要商品是家具、鞋、五金制品、软木及原木、钢铁制品和服装等，进口的主要商品是原油及其制品、机车、纺织面料和电子机械等产品。

2017 年，波黑对外贸易总量为 298.32 亿马克，同比增长 14.61%。其中出口 113.85 亿马克，同比增长 16.54%，进口 184.47 亿马克，同比增长 13.44%。贸易逆差 70.62 亿马克（折合 36 亿欧元），出口为进口的 61.71%。2017 年波黑出口产品按比重排序，分别为：木材、纸及家具 19.52%；矿石、金属产品 18.14%；机械、汽车、家电、器械 17.67%；皮毛、纺织产品 13.13%；化工、医药、橡胶、塑料制品 11.82%；矿物燃料及电力 8.28%。进口产品按比重排序，分别为：机械、汽车、家电、器械 22.64%；农产品 17.08%；化工、医药、橡胶、塑料制品 15.70%；矿物燃料及电力 1.11%；皮毛、纺织产品 11.12%；矿石、金属产品 10.74%。

2017 年 1～12 月中波双边贸易总额 1.36 亿美元，同比增长 25.6%。其中，中国自波黑进口 5722 万美元，同比增长 31.43%；中国向波黑出口 7844 万美元，同比增长 21.65%，故波黑对中国贸易逆差 2122 万美元，与 2016 年逆差大体平衡。

5.2.15 塞尔维亚

1. 国家概况

（1）地理位置与行政区划

塞尔维亚共和国简称塞尔维亚，是一个位于欧洲东南部，巴尔干半岛中部的内陆国。它与黑山共和国、波斯尼亚和黑塞哥维那、克罗地亚、匈牙利、罗马尼亚、保加利亚、北马其顿和阿尔巴尼亚共 8 个国家接壤。塞尔维亚国土总面积为 88361 平方公里（含科索沃 10887 平方公里），其边界总长 2457 公里。由于塞尔维亚独特的地理位置，使其成为西欧、中欧、东欧，以及近东和中东之间的天然桥梁和交叉路口。塞尔维亚属于东 1 时区，比北京时间晚 7 小时。

塞尔维亚主要矿产资源有煤（储量 134.1 亿吨）、天然气（储量 43.5 亿吨）、铅、锌、铜三者（储量 27.1 亿吨）、锂（储量 7.3 亿吨），辉钼矿（储量 28.5 亿吨）等。塞尔维亚耕地面积占国土面积的 55%，森林覆盖率达到 29.1%，其果业较为有名，品类多样，品质很高。另外，由于欧洲第二大河多瑙河的五分之一流经其境内，因此塞尔维亚水力资源丰富。塞尔维亚北部为温带大陆性气候，而其南部受地中海气候影响，四季分明，阳光充沛，降水适中，地势南高北低。

塞尔维亚共设有 2 个自治省（伏伊伏丁那自治省和科索沃自治省）、29 个大行政区和首都贝尔格莱德直辖区，辖有 23 个市、178 个县（区），195 个镇，6158 个村。自治省和大行政区是塞尔维亚最高一级地方行政单位。塞尔维亚是一个多民族的国家，83.3% 人口（不计科索沃地区）是塞尔维亚族，其余有匈牙利族、波斯尼亚族、罗姆族及斯洛伐克族等。塞尔维亚的官方语言为塞尔维亚语。该国居民大多信奉东正教。

（2）基础设施

塞尔维亚公路和高速公路网总长已突破 4.5 万公里，其中主干线标准公路 5525 公里，地区间普通公路 13670 公里，地方普通公路 24540 公里。截至 2016 年底，全国共有乘用车 182.5 万辆，卡车 20.4 万辆，挂车 14.6 万辆，摩托 3.8 万辆，巴士 9128 辆，工程用车 8552 辆。2016 年公路客运量 5717 万人次，货运量 989 万吨。

塞尔维亚现有铁路干线总长为 3819 公里，其中单轨线铁路 3533 公里，双轨线铁路 276 公里；实现电气化铁路 1254 公里，非电气化铁路 2555 公里。2016 年铁路客运量 555 万人次，货运量 1029 万吨。目前塞尔维亚铁路运营质量相对较差，水平相对低下，配套通信设备落后，而塞尔维亚政府由于资金困难尚不能完成全面的现代化改造，这也对该国物流等方面造成严重不利影响。

塞尔维亚最主要的机场为贝尔格莱德尼古拉·特斯拉机场。该机场每年的旅客吞吐量约为 500 万人次，货物吞吐量 2 万余吨，起降飞机架次可达 3.4 万余次。

塞尔维亚的水运较为发达，这是由于多瑙河及其多条支流流经其境内。其全国可运输水路约为 1680 公里，年货运量约 1500 万吨。被称为"泛欧 7 号水运走廊"的多瑙河是塞尔维亚最主要的国际水路运输航线，在其国内通运里程约为 400 公里，拥有 5 个较大河港。

塞尔维亚通信业因受政府重视和大力推动发展，所以较为发达。截至 2016 年，全国电视普及率达 99%，移动电话普及率达 93%，家庭电脑普及率和家庭互联网接入率超过 66%，笔记本电脑普及率也达到 41.2%。另外，塞尔维亚的邮政服务系统较为完善，全国拥有 1496 个邮局，可满足当地人民需求。

塞尔维亚电力资源充裕，但发电量仍不能满足本国需要，用电高峰期仍需进口电力。2016 年，塞尔维亚发电装机总容量 7326 兆瓦，发电量 364.61 亿度，进口电力 9.19 亿度。

（3）主要产业

农业是塞尔维亚传统优势产业之一。塞尔维亚土地肥沃，雨水充足，农业生产条件良好。主要农产品有小麦、玉米、甜菜、向日葵、马铃薯、苹果、李子及葡萄等。

汽车工业是塞尔维亚经济支柱产业之一。自 2000 ~ 2014 年，共有 27 家外资企业在塞尔维亚投资汽车组装、零配件生产等。

信息通信技术产业是塞尔维亚具有比较优势的产业之一。目前，塞尔维亚共有 1600 余家 ICT 企业，美国微软公司也在塞尔维亚投资设立了研发中心（微软在全球设立的第五个同类研发中心）。塞尔维亚工程师、技术人员有良好的教育背景（70% 以上具有本科及以上学历）和相对较低的薪金水平，是塞尔维亚信息通信技术产业的核心竞争优势。信息通信技术产业是塞尔维亚政府大力推动发展的重点产业之一，计划将其打造为国民经济的支柱产业。塞尔维亚向国外投资者开放了数字电视、有线和无线宽带网络基础设施等信息通信市场，期望吸引更多的外商投资。

2. 经济表现

（1）国内经济发展概况

塞尔维亚地理位置优越，是连接东南欧与西欧的陆路枢纽。相对较低的税率与劳动力成本，为吸引外资创造了有利条件。世界经济论坛《2016 ~ 2017 年全球竞争力报告》显示，在全球参与排名的 138 个国家和地区中，塞尔维亚排在第 90 位。世界银行集团发布的《2017 年营商环境报告》显示，在全球参与排名的 190 个国家和地区中，塞尔维亚的营商环境便利度排第 48 位。

图 5 - 16 显示了 2007 ~ 2017 年塞尔维亚人均 GDP 及其环比增速。从图中可以看出，塞尔维亚人均 GDP 有三次大的下跌，下跌幅度分别为 12.98%、11.92% 和 7.30%，有 2 次超过 10%。造成塞尔维亚经济不景气的原因主要包括：一是，欧债危机的影响；二是，自然灾害，2014 年塞尔维亚的特大洪灾使得原本就未恢复的塞尔维亚经济雪上加霜；三是，在经济下滑的年度，塞尔维亚第纳尔贬值相对较大，导致以美元标记的 GDP 下降较严重。

（2）对外贸易发展概况

塞尔维亚是中部欧洲自由贸易区（CEFTA）的缔约国，与欧盟签署了《过渡性自由贸易协定》，加入了欧洲自由贸易联盟（EFTA），与俄白哈关税同盟、土耳其等均已签署自由贸易协定，市场覆盖人口超过 8 亿。自 2005 年起，还享受美国给予的普惠制待遇，4600 种商品出口美国免关税，市场潜力巨大。

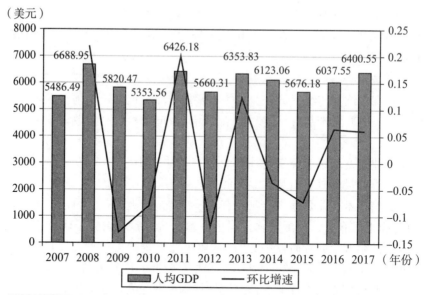

图 5-16 2007~2017 年塞尔维亚人均 GDP 及环比增速柱状图
资料来源：国际货币基金组织、中国国家统计局。

塞尔维亚政府虽然制定了一系列吸引外资政策，但由于近年政府内阁多次改组，有关政策变动较大，且落实执行受人为因素影响较大。塞尔维亚政府对于重大投资项目、大中型投资项目、小型投资项目，根据投资额度和创造工作岗位的多少都予以不同比例、不同额度的奖励。对于在制造业领域投资于塞尔维亚经济欠发达地区，或投资于塞尔维亚其他地区、旅游业领域投资额超过一定额度的企业进行评估后确定给予奖励及奖励的额度。对来塞尔维亚投资的企业一律同等国民待遇，并可在塞尔维亚投资任何工业部门。外资企业的资金、资产、利润、股份以及分红等可以自由转移。外资企业可在对等条件下在塞尔维亚购置房地产，租用建筑用地最长可达 99 年。外资企业大型投资项目，可获得塞尔维亚国家主要信用机构的担保、国际信用驻塞机构担保以及塞尔维亚出口信用担保；外资企业受双边投资保护协定保护并享受避免双重征税待遇。塞尔维亚已与 32 个国家签署投资保护协定。

中国是塞尔维亚第四大进口商品来源国。塞尔维亚自中国进口的主要商品为：电信设备及装置、服装及衣着附件、办公及自动数据处理机械、杂项制品、鞋类、电力机械、电器及电器元件、通用工业机械设备、金属制品、纺纱、织品及纺织品、特种工业专用机械。塞尔维亚向中国出口的主要商品为：服装、鞋类、杂项制品、科学、控制仪器、旅行用品、塑料制品、金属制品、电信设备及装置与钟表等。

据塞尔维亚国家统计局发布数据，2016 年，塞尔维亚对外贸易总额约为

341.4 亿美元，同比增长 8.1%。其中，出口额约为 148.8 亿美元，同比增长 11.2%，主要出口商品为运输设备、食品及电子产品等；进口额约为 192.6 亿美元，同比增长 5.7%，主要进口商品为运输设备、化学产品、机械设备及电子产品等；贸易逆差约为 43.8 亿美元，同比增长 9.5%。

2016 年，塞尔维亚前五大贸易伙伴分别为德国、意大利、俄罗斯、波黑和中国；前五大出口目的地分别为意大利、德国、波黑、罗马尼亚和俄罗斯；前五大进口来源地分别为德国、意大利、俄罗斯、中国和匈牙利。

5.2.16　黑山

1. 国家概况

（1）地理位置与行政区划

黑山共和国（以下简称黑山）位于巴尔干半岛的中北部，东北部与塞尔维亚毗连，东部是科索沃，东南部与阿尔巴尼亚接壤，西北部与波黑及克罗地亚交界，西南部临亚得里亚海。黑山的首都是波德戈里察，是全国的政治、经济、文明中心，比北京时间约晚 7 个小时。

黑山全国总人口有 63 万人，黑山族和塞尔维亚族是主要民族，分别占总人口的 43.16% 和 31.99%，此外还有阿尔巴尼亚族和波什尼亚克族。全国大多数人信奉东正教，沿海地区信奉天主教，内陆地区信奉东正教，东部地区信奉伊斯兰教。黑山的官方语言为塞尔维亚语，但英语也是常用语种。

黑山的西部和中部为丘陵平原地带，北部和东北部为高原和山地。全国农业用地面积为 51.6 万公顷，约占国土总面积的 37.4%。黑山的森林和水利资源丰富，森林覆盖面积 54 万公顷，覆盖率为 39.43%；铝、煤等资源储藏丰富，约有铝土矿石 3600 万吨及 3.5 亿吨煤。

黑山的气候依地形自南向北分为地中海式气候、温带大陆性气候和山地气候，年平均气温 13.5℃，冬季寒冷多雨，夏季炎热干燥。

（2）基础建设

黑山南部地区交通较发达，北部地区相对较差。截至 2016 年，黑山公路总里程 7773 公里。2014 年 12 月 14 日由中国公司承建的黑山南北高速公路斯莫科瓦茨—马特塞沃段项目在首都波德戈里察启动，项目建成后将改善行车条件和沿线人民的生活条件，拉动黑山和周边国家的经济发展。

2016 年，黑山铁路总长 326 公里，以波德戈里察为枢纽与塞尔维亚相连接。但因资金缺乏，黑山铁路运输存在设备老化、机车保养不善等问题。

黑山拥有波德戈里察机场和蒂瓦特机场 2 个国际机场，经波德戈里察机场和蒂瓦特机场均可直飞至欧洲主要城市，但目前无直达中国的航线。

黑山水运较为发达, 巴尔港口是亚得里亚海区域最深的天然良港, 可停泊大型远洋轮船, 经此港可至全世界各个国家和地区。

（3）主要产业

工业: 主要部门有采矿、建筑、冶金、食品加工、电力和木材加工等。

农业: 全国农业用地占国土总面积的 37.4%, 其中可耕地面积为 18.91 万公顷。

服务业: 主要包括旅馆、餐厅、咖啡、酒吧等。

旅游业: 黑山国民经济的重要组成部分和主要外汇收入来源, 主要风景区是亚德里亚海滨和国家公园等, 游客主要来自塞尔维亚、俄罗斯、波黑、阿尔巴尼亚等。旅游资源有杜米托尔国家公园、科托尔老城和索波查尼修道院; 其他著名景点还有塔拉河谷、圣特里普纳天主教堂、奥斯特罗格大教堂、圣斯泰凡岛、布德瓦老城等景点, 被联合国教科文组织列入世界自然文化遗产。

交通运输业: 以铁路和公路为主。

此外, 旅游、建筑业是黑山经济的重要组成部分, 制造业基础薄弱。2006 年黑山从南斯拉夫独立后, 继续转型发展服务业, 吸引外国投资者参与旅游新建投资和大型基础设施项目, 以促进旅游业发展, 目标是成为优质旅游地点和加入欧盟。

2. 经济表现

（1）国内经济发展概况

黑山是南斯拉夫较为落后的共和国, 经济基础薄弱。南斯拉夫解体后, 黑山因受战乱、国际制裁影响, 经济一路下滑。近年来, 随着外部环境改善及各项经济改革推进, 黑山经济逐步恢复, 总体呈增长态势。但因基础设施落后, 能源匮乏, 经济规模小, 商品缺乏竞争力, 黑山的经济增长幅度并不大。

服务业和旅游业是黑山国民经济的重要组成部分。服务业主要包括批发零售、住宿餐饮、房地产、电信和金融等; 旅游业是黑山主要外汇收入来源, 旅游者主要来自塞尔维亚、俄罗斯、波黑和阿尔巴尼亚等国。

图 5-17 给出了 2007~2017 年黑山的人均 GDP 及环比增速。由图可知: 2012 年, 欧元区经济衰退使得黑山的信贷水平下降、市场信心受损、劳资冲突升级, 这些多重因素作用下黑山经济大幅收缩。2013 年, 经济恢复增长, 人均GDP 为 7093.37 美元, 同比增长接近 9%; 2014 年和 2015 年, 经济增长放缓, 低于预期。

2012~2014 年黑山经济增长放缓的主要原因有以下几个方面: 第一, 2014 年 5 月的水灾造成严重经济损失; 第二, 欧元区增长低于预期, 特别是黑山的主要贸易伙伴意大利经济低迷; 第三, 与黑山经济联系紧密的塞尔维亚 2014 年经济出现负增长; 第四, 欧俄相互制裁, 俄罗斯赴黑山游客数量骤降。

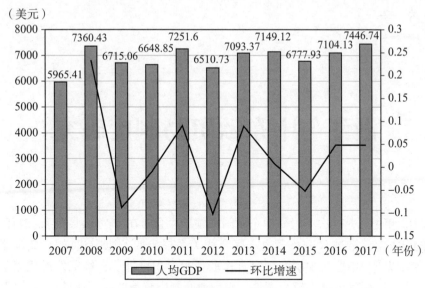

图 5－17　2007～2017 年黑山人均 GDP 及环比增速柱状图

资料来源：国际货币基金组织、中国国家统计局。

2017 年，黑山在全球营商环境指数排名中名列第 42 位，较之 2016 年的第 51 位上升了 9 位。同年，黑山的贸易竞争力指数在全球 189 个国家和地区中排名第 77 位，较之上一年度的第 82 名提高了 5 名。由此可知，黑山无论是竞争力还是营商环境在全球的排名都不高，有待于进一步改善营商环境和提高经济贸易自由度。

（2）对外贸易发展概况

黑山大量的工业产品、农产品、能源及日用消费品依赖进口，物价水平偏高。2006 年至 2007 年黑山房地产市场蓬勃，俄罗斯、英国和其他国家的富豪在沿岸地区购买住房。对外贸易的主要伙伴为：意大利、塞尔维亚、匈牙利、德国、斯洛文尼亚、希腊。

黑山严重依赖进口，贸易逆差日益严重，主要贸易伙伴为塞尔维亚、意大利、希腊、克罗地亚和中国等国，黑山对欧盟和中国等国家的进出口占其进出口总额 90% 以上。2016 年，黑山对外贸易总额为 23.8 亿欧元，同比增长 11.8%，其中出口 3.258 亿欧元，进口 20.6 亿欧元。

第 6 章

浙江与中东欧贸易制度研究

2012 年 4 月，首次中国—中东欧国家领导人会晤在波兰华沙举行。时任中国总理的温家宝就推进双边及多边友好合作关系提出四条原则建议及 12 项举措。首次会晤以来，中国与中东欧国家合作取得很多积极进展，经贸发展成果显著。当前，中东欧国家劳动力较为廉价，而商业管制则较为宽松，此外，这些国家在政治方面对于中国也是较为可信的伙伴。一些中东欧国家如罗马尼亚本身也是欧盟国家，和这些国家加强合作也有助于中国和欧盟国家的合作。浙江作为经济强省，对中东欧国家的大量投资，必将带来贸易的增长以及经贸合作的扩大，推动双方关系走向纵深。本章根据浙江省人民政府等相关网站，整理了浙江与中东欧经贸合作的相关制度。

6.1 商品贸易制度

2014 年，中国—中东欧国家经贸促进部长级会议于 6 月 8 日举行，中东欧 16 国负责经贸事务的部长级官员赴宁波出席会议。会议将围绕"深化务实合作，实现共同发展"的主题，就扩大贸易规模，促进贸易平衡发展；增加相互投资，密切经贸合作联系；拓宽融资渠道，加强基础设施建设合作等议题进行探讨。中东欧国家特色产品展于 6 月 8～11 日举行，设在宁波国际会展中心 1 号馆，主要有酒类、果汁、矿泉水、乳制品、蜂蜜、橄榄油、巧克力、肉类等食品企业参展。截至 2016 年 6 月，已有 14 个国家确定摊位 210 个，并与 7 个省、市签订组团来甬采购协议，争取 200 个团组、3000 名采购商到会洽谈和采购。为使中东欧展取得实效，宁波市除了为各国展商免费提供摊位外，还根据中东欧各国参展商品情况，有针对性地组织宁波企业与展商进行对接洽谈。展会期间，举办中国宁波—中东欧国家经贸文化交流周活动，内容包括市长论坛、投资环境推介、商协会对接。2015 年中东欧国家特色产品展上，来自中东欧 16 国的 400 多家企业将展示3000多种特色商品，主要包括葡萄酒、啤酒、果汁、矿泉水、巧克力、饼干等食品饮料，另有琥珀、蜜蜡饰品和水晶工艺品、香草、薰衣草精油等美容产品、个人护理用品、清洁用品及婴童用品等。

2016年7月6日，搭建了中东欧商品常年展销平台，设立了中东欧商品展销中心，匈牙利、保加利亚、捷克、斯洛伐克、波兰等国家馆已开业，并在全国各地设立了14个中东欧商品专销点，开通了中东欧进口商品网上商城。

为进一步贯彻落实国家"一带一路"倡议，发挥浙江省和捷克在中国—中东欧国家"16+1"合作框架中的积极作用，由浙江省商务厅主办，浙江远大国际会展有限公司承办的第二届浙江出口商品（捷克）交易会于2017年10月9~13日在捷克布尔诺国际会展中心举行。这是浙江省商务厅第二次在捷克为企业搭建平台，加强中国制造2025与欧洲工业4.0对接，推动浙江省企业深耕中东欧市场，助力浙江省装备制造业转型发展。

2017年11月10日，由中国商业联合会、宁波市商务委员会联合主办的2017中国（宁波）食品博览会在甬开幕。

2017年11月11日，由宁波市商务委员会主办的"2017中东欧商品贸易发展高峰论坛暨跨境电商大咖分享会"在宁波国际会展中心多功能会议厅成功举行。

2017年12月22日，宁波国际会展中心打造宁波进口中东欧商品首选区、宁波出口中东欧商品贸易示范区和宁波国际贸易便利化引领区。

2018年，结合宁波创建国际消费中心城市，海曙区着力建设以天一广场为核心，辐射和义大道、1844、东鼓道、鼓楼沿等商圈的国际消费中心城市示范区，加快基础设施完善、业态引进、载体创新和实体商业转型。结合"一带一路"倡议，开拓中东欧商品展示销售区，推进智慧商圈建设，增强融合互通，实现优势互补及信息互换。

6.2　投资贸易制度

2014年被确定为"中国—中东欧国家合作投资经贸促进年"。宁波—中东欧经贸文化交流周上，一系列宁波—中东欧国家间经贸"相亲会"热闹上演：无论是宁波企业还是中东欧国家的代表，都积极展示各自优势，寻找"联姻"的机遇。在"中国宁波—中东欧国家投资环境说明会"上，来自克罗地亚、匈牙利、保加利亚、波兰等多个国家的代表向人们热情地宣讲着各自所在国的招商优势。高涨的投资热情使得整个会场热闹非凡。紧邻说明会现场的就是投资项目对接洽谈区，企业代表们听到感兴趣的项目，随即走到洽谈区咨询。各国代表也抓住这一机会不遗余力地向人们展示着当地的独特优势。保加利亚经济联合会投资部副主任斯维特拉娜介绍了该国的税率优势："我国拥有全欧盟最低的税率，仅征收企业 10% 的所得税，而且工资税率也很低。"波兰招商负责人则突出了波兰在经济特区方面的优势。据他介绍，波兰有 14 个免税的经济特区，当地有商业许可的优势，企业可以在税收、土地、政策方面享受特殊政策。在热闹的会场气氛下，投资环境说明会比预计的时间延长了近一个小时。在中东欧国家向中国开放投资、贸易的新时期，宁波企业已经提前嗅到了商机，无疑将是这场合作的大赢家之一。

2014 年，由丽水市商务局和匈牙利亚洲中心联合主办的中国（丽水）·中东欧经贸对接会在丽水市举行。来自斯洛伐克、捷克、奥地利、匈牙利的 15 名采购商与丽水市 60 余家外经贸企业进行贸易对接洽谈，对丽水出口产品进行采购。这次活动的顺利开展，是丽水市商务局 9 月组织的丽水外经贸代表赴中东欧国家开展产业对接、双向投资活动的一项重要成果。其间，丽水代表团与匈牙利亚洲中心签订了《合作框架协议书》，与外方采购商达成贸易合同 160 余万美元，多家企业达成了入驻匈牙利亚洲中心的初步意向。短短的一个月时间不到，匈牙利亚洲中心瑞德董事长就亲率代表团到丽水进行回访，双方再一次聚首开展经贸对接，对丽水出口产品进行采购，更进一步加快了双方的合作共赢。

2015 年首届中国—中东欧国家投资贸易博览会已落下帷幕，博览会深入贯彻落实《中国—中东欧国家合作贝尔格莱德纲要》精神，通过举办投资洽谈、展览交易、会议论坛、人文交流，为搭建中国与中东欧国家经贸合作大平台起到了有力的促进作用，以超出预期目标的总体成效受到了各方普遍赞誉。"宁波和中东欧国家各自拥有众多合作优势，例如宁波具备港口、开放型经济和民营企业等优势，中东欧国家具有区位、市场、资源等优势。"首届中东欧博览会组委会办公室主任俞丹桦解读了如此大手笔举办盛会对宁波的意义，"举办博览会既有助于宁波进一步加强对中东欧国家的全面合作，为宁波经济转型升级、提升国际化水平增添新动力，更是宁波融入国家重大发展战略，对接'一带一路'的重要平台和工作突破口。"首届中东欧博览会交出的成绩单不可谓不耀眼：作为中东欧博览会的主论坛，中国—中东欧国家合作发展论坛吸引了包括中国国务委员杨洁篪、黑山副总理等在内的多国政要参加并发言，共话"一带一路"背景下加强中国与中东欧国家合作发展的大计。论坛期间，中国与中东欧有关国家举行了多场多边、双边会谈，并发表了《中国宁波—中东欧国家城市合作纲要》，涉及经贸、互联互通、金融和人文交流合作等领域，并一致同意支持宁波承办下届中东欧博览会。中东欧博览会投资合作洽谈会上，70 余家中东欧国家的政府机构及企业与 200 余家国内相关省市的政府部门、投资促进机构和企业进行了深入对接洽谈；商协会投资贸易对接洽谈会签订投资合作项目 4 个；双向投资合作产业园推介会上，宁波经济技术开发区、慈溪滨海经济开发区分别与波兰比得哥什开发区、保加利亚欧中经济开发区签订合作协议，中东欧（宁波）贸易物流园区和中东欧（宁波）工业园正式挂牌。

2015 年 10 月，推进"一带一路"建设工作领导小组办公室发布了《标准联通"一带一路"行动计划（2015～2017）》（以下简称《行动计划》）。根据《推动共建丝绸之路经济带和 21 世纪海上丝绸之路的愿景与行动》确定的标准化工作任务，《行动计划》将着力在以下十个方面开展工作：

一是加快制定和实施中国标准"走出去"工作专项规划，助推国际装备和产能制造合作。

二是以东盟、中亚、海湾等沿线重点国家和地区为方向，以中蒙俄等国际经济走廊为重点，深化标准化互利合作，推进标准互认。

三是聚焦沿线国家共同的重点关切，在电力、铁路、海洋、航空航天等基础设施领域，节能环保、新一代信息技术、智能交通、高端装备制造、生物、新能源、新材料等新兴产业领域，以及中医药、烟花爆竹、茶叶、纺织、制鞋等传统产业领域，推动共同制定国际标准。

四是在设施联通、能源资源合作、动植物检验检疫和提升双边经济贸易水平等方面，组织翻译 500 项急需的中国国家、行业标准外文版。

五是梳理分析沿线重点国家大宗进出口商品类别，开展大宗进出口商品标准比对分析，加强面向企业的标准化服务。

六是在水稻、甘蔗、茶叶和果蔬等特色农产品领域，逐步开展东盟农业标准化示范区建设。

七是面向东盟、中亚、海湾和非洲等国家，推进与沿线国家和地区标准化专家交流及能力建设，加强标准化文化交流。

八是在电力电子设备、防爆设备、家用电器、数字电视广播、半导体照明、中医药、海洋技术、TD－LTE 信息通信等领域，支持一批由相关行业协会、产业联盟、科研机构、高等院校和企业等牵头组织，面向东盟、俄罗斯、中亚、中东欧等重点国家和区域开展的标准化互联互通项目，研究建立标准化合作沟通机制。

九是加强沿线重点国家和区域标准化研究，组织开展面向阿拉伯国家、中亚、蒙俄、东盟、欧洲、北美等重点国家和区域的标准化法律法规、标准化体系、发展战略及重点领域相关标准研究，建立"标准化智库"体系。

十是支持各地发挥地缘优势、语言文化和特色产业优势，全方位开展特色标准化合作。

2016 年 2 日下午，商务部在北京召开第二届中国—中东欧国家投资贸易博览会新闻发布会，公布了本届中东欧博览会的相关活动安排。据介绍，第二届中东欧博览会于 6 月 8 日至 6 月 12 日在宁波举行，由商务部和浙江省政府主办，商务部有关司局与宁波市政府牵头承办，将以"深化合作，互利共赢"为主题，安排投资洽谈、贸易展览、会议论坛、人文交流等四大主题 16 项主要活动。作为国家"一带一路"规划主要节点城市，宁波充分发挥区位、港口和开放三大优势，提出了打造中东欧国家商品进入中国市场、中国与中东欧国家双向投资合作和中国与中东欧国家人文交流"三大首选地"奋斗目标。宁波自 2015 年将中东欧国家特色产品展升级为中东欧博览会以来，全力维护好这一中国与中东欧 16 国之间经贸交流合作的平台，设立了中东欧博览会会务馆和常年展馆，搭建中东欧商品长年展销平台，开通中东欧进口商品网上商城，并在全国各地设立了 14 个中东欧国家专销点。第二届中东欧博览会在贸易展览方面将举办中东欧国家特色产品展、中国—中东欧国家高新技术合作展、跨境电商—中东欧国家展商对接洽谈会等活动；投资洽谈方面将推出第二次中国—中东欧国家投资合作洽谈会、第三次中国（宁波）—中东欧国家商协会合作会议等活动；会议论坛方面包括中国—中东欧国家投资促进机构联系机制会议、中国（宁波）—中东欧国家省（州）、市长论坛，中国—中东欧国家质检合作对话会，中东欧国家侨商宁波峰会等活动。人文交流活动则涵盖教育、旅游、文化、体育等多个方面。第二次中国—中东欧国家经贸促进部长级会议将同期举行。商务部欧洲司相关负责人介绍，本次会议将围绕"立足新起点，培育双方新增长点"主题，商谈在贸易、产能、投资等领域的合作，并首次发表《宁波宣言》。

2017 年 9 月 14 日，浙江省人民政府网站公布了《浙江省政府关于设立宁波"一带一路"建设综合试验区的批复》。根据要求，宁波"一带一路"综合试验区建设要以梅山新区为核心载体，以港口互联互通、投资贸易便利化、产业科技合作、金融保险服务、人文交流为重点，积极打造"一带一路"港航物流中心、投资贸易便利化先行区、产业科技合作引领区、金融保险服务示范区、人文交流门户区，勇当"一带一路"建设排头兵，努力建成"一带一路"枢纽城市。

2017 年 3 月，国家质检总局和宁波市政府签署《关于共建"中国—中东欧国家贸易便利化国检试验区"合作备忘录》，全国首个以服务中东欧经贸合作为主题的国检试验区正式落户宁波。宁波市提出了"建设国际一流口岸、有效集聚出口商品、打造进口首选之地、畅通进口直通渠道"四方面总体目标。该方案拟通过实施一系列贸易便利化创新举措，探索开展贸易便利化规则制定，全面打造功能特色明显、发展优势互补的"五大区块"。

2017 年 6 月 15 日，积极对接"一带一路"建设，已经成为助推宁波外贸发展的重要引擎。为加强与中东欧国家建立常态化合作机制，此前，宁波市先后出台《加强与中东欧国家全面合作的若干意见》《中东欧经贸合作补助资金管理办法》。一连串措施使双边贸易持续升温。在中国—中东欧博览会上，一系列的签约将宁波与中东欧国家间的经贸合作带入"蜜月期",通过全方位、深层次的开放合作深耕市场,并以此作为参与"一带一路"建设的突破口。

2017年,中国—中东欧国家贸易便利化国检试验区(国际会展中心)揭牌。作为试验区的五大核心区块之一,宁波国际会展中心将打造宁波进口中东欧商品首选区、宁波出口中东欧商品贸易示范区和宁波国际贸易便利化引领区。10月18日,我国首个以贸易便利化为主题的国检试验区——中东欧贸易便利化国检试验区在宁波启动建设。该试验区重点围绕宁波保税区、宁波国际会展中心、宁波经济技术开发区现代国际物流园区、梅山保税港区和中东欧(宁波)工业园等五大核心区块开展规划和建设,积极扩大中东欧商品进口种类和规模。其中,宁波国际会展中心是宁波市以国际贸易和会展为主体的最大综合性平台。22日,《"中国—中东欧国家贸易便利化国检试验区(国际会展中心)"建设实施方案》出炉,确立了提高保障中东欧博览会水平、打造跨境电商出口样板区、推动宁波国际会展中心区块执法"一站式作业"等14项任务。目前,国际会展中心区块已获得准入豁免、直通放行、展览体验等多项优惠政策。宁波出入境检验检疫局负责人表示,国际会展中心区位优势突出,检验检疫部门将积极配合市政府推动"中国—中东欧国家投资贸易博览会"永久在国际会展中心举行,同时优化便利化措施,促进更多国际展会在这里举办,吸引更多优质企业和特色商品来这里参展。

2018年3月27日下午,第四届中国—中东欧博览会、第二十届浙洽会、第十七届消博会组委会第一次筹备会议在杭州之江饭店召开。

2018年4月,宁波市政府正式印发《"16+1"经贸合作示范区建设实施方案》。相关负责人表示,这是宁波推进"16+1"经贸合作示范区建设的纲领性文件,对提升宁波与中东欧国家合作水平,打造地方参与"16+1"合作样板具有重要指导意义。实施方案根据《布达佩斯纲要》精神和李克强总理的讲话内容,结合宁波实际,提出了"3362"的总体框架,3362分别代表"三个首选之地""三大平台""六大示范工程"以及20项重点工作。未来三年,宁波将以成为中东欧商品进入中国市场的首选之地、中国与中东欧国家双向投资合作的首选之地、中国与中东欧国家人文交流的首选之地,以"三大首选之地"为发展目标,重点建设中国—中东欧国家投资贸易博览会、中国—中东欧国家贸易便利化国检试验区、索菲亚中国文化中心"三大平台",实施贸易促进、投资合作、机制合作、互联互通、公共服务、人文交流"六大示范工程",努力建成中东欧商品进入中国市场、中国与中东欧国家双向投资合作和人文交流的三个首选之地,完成推进中东欧商品分销体系建设、建立大型进口商引进和培育机制、探索新兴领域合作机制、加强与中东欧国家跨境电商合作、建设促进"16+1"经贸合作的虚拟或实体公共平台等20项重点工作。

6.3　企业贸易制度

为促进绍兴市与匈牙利、波兰、保加利亚、斯洛伐克、白俄罗斯等中东欧国家的友好经贸合作，由市政府主办，市商务局和市外办协办的"2013绍兴—中东欧友好经贸合作交流会"，于11月21～23日在市区如期举行。并于22日举办了投资贸易推介会、企业项目对接洽谈会等两场经贸合作交流活动。企业项目对接洽谈会，来自绍兴市各县（市、区）纺织、机械、机电、化妆品、旅游、文化创意等行业的41家企业代表和开发区代表与来自匈牙利、波兰、保加利亚、斯洛伐克、白俄罗斯等国的15家相关企业代表、工业园区和投资促进中心代表进行了友好经贸合作对接交流洽谈。洽谈会气氛热烈、进展顺利、效果明显。绍兴舜裕生态农业开发有限公司与保加利亚薰衣草精油及动物饲料公司，浙江阮仕珍珠股份有限公司与保加利亚化妆品、香水公司，浙江特立宙服饰（动漫）有限公司与白俄罗斯传播服务公司等分别达成了合作意向。保加利亚两家公司代表还对绍兴舜裕生态农业开发有限公司等企业的生产基地进行了实地参观考察。绍兴市的其他企业也通过本次洽谈会对中东欧诸国的市场和产品需求有了更深入的体会和了解。

2013年，由湖州市外经贸局和经信委安排布置，各县区商务局、亚洲中心、省国广公司积极组织邀请，中东欧采购商组团到湖州市与各企业进行面洽采购活动。此次来湖州的采购团主要涉及建材、服装纺织、绿色能源、汽配及办公家具等多个行业的9家企业，湖州市针对相关行业共组织50家企业到会对接。安吉县共组织博泰、大成太阳能、强龙等生产办公家具和光伏LED灯的7家企业参加对接活动。会议紧凑有序、高效简洁，中东欧有关采购商和安吉县企业深入洽谈后彼此产生浓厚合作意向，当即决定来安吉县进行下一步合作考察活动。办公家具采购商——OFFICE LINE在市领导陪同下，到安吉县盛信、恒林两家企业开展材料采购和业务考察，经过实地考察和深入洽谈后，双方均表示出极大合作兴趣并进入实质性合作阶段。本次面洽采购活动，深化了全市和中东欧经贸合作关系，帮助企业掌握市场最新动向，提升企业产品在全球市场上的份额，切实增强了"走出去"能力。

2015年，中东欧参展企业与浙江跨境电商合作对接会举行，50多家来自中东欧国家的企业和60多家浙江跨境电商现场对接，共商如何把更多的中东欧特色产品从线上搬到消费者手中，助力把宁波打造成中东欧商品进入中国市场的首选地。宁波有望成为中东欧商品进入中国的首选地。

2016年第二届中东欧企业与浙江跨境电商合作对接会，作为第二届中国—

中东欧国家投资贸易博览会重要活动之一，6 月 10 日晚在宁波泛太平洋大酒店召开。此次合作对接会由宁波市人民政府、浙江省商务厅主办，宁波市人民政府口岸与打击走私办公室、宁波市商务委员会等单位联合承办。届时，计划邀请包括政府领导、中东欧企业、浙江跨境电商企业、跨境综合服务企业等约 200 人参加会议。此次对接会是中国（宁波）跨境电子商务综合试验区获批以来举办的首次大型跨境电商对接会，会议主题为"云起甬城、蕴势谋远、共赏未来"，将充分利用中国—中东欧国家投资贸易博览会这个大平台，为中东欧企业和浙江跨境电商企业搭建一个供需对接、洽谈合作的桥梁，不断密切浙江与中东欧国家的贸易往来，加快推进中国（宁波）跨境电子商务综合试验区建设。

2016 年 11 月，罗马尼亚慈溪商会在罗马尼亚首都布加勒斯特成立，这是中东欧地区成立的慈溪市首家海外商会，也是宁波第一家商会，成为加强使馆和侨胞之间沟通的联络站和桥梁，为维护广大侨胞的整体利益做好工作。

2017 年 6 月 10 日第四届中国—中东欧国家商协会商务合作大会在宁波召开，大会旨在促进"一带一路"倡议的实施，加强贸促会系统与中东欧国家商协会、企业之间的交流与合作。嘉兴市贸促会王建光副会长带队参加大会进行对接洽谈，并同期参加"第三届中东欧博览会"。

此次大会共有来自匈牙利、保加利亚、克罗地亚、波兰、捷克等国外政府官员、商协会及企业家代表 170 余名、国内 50 家贸促机构及企业 300 余人参加。嘉兴市浙江新秀箱包营销有限公司、嘉兴沐兰贸易有限公司、嘉兴市澳杰进出口有限公司等 4 家代表企业参加对接。新秀箱包依托"NEWCOM"等国际化自主品牌，多年以来一直努力成为箱包领域多品牌全球运营的创新者和领导者，此次参会旨在进一步开拓中东欧市场，寻找商机；嘉兴市澳杰进出口有限公司虽然外贸规模不大，但其在多元化经营中有较多探索，这次参会旨在为其内销平台寻找进口商品的供应商。嘉兴市贸促会将以此次中国—中东欧国家商协会商务合作大会为契机，紧紧围绕"一带一路"倡议，加强同中东欧国家各商协会联系，建立有效合作渠道，进一步帮助嘉兴市企业积极走出去拓展中东欧及周边市场。

6.4　文化交流制度

2015 年 8 月，举办中东欧文化艺术交流展，成立国际文化交流中心，与波兰驻华大使馆和匈牙利北京文化中心签订文化交流战略合作协议。

2016 年 6 月 10 日在宁波香格里拉大酒店举行中国（宁波）—中东欧国家旅游市场合作专题对洽会。会场搭建了中东欧各国专属的旅游对洽专区，每个国家的旅游代表将在自己的对洽区与长三角旅行商对洽、与嘉宾及媒体现场交流，并在推介区进行中东欧各国旅游资源专场推介。来自长三角的旅行商、投资商代表将聆听中东欧国家旅游代表的专场推介。中东欧各国积极宣传推介优势旅游产品、拓展中国市场、建立合作伙伴关系、促进旅游经济互惠共赢。

2016 年 8 月作为"一带一路"倡议中的文化板块，我国与"一带一路"沿线国家正逐步建立稳定和牢固的官方文化交流平台；与上合组织、东盟、阿拉伯国家联盟等多个组织成员国及中东欧地区建立了人文合作委员会、文化联委会机制。

2017 年，宁波市重点推进与"一带一路"沿线国家的教育合作，建立了一系列"一带一路"国际教育平台和机制。积极对接中东欧国家，累计举办 4 届中国中东欧教育合作交流活动，设立捷克语言文化中心、斯洛伐克教育科研中心等 8 个平台，开展 6 项欧盟伊姆斯拉斯交流项目，培养捷克语等应用性小语种人才；依托高校与北京外国语大学、中国社科院、浙江大学等建立了海上丝绸之路研究院、宁波中东欧国家合作研究院，打造已在全国初具影响力的"一带一路"研究智库；积极拓展与印度尼西亚、马来西亚、俄罗斯等沿线国家的教育合作。这些举措，极大地促进了国际教育发展，为积极推进城市国际化、全力打造"名城名都"做出了重要贡献。

2017"中国—中东欧国家文化艺术嘉年华"也在戏曲文化周上举办，来自保加利亚、捷克、匈牙利、波黑等 14 个中东欧国家的民间歌舞、滑稽戏、儿童剧、流行乐表演陆续登场，让现场观众领略独特的异域风情。

2017 年 5 月，浙江万里学院捷克语言文化中心暨浙江万里学院第一届捷克语特色班正式成立，将为在甬企业"订单式培养"捷克语人才，为宁波与捷克双方的交流合作提供项目研究、企业对接以及捷克语应用型人才培养等服务。

在"一带一路"倡议的统领下，老外滩正成为宁波不可替代的、具有较大规模和浓厚氛围的国际时尚交流基地。依托中东欧合作交流平台，2017 年 6 月老外滩成功举办宁波中东欧博览会组委会主题活动——"舌尖上的中东欧"活动。这是连续两年主宾国主体活动在外滩国际化街区举办。目前，老外滩已与中东欧 16 国中的 11 个国家和 4 个西欧国家建立了官方联系，其中在老外滩正式落地的外方派驻机构共有三家，分别是匈牙利贸易署宁波办事处、拉脱维亚投资发展署宁波办事处以及爱尔兰米斯郡商会宁波代表处。按照"政府主导、形成规模、聚集人气、提升功能"原则，老外滩逐步回租街区内符合国际化街区服务、活动、交流的物业产权，积极引入具有国际化交流、展示、签证、活动等功能的机构入住。同时发挥现有匈牙利、拉脱维亚、爱尔兰代表处等机构的作用，积极整合原有的国际人才社区平台、中东欧交流平台，着力打造具有国际交流服务功能的国际化街区。目前，塞尔维亚代表处、各国签证代办中心也已完成选址。

2017 年 11 月宁波中东欧博览与合作事务局成立。作为全国首个由地方政府成立、处理中东欧相关事务的机构，宁波在"16＋1"的对接中，大步先行，再开全国先河。这一机构的成立，将使宁波与中东欧国家合作的职责更加清晰、联系更加紧密、载体更加丰富、工作更加顺畅、范围更加宽广，可以更高效地服务于中东欧博览会、"16＋1"经贸合作示范区创建等重大工作，必将对宁波新一轮扩大开放起到积极的推进作用。

2017 年 9 月，第三届中国—中东欧国家文化合作部长论坛在杭州拉开帷幕，与会各方共同发表了《中国—中东欧国家文化合作杭州宣言》及《中国—中东欧国家 2018～2019 年文化合作计划》。杭州爱乐乐团更是受邀献演论坛的专场音乐会，受到雒树刚部长及各国文化部长的一致好评。就是在这样的背景下，乐团开启了此次"一带一路"中东欧巡演的筹划工作。

2018 年 2 月，温州市委教育工委温州市教育局 2017 年工作总结和 2018 年工作要点中扩大教育国际交流与合作。积极响应"一带一路"倡议，重点推进中东欧合作和捷克"点对点"交流活动，科学统筹教育系统对外交流与合作任务。强化涉外教育管理，规范涉外办学行为。继续推进友好学校交流互访工作，加大力度吸引外国师生来温，提高"点对点"交换生项目覆盖面，积极打造省市两级"千校结好"特色学校品牌项目。

2018 年 5 月 5 日立夏时节，"第 2 届中国—中东欧国家非遗保护专家级论坛"专家顾问团莅临杭州，参加了拱墅区"半山立夏习俗"民俗活动，考察了论坛期间将参访的线路。当天下午，在运河契弗利酒店文化中心召开了"第 2 届中国—中东欧国家非遗保护专家级论坛专家顾问指导会"，非遗专家顾问团就"第 2 届中国—中东欧国家非物质文化遗产保护专家论坛"活动方案，以及前期筹备工作进行了深入细致的论证，提出很多建设性意见与建议。

根据论坛达成的《杭州宣言》及《中国—中东欧国家 2018～2019 年文化合作计划》，第二届中国—中东欧国家非物质文化遗产保护专家级论坛将于 2018 年 9 月 17～22 日在中国杭州举办，论坛以"大匠至心·手创造的文化记忆"为主题，由中华人民共和国文化和旅游部外联局、非遗司、浙江省文化厅主办，由浙江省非物质文化遗产保护中心、杭州市文化广电新闻出版局、中共杭州市拱墅区人民政府、杭州市运河集团承办。

论坛内容包括主题报告、传统工艺的可持续发展、传统工艺与生活方式、传统工艺传承路径、传统工艺与文化认同、"一带一路"上的传统工艺等议题展开学术讨论，会议代表约 150 人，其中外宾约 70 人，主要是中国（港澳地区）、中东欧 16 国文化机构管理者、著名文化学者、代表性传承人与工艺家参加此次论坛，届时将在杭州市拱墅区契弗利酒店围绕议题展开为期 5 天 6 晚的论坛活动，此次活动受到国家文化旅游部和浙江省文化厅的大力支持。

6.5 宁波与中东欧经贸合作机制与政策

在浙江省与中东欧的诸多合作的市域中，宁波与中东欧的合作最为紧密，本书第9章专门以宁波为例，做了宁波与中东欧经贸合作的研究。

中国对中东欧主要以基础设施建设、新能源产业为主要合作领域，逐步扩展至农业、物流商贸、技术研发、机械制造、电子电信、家电、化工等领域。

宁波与中东欧之间的科教、人文、旅游等领域的合作也在不断推进：旅游方面，宁波推出了"百团千人游中东欧"活动，累计组团超过200个；友好城市合作方面，宁波与中东欧16国的20个城市缔结了友好城市关系，成为中国第一个在中东欧各国都有友城的城市；教育合作方面，双方签订教育合作协议30多份，设立了中东欧国家学生专项奖学金，成立了波兰语言文化中心和捷克语言文化中心，宁波外事学校罗马尼亚分校、中罗（德瓦）国际艺术学校等一批项目启动，宁波中东欧国家合作研究院和波兰语言研究中心成立。其中，宁波外事学校罗马尼亚分校是全国中职教育海外建分校的首次尝试。2016年中东欧国家在宁波的留学生人数比上年增加一倍。仅2017年一年，中东欧来甬工作的人数预计是过去20年间的人数总和。

6.5.1 合作机制

建立中东欧与宁波港口经济圈相关城市全面战略合作机制，可以构建"六大平台"为重点：

（1）组建CCTTN城市联盟平台。港口经济圈的20个主圈层城市、中东欧国家20个已与宁波建立友城和合作关系的城市、愿意参加港口经济圈的相关城市和中东欧的其他城市组建了CCTTN城市联盟，秘书处设在宁波，作为一个国际合作组织，推进CCTTN城市的整体合作。在中国（宁波）—中东欧省（州）市长论坛期间，每年召集各相关城市市长召开CCTTN城市联盟会议，共同商议在经贸合作、互联互通、金融创新、人文交流等领域的全面深度合作。

（2）提升投资贸易博览会平台。争取"中国—中东欧国家投资贸易博览会"永久落户宁波，建立由中国与中东欧国家的商务部门共同主办中东欧博览会的联合办会机制，建立港口经济圈的四大类城市贸易展览、投资洽谈的长效工作机制。并争取将中东欧博览会列为国家"一带一路"建设的重点项目。让中东欧更多国家到港口经济圈相关城市设立特色商品常年馆。通过中东欧博览会这个平台，将港口经济圈城市打造成中国与中东欧国家双向投资合作的首选地、中东欧商品进入中国市场的首选地、中国—中东欧国家人文交流的首选地。

（3）搭建市长论坛平台。争取中国（宁波）—中东欧省（州）市长论坛永久落户宁波。建立 CCTTN 城市的市长论坛常态化机制，邀请港口经济圈的 20 个主圈层城市、中东欧国家的 20 个友好城市以及其他相关城市的市长参加中国（宁波）—中东欧省（州）市长论坛，积极开展城市与城市的各项交流合作活动，届时可发布《CCTTN 城市合作纲要》和《CCTTN 城市合作宣言》，港口经济圈相关城市与中东欧国家建立更多的友好城市，进一步促进双方经贸合作、金融合作、互联互通、人文交流等，在产业园区、电商、物流、港口、基础设施、金融、科技、教育、文化、卫生、旅游等各个领域加强合作。

（4）搭建文体赛事平台。争取承办第一届中国—中东欧友好运动会，更好发挥宁波奥体中心和港口经济圈主圈层城市的体育设施功能。争取设立宁波中东欧国家体育夏令营；争取承办高水平的斯坦科维奇杯篮球赛，邀请塞尔维亚、立陶宛、波黑等中东欧国家代表队参加；争取承办男足国家队或国奥队与中东欧国家的热身赛；远期谋划承办世界体操锦标赛。通过文体赛事平台，带动 CCTTN 城市的旅游、文化、教育、人文交流等合作与发展。

（5）组建投资合作基金平台。以宁波为发起方和主要出资人，邀请港口经济圈主圈层城市实质性参与，中东欧友好城市名义性参与，共同组建投资合作基金。该基金有一定规模，主要用于支持港口经济圈主圈层城市与中东欧城市之间的产能转移与产业合作、重大基础设施建设合作、人文交流合作支持、重要技术合作等，并争取成为启动中的中国—中东欧投资合作基金二期主要关联项目。

（6）构建立体化大通道平台。拓展港口经济圈相关城市与中东欧国家海、陆、空和信息的互联互通。力争打通宁波舟山港通往中东欧国家和城市的海运或海铁联运通道，以及更多地参与中东欧国家港口建设。加快打通"甬新欧"铁路线，加快建设甬金铁路，让宁波—义乌成为连接中东欧、融入"海上丝绸之路"的重要支点；并且加强与武汉、重庆、成都、郑州、苏州的合作，争取利用海铁联运"搭车"既有的中欧班列。加快开通港口经济圈相关城市直飞中东欧国家的空中航线。加强与中东欧国家和城市的信息互联互通，建立港口经济圈相关城市与中东欧相关城市的合作基础数据库，包括综合环境信息、招商引资信息、商检信息、旅游信息、大型活动信息等。

6.5.2 合作政策

（1）2015 年，为了加强与中东欧国家的全面合作，建立常态化合作机制，宁波市政府出台了《关于加强与中东欧国家全面合作的若干意见》，鼓励扩大中东欧商品进口规模，加大对中东欧国家投资力度，促进双方旅游，提升人文交流水平，保障全面合作取得实效。

（2）2016 年，《宁波市中东欧经贸合作补助资金管理办法》出台，鼓励扩大双边贸易和双向投资，重点支持中东欧商品经由宁波进入中国市场，支持宁波企业赴中东欧国家投资创业和中东欧产业园区建设。

（3）积极利用外资是宁波市扩大有效投资、深化国际合作的重要途径，也是宁波市打造高水平、高能级对外开放新门户的重要载体，更是争创宁波"一带一路"建设综合试验区和中国—中东欧"16 + 1"经贸合作示范区、推进"名城名都"建设的重要抓手。为贯彻落实《国务院关于扩大对外开放积极利用外资若干措施的通知》（以下简称《通知》）、《国务院关于促进外资增长若干措施的意见》和《浙江省人民政府关于扩大对外开放积极利用外资的实施意见》精神，营造良好营商环境，加快优质外资集聚，充分发挥外资在引资引技引智方面的重要作用，提升开放发展水平。

（4）匈牙利贸易署宁波办事处、拉脱维亚投资发展署宁波办事处以及爱尔兰米斯郡商会宁波代表处，这三家外方派驻机构目前落户老外滩。"我们将以中东欧国家为重点，争取引进 20 家以上的'一带一路'国际交流机构。"老外滩管委会相关负责人表示，为更好引入国际交流平台，正在制订《国际交流平台入驻扶持政策》。

（5）2017 年 9 月 21 日，《宁波"一带一路"建设综合试验区总体方案》正式发布。之前，浙江省人民政府批准并公布了《浙江省政府关于设立宁波"一带一路"建设综合试验区的批复》，要求宁波以港口互联互通、投资贸易便利化、产业科技合作、金融保险服务、人文交流为重点，积极打造"一带一路"港航物流中心、投资贸易便利化先行区、产业科技合作引领区、金融保险服务示范区、人文交流门户区，勇当"一带一路"建设排头兵，努力建成"一带一路"枢纽城市。

第 7 章

浙江与中东欧进出口贸易研究

7.1 浙江与中东欧经贸合作机会分析

目前，浙江与中东欧国家合作还存在一些问题。主要问题体现在：一是贸易不平衡问题突出，长期贸易不平衡将成为双边贸易问题；二是双边经济合作潜力尚未充分挖掘，浙江对中东欧国家在汽车、生物与化工、制药、食品加工等领域产业合作有待进一步挖掘。

第一，双边贸易新机会涌现。目前，浙江物美价廉的日用消费品深受中东欧当地消费者喜爱，2014 年中东欧国家进口浙江的食品饮料、烟草、运输设备、家具、玩具出现较快增长。近年来，中东欧国家特色产品对浙江出口实现较大幅度的增长，进一步推动了双方加强各自优势产业领域的贸易合作。

第二，农业领域合作机会多。农业是浙江同中东欧国家合作的一个新增长点，重点在农产品科研、畜牧业育种、养殖、加工等领域的互利合作。如罗马尼亚具备发展传统及生态农业的优势自然条件，是欧洲最具发展绿色环保农业潜力的国家之一；波兰农产品以其具有竞争力的价格和良好的品质，约 3/4 的农产品及食品销往欧盟。

第三，电子商务发展机会显现，波兰为中东欧最具潜力的电商市场，波兰消费者互联网用户越来越多，对网购的信任度越来越高，62% 的网络用户会通过网络搜索商品或购买商品。波兰电商市场总的消费者从境外网站购物，捷克消费者热爱跨境购物，2015 年捷克人的在线采购额与 2014 年相比在迅速增长。此外，中东欧国家商品品类丰富，其中食品、化妆品、日用品、母婴用品深受跨境电商的喜爱。

第四，中东欧旅游产业将迎来快速发展期。中东欧国家在民族文化、历史风情和生态环境方面都独具吸引力，旅游业将成为浙江与中东欧国家合作的新增长点。比如，波兰的肖邦钢琴曲、罗马尼亚的"满地的葡萄酒"、斯洛伐克数不胜数的城堡……地处"欧洲之心"，捷克交通便利，首都布拉格留存众多的巴洛克时代的建筑，被称为"城市之母""百塔之城"；克罗地亚近年来大力发展旅游业，逐渐成为旅游投资的新目的地。

第五，中东欧国家纺织服装产业需求特色明显。波兰目前的市场潮流偏爱天然织物和自然色，尤其喜好印染织物。欧盟是波兰最重要的纺织品和服装贸易伙伴，波兰对布料纺织品市场需求巨大，家具装饰织物和布料市场也蕴含大量商机。捷克纺织服装消费市场基本上以中档为主、高档为辅、低档为补，以化纤和全棉面料的服装为主，占市场份额的80%左右。值得关注的是，捷克大多数消费者对互联网零售渠道仍持谨慎态度。

第六，中东欧国家电子信息产业发展空间大。波兰音像产品（除电视机外）市场均为国外进口品牌电脑设备生产大部分以中小企业组装为主，办公设备依赖进口。外资进入斯洛伐克电子工业的增速明显上升，车载通信设备和车载娱乐设备等汽车相关电子产品有较大空间。

第七，电力设备市场发展机会多。中东欧国家目前电力基础设施薄弱，技术落后，急需从海外进口高新电力设备以替换现有老化、低效的设备，对国家电网进行必要的升级和扩建，以确保国家能源安全。

第八，生物化工与制药领域发展机会多。部分中东欧国家在生物技术方面研发实力突出，特别是在污水处理技术方面，技术已经相对成熟。匈牙利等部分国家制药业发达。浙江制药企业可以通过在中东欧国家设立药品研发中心等方式，将对方先进的制药经验加以吸收利用。

7.2　浙江与中东欧进出口贸易现状分析

7.2.1　进出口贸易数量分析

近年来，中国与中东欧各国的经贸合作逐步增长。据统计，在我国各省份出口到中东欧国家对 GDP 增长贡献程度大于1%的只有浙江省，约为1.25%。2015年，中国—中东欧国家联合发布了《中国—中东欧国家合作中期规划》，描绘了未来5年合作发展蓝图。在此基础上，浙江省利用我国"一带一路"倡议，与中东欧各国开启了新一轮贸易合作。浙江企业在中东欧国家累计完成投资约超过1

亿美元。其中作为"一带一路"海洋经济起点的宁波,在中东欧国家累计投资设立企业超过40家,核准中方投资额达到1.9亿美元。据海关统计,浙江对中东欧16国的出口第一数量由2009年的3143262404美元增长到2016年的4512163887美元,8年间增长了43.55%,平均年增长幅度为5.44%。进口第一数量由2009年的164601522美元增长到2016年的247696938美元,8年间增长了50.48%,平均年增长幅度为6.3%。由图7-1可以看出,浙江与中东欧的进出口数量增速明显。在"一带一路"倡议框架之下,浙江省对中东欧各国的经贸投资进入了新的阶段。

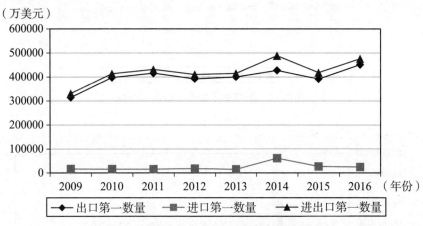

图7-1 浙江省与中东欧16国进出口数量分布

7.2.2 进出口贸易金额分析

1. 出口金额分析

为了简单直观,本部分内容选取了2009年、2012年和2016年的出口贸易金额。从图7-2可知,浙江与波兰出口贸易最为凸显,其次为罗马尼亚、斯洛文尼亚、匈牙利,而且,出口金额逐年递增。浙江与北马其顿和波黑的出口贸易很少。浙江应积极拓展新的出口贸易国。

2. 进口金额分析

本部分选取了2009年、2012年和2016年的进口贸易金额。由图7-3可知,浙江与波兰的进口最为密切,其次为罗马尼亚、捷克、匈牙利和保加利亚。浙江与主要国家进口贸易基本在2012年呈现高峰。浙江与北马其顿和黑山的进口贸易最少。浙江应积极拓展新的进口贸易国。

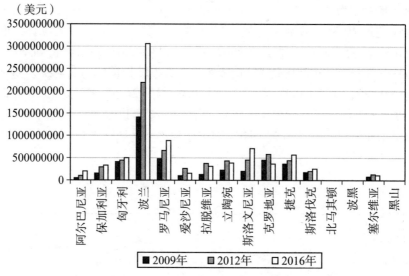

图7-2　浙江与中东欧出口贸易金额

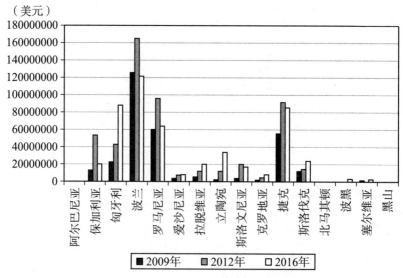

图7-3　浙江与中东欧进口贸易金额

3. 进出口金额分析

从图7-4可以看出，浙江与波兰、匈牙利、罗马尼亚和捷克的进出口额度总体呈现上升趋势。其中浙江与波兰的进出口贸易最为密切，2009~2016年的浙江与波兰的贸易额呈急剧上升态势。2009年受金融危机影响，总体偏低，2014年以来，伴随我国经济新常态的进程进口额度和出口额度均有所回落。

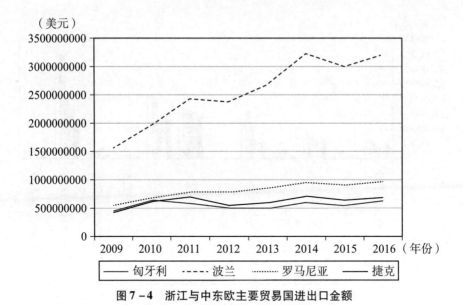

图 7 - 4　浙江与中东欧主要贸易国进出口金额

7.2.3　出口行业分析

1. 浙江与阿尔巴尼亚出口行业分析

由图 7 - 5 可以看出，浙江与阿尔巴尼亚的主要出口行业体现在电气机械和器材制造业、通用设备制造业、金属制品业。由此，浙江需要与阿尔巴尼亚可以在基础设施等方面继续加强合作。另外，需细致挖掘中国与阿尔巴尼亚彼此的进口需求。浙江出口货物与阿尔巴尼亚进口货物结构互补程度较低，浙江具有竞争优势的劳动密集型产品（鞋帽等杂项制品）、技术密集型产品（机器设备及零件等）并未形成阿尔巴尼亚的主要进口商品。因此，既要维持现有货物的贸易往来，还要细致挖掘双方的贸易需求。

2. 浙江与保加利亚出口行业分析

由图 7 - 6 可以看出，浙江与保加利亚的出口行业主要体现在通用设备制造业和电气机械和器材制造业。近几年，保加利亚从浙江进口的机械设备、高精端仪器等技术密集型产品有所增加。需要更多挖掘浙江与保加利亚的贸易合作。浙江与保加利亚的贸易互补程度相对较高，尤其是鞋帽、木制品、杂项制品等劳动密集型产品的互补程度最高，这主要是保加利亚的人口老龄化、劳动力匮乏，这些产品只能较多地依赖进口。农业是保加利亚政府确定的重点发展产业之一，保加利亚十分欢迎浙江企业进入其农业领域发展。保加利亚希望以"一带一路"为契机，促进葡萄酒、玫瑰油、奶制品、蜂蜜、饲料、油料作物和肉类等农产品进入浙江市场，并与中国企业广泛合作。

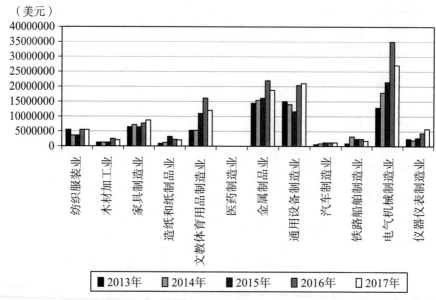

图 7 - 5　浙江与阿尔巴尼亚出口行业金额

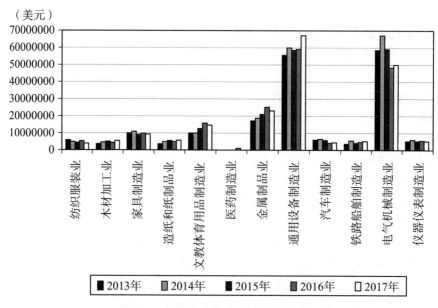

图 7 - 6　浙江与保加利亚出口行业金额

3. 浙江与匈牙利出口行业分析

由图 7 - 7 可以看出，浙江与匈牙利出口行业主要体现在电气机械和器材制造业。2017 年，中匈双边贸易额首次突破 100 亿美元大关，达 101.4 亿美元，同比增长14.1%。而电机、电气设备及零部件，锅炉、机械器具及零部件，车辆及零部件，光学、照相、医疗设备及零部件四大类货物在浙江与匈牙利双边贸易额中的占比最大。

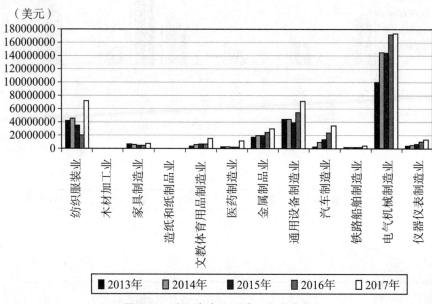

图7-7 浙江与匈牙利出口行业金额

4. 浙江与波兰出口行业分析

由图7-8可以看出，浙江与波兰的出口行业主要体现在电气机械和器材制造业和通用设备制造业。作为欧洲大陆上经济增长最快的国家，波兰曾经取得了举世瞩目的发展成就。然而伴随着经济增长，波兰老化的基础设施，特别是铁路网线，严重制约了波兰的进一步发展。而中国目前在铁路方面走在世界前列，并以高性价比和短工期备受世界各地青睐。对于波兰而言，尽快落实公路、铁路升级更新方案，提高物流运输品质是其当务之急。波兰对外贸易额有所提升，波兰对浙江的进口依赖加重，发展势头良好。浙江出口货物与波兰进口货物结构互补程度较高，浙江具有竞争优势的鞋帽、机械器具等货物并未形成波兰的主要进口来源。因此，既要维持现有货物的贸易往来，还要细致挖掘波兰的进口需求。

5. 浙江与罗马尼亚出口行业分析

由图7-9可以看出，浙江与罗马尼亚的出口行业主要体现通用设备制造业与电气机械和器材制造业。作为新兴国家，罗马尼亚的经济虽然发展迅速，但经济实力仍然不强。金融危机与欧债危机的爆发，对罗马尼亚的经济产生一定影响。根据近些年罗马尼亚的进出口情况，可以发现"一带一路"倡议促进其对中

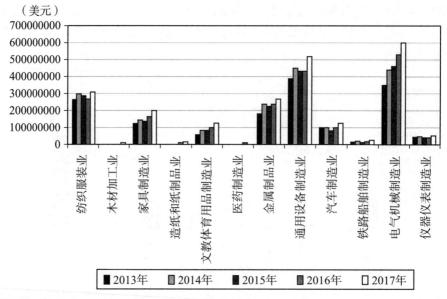

图 7-8 浙江与波兰出口行业金额

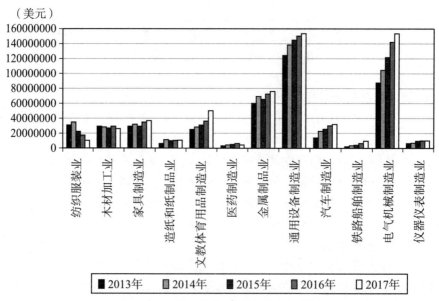

图 7-9 浙江与罗马尼亚出口行业金额

国产品的需求。对于浙江而言，应提升产品竞争力以满足罗马尼亚的进口需求。随着罗马尼亚的经济快速发展，其对外贸易额也快速提升，而浙江产品在其市场的占有率与竞争力仍较低。由于受制于其产品规格、技术水平、价格或经贸往来惯性等因素，罗马尼亚将大部分资源倾向于附近的欧盟国家，浙江应适当提升产品竞争力，更好满足罗马尼亚的进口需求，加大开拓这个新兴市场。

6. 浙江与爱沙尼亚出口行业分析

由图 7-10 可以看出，浙江与爱沙尼亚的出口行业主要集中在通用设备制造业与电气机械和器材制造业。浙江和爱沙尼亚双方可在"一带一路"倡议下，加强战略对接和政策协调，进一步深化在数字经济、基础设施、信息技术、交通物流等领域合作。双方可通过优势互补，开展互利合作。双方企业应加强市场调研、品牌建设、本土化等具体事项，充分发挥自身优势，找准合作切入点，实现互利共赢。相关企业可以关注精密仪器与食品、饮料两类货物，这既是浙江与爱沙尼亚贸易相似性较高，又是爱沙尼亚的主要进口货物。

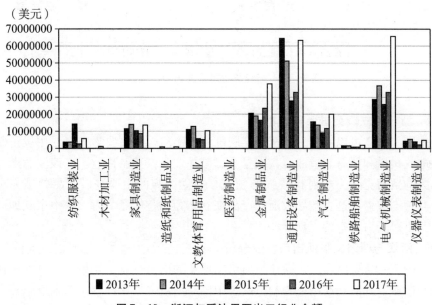

图 7-10　浙江与爱沙尼亚出口行业金额

7. 浙江与拉脱维亚出口行业分析

由图 7-11 可以看出，浙江与拉脱维亚的出口行业主要集中在通用设备制造业与电气机械和器材制造业。拉脱维亚生态良好，出产大量的浆果、野草莓、蓝莓、牛肝菌、鸡油菌和高品质的乳制品、肉类产品及蜂蜜。2015 年以来，拉脱维亚 12 家乳制品企业和 33 家水产品企业先后获得中国认监委注册，一些牛羊肉和蜂蜜企业也在积极申请进入中国市场。在第二届中国—中东欧国家博览会、第五届中国义乌进口商品博览会和首届"拉脱维亚北京商品购物节"上，拉脱维亚的优质食品得到中国消费者喜爱。

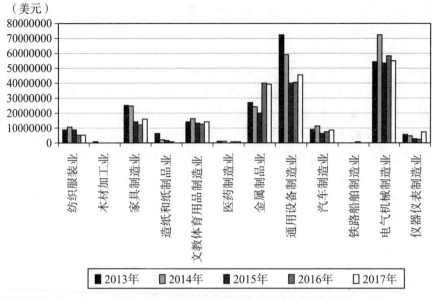

图 7 - 11　浙江与拉脱维亚出口行业金额

8. 浙江与立陶宛进出口分析

由图 7 - 12 可以看出，浙江与拉脱维亚的出口行业主要集中在通用设备制造业与电气机械和器材制造业，其次是金属制品业和汽车制造业。应该注意浙江在立陶宛的贸易竞争力相对比较强的领域，与立陶宛的主要进口商品领域完全错位、互相不覆盖。这直接导致浙江产品在立陶宛的整体竞争力，在中东欧地区最低，其中市场占有率的表现最弱。

9. 浙江与斯洛文尼亚出口行业分析

由图 7 - 13 可以看出，浙江与斯洛文尼亚的出口行业主要集中在电气机械和器材制造业，其次是通用设备制造业。中国与斯洛文尼亚可以在基础设施等方面继续加强合作交流。近几年斯洛文尼亚从浙江进口的机械设备、高精尖仪器等技术密集型产品有所增加，浙江方面应当加大此类产品的推广，增强本国的核心竞争力。另外，浙江与斯洛文尼亚的贸易互补程度相对较高，尤其是动物油脂产品的互补程度最高，究其原因主要是斯洛文尼亚的人口老龄化、劳动力匮乏，这些产品只能较多地依赖进口。

10. 浙江与克罗地亚出口行业分析

由图 7 - 14 可以看出，浙江与克罗地亚的出口行业主要集中在电气机械和器材制造业，其次是纺织服装、服饰业和通用设备制造业。浙江货物在克罗地亚有一定的显示性优势，精密仪器等技术密集型产品与克罗地亚商品的互补程度最高。近几年克罗地亚从中国进口的机械设备、高精端仪器等技术密集型产品有所增加，另外矿产品与动植物油脂及其分解物类商品，虽然相似性较高却未形成比较优势，值得关注。

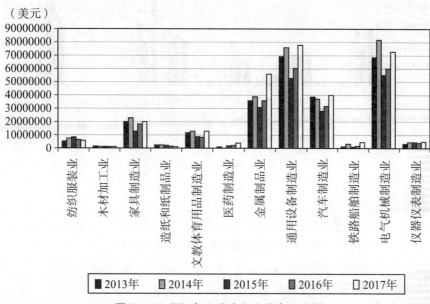

图 7 - 12　浙江与立陶宛行业进出口金额

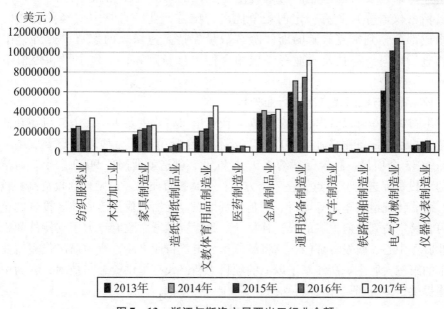

图 7 - 13　浙江与斯洛文尼亚出口行业金额

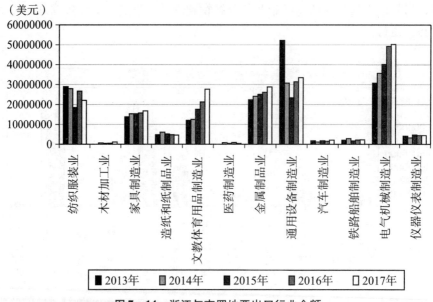

图 7 – 14　浙江与克罗地亚出口行业金额

11. 浙江与捷克出口行业分析

由图 7 – 15 可以看出，浙江与捷克出口行业主要集中在电气机械和器材制造业与通用设备制造业。可以看出，浙江的部分技术密集型产品（机械设备、精密仪器等）具有一定的竞争优势。旅游产业一直是中捷经贸合作的重要组成部分，到捷克旅游的浙江游客数量保持高速增长的态势。此外，中捷在核电、航空、科技及农业等领域的合作也日新月异，合作水平和规模不断提升。

12. 浙江与斯洛伐克出口行业分析

由图 7 – 16 可以看出，浙江与斯洛伐克出口行业主要集中在电气机械和器材制造业与通用设备制造业。2017 年斯洛伐克在吸引外资方面取得显著成果。全年新增 33 个项目，总投资额约 4.92 亿欧元，创造就业岗位 9000 余个。斯洛伐克的《投资促进法》重点关注三个方面：一是投资质量。鼓励外商投资高科技研发，而非传统组装车间等项目。二是投资地点。在斯洛伐克落后地区投资的企业将更容易申请到政府提供的投资补贴。三是投资领域。政府致力于支持外商投资企业服务中心、研发等部门，这将继汽车、电气行业之后，成为斯洛伐克就业市场上的第三大雇主。浙江基于以上的项目为斯洛伐克提供资金与技术，将为中斯合作提供更多机遇。

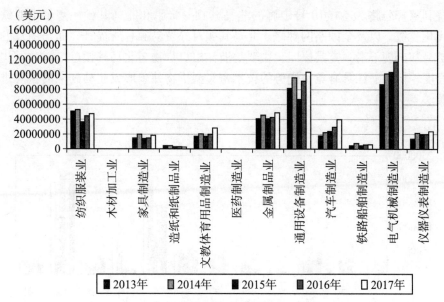

图 7 - 15　浙江与捷克出口行业金额

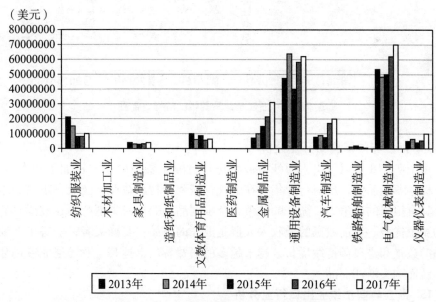

图 7 - 16　浙江与斯洛伐克出口行业金额

13. 浙江与北马其顿出口行业分析

由图 7 - 17 可以看出，浙江与北马其顿出口行业主要集中在电气机械和器材制造业与通用设备制造业。北马其顿正准备建设一些基础设施投资项目，重点包括泛欧 8 号走廊铁路，特别是基切沃至阿尔巴尼亚段（耗资 5 亿欧元），韦莱斯至普利莱普公路。还有 10 号走廊的北马其顿—希腊和北马其顿—塞尔维亚铁路现代化改造，以及全国路网翻修。北马其顿对外贸易额有所提升，而与浙江的双边贸易却出现下滑。究其原因，主要是浙江出口货物与北马其顿进口货物结构互补程度较低，浙江具有竞争优势的技术密集型货物并未形成北马其顿的主要进口来源。

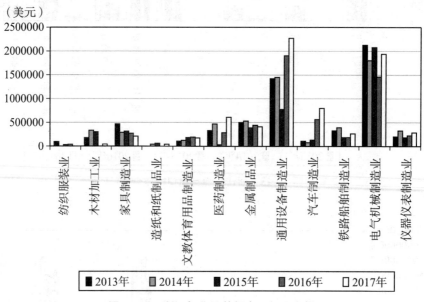

图 7 - 17　浙江与北马其顿出口行业金额

14. 浙江与波黑出口行业分析

由图 7 - 18 可以看出，浙江与波黑进口行业主要集中在木材加工和木、竹、藤、棕、草制品业，出口行业集中在电气机械和器材制造业。波黑在木材和木制品上具有很强的竞争力。浙江的鞋帽、杂项制品等劳动密集型产品在波黑具有很强的竞争优势。目前波黑的低收入人群是浙江的商品主要购买者，随着来自浙江商品的数量和进口额持续增长，越来越多的消费者从土耳其、罗马尼亚或匈牙利商品转而购买浙江商品。

15. 浙江与塞尔维亚出口行业分析

由图 7 - 19 可以看出，浙江与塞尔维亚出口行业主要集中在通用设备制造业与电气机械和器材制造业。对于浙江而言，应加大开拓塞尔维亚市场的力度，提高产品的竞争力。随着塞尔维亚经济的改善，其对外贸易需求也在逐步提高，而浙江产品的竞争力及互补性仍较低，此外，塞尔维亚目前的经济状况与浙江所能提供的产品定位也不相符合，双方应加强沟通，以此来实现贸易增长。

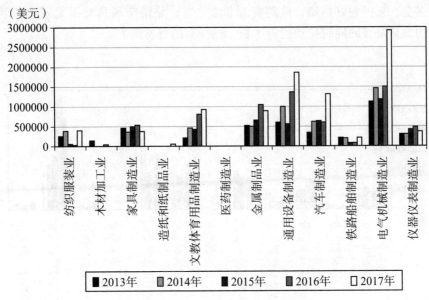

图 7 - 18　浙江与波黑出口行业金额

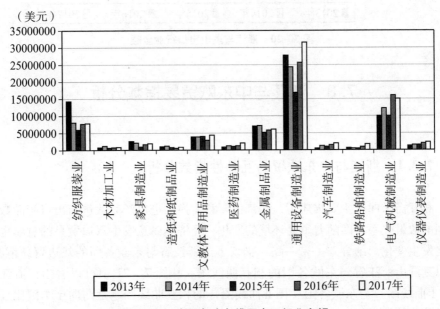

图 7 - 19　浙江与塞尔维亚出口行业金额

16. 浙江与黑山出口行业分析

由图 7 - 20 可以看出，浙江与黑山出口行业主要集中在电气机械和器材制造业、通用设备制造业和金属制品业。体现了浙江的行业竞争力。另外，黑山自然地貌多变，人民友好热情，旅游资源非常丰富，旅游市场具有很大潜力。因此，在货物贸易发展的同时拉动投资增长，挖掘新的贸易潜力。

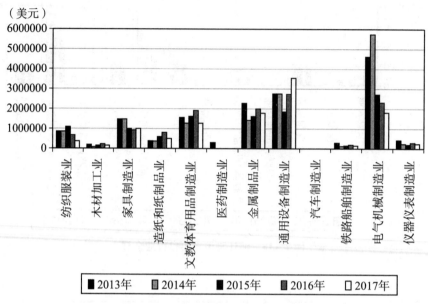

图 7 – 20　浙江与黑山出口行业金额

7.3　浙江与中东欧贸易指数分析

7.3.1　浙江与中东欧贸易互补性指数分析

相互需求曲线主要描述了某经济体愿意交换的进口产品数量与出口产品数量之间的数量关系，即随着贸易环境的变化，经济体愿意发生双边贸易的意愿也在随之发生变化。结合"一带一路"倡议下的浙江省与东欧各国的双边贸易情况，可以刻画出浙江省与东欧各国的相互曲线图。从图 7 – 21 中可以看出，浙江省（国 I 曲线图）与东欧各国（国 II 曲线图）的相互曲线图越是凸向于本国比较优势产品，其相对价格对于本国来讲就越是有利，即本国可以交换到更多的其他产品。当需求曲线越凸向于优势产品，曲线的斜率就会变得越来越大，从而双边贸易的需求越是互补，双边贸易量就越大。毕燕茹（2010）论证了双边贸易互补性越强，则双边贸易经济体的进出口需求弹性就越大；朱晶等（2006）则证明了两经济体的贸易互补性指数越大，则双边贸易的强度就越大，越有利双边贸易的开展。

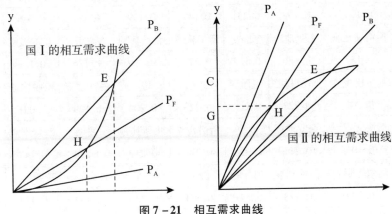

图7-21　相互需求曲线

资源要素禀赋的差异化是双边贸易开展的基础，技术的发展、经济规模等方面的差异都会使贸易双方产生贸易互补性。通常以双边经济体的出口贸易商品的吻合度来测量双边经济的贸易互补性强弱程度，即若一个经济体的出口商品正好是另一经济体所需的商品，则这两个经济体的贸易互补性就越大。分析贸易互补性比较优势的指标有很多，主要的有显性比较优势指数（RCA）、国际市场占有率（MS）、显性比较竞争力指数（RC）等。本书主要运用RC来比较浙江省与中东欧各国的贸易互补性，具体计算公式如下：

$$RC_{ij} = \left(\frac{X_{\alpha\beta}/X_{r\beta}}{W_\alpha/W_t} \right) \times \left(\frac{Y_{\alpha\gamma}/X_{r\gamma}}{W_\alpha/W_t} \right) \times \frac{W_\alpha}{W_t} \qquad (7.1)$$

其中 $X_{\alpha\beta}$ 表示 β 经济体的 α 产品出口总额；$Y_{\alpha\gamma}$ 表示 γ 经济体的 α 产品进口总额；W_α 相应地代表世界的产品总量；W_t 代表世界上货物的总出口额度。

依据国际贸易商品分类（SITC）1位数分类，本书分别计算出来2010～2016年的浙江省与中东欧各国的初级产品（第0～5类）和工业制成品（第6～8类）的贸易互补性指数，如表7-1和表7-2所示。

表7-1　　　　　浙江省与中东欧16国间的初级产品贸易互补性指数

	阿尔巴尼亚	保加利亚	匈牙利	波兰	罗马尼亚	爱沙尼亚	拉脱维亚	立陶宛
2012年	0.169	0.125	0.174	0.162	0.156	0.165	0.067	0.092
	斯洛文尼亚	克罗地亚	捷克	斯洛伐克	北马其顿	波黑	塞尔维亚	黑山
	0.154	0.130	0.094	0.119	0.110	0.182	0.095	0.143

续表

2013 年	阿尔巴尼亚	保加利亚	匈牙利	波兰	罗马尼亚	爱沙尼亚	拉脱维亚	立陶宛
	0.194	0.193	0.231	0.141	0.159	0.177	0.086	0.117
	斯洛文尼亚	克罗地亚	捷克	斯洛伐克	北马其顿	波黑	塞尔维亚	黑山
	0.157	0.126	0.152	0.223	0.179	0.126	0.158	0.147
2014 年	阿尔巴尼亚	保加利亚	匈牙利	波兰	罗马尼亚	爱沙尼亚	拉脱维亚	立陶宛
	0.201	0.227	0.259	0.223	0.204	0.129	0.091	0.157
	斯洛文尼亚	克罗地亚	捷克	斯洛伐克	北马其顿	波黑	塞尔维亚	黑山
	0.106	0.211	0.228	0.220	0.210	0.224	0.147	0.183
2015 年	阿尔巴尼亚	保加利亚	匈牙利	波兰	罗马尼亚	爱沙尼亚	拉脱维亚	立陶宛
	0.209	0.278	0.241	0.371	0.223	0.141	0.117	0.163
	斯洛文尼亚	克罗地亚	捷克	斯洛伐克	北马其顿	波黑	塞尔维亚	黑山
	0.186	0.249	0.294	0.305	0.246	0.207	0.236	0.206
2016 年	阿尔巴尼亚	保加利亚	匈牙利	波兰	罗马尼亚	爱沙尼亚	拉脱维亚	立陶宛
	0.227	0.260	0.270	0.229	0.284	0.213	0.253	0.200
	斯洛文尼亚	克罗地亚	捷克	斯洛伐克	北马其顿	波黑	塞尔维亚	黑山
	0.217	0.228	0.331	0.287	0.212	0.211	0.227	0.260

资料来源：笔者根据《世界贸易组织数据库》计算整理。

表 7 - 2　　　　浙江与中东欧 16 国间的工业制成品贸易互补性指数

2012 年	阿尔巴尼亚	保加利亚	匈牙利	波兰	罗马尼亚	爱沙尼亚	拉脱维亚	立陶宛
	0.030	0.038	0.065	0.068	0.100	0.026	0.047	0.055
	斯洛文尼亚	克罗地亚	捷克	斯洛伐克	北马其顿	波黑	塞尔维亚	黑山
	0.042	0.097	0.027	0.052	0.063	0.068	0.052	0.055
2013 年	阿尔巴尼亚	保加利亚	匈牙利	波兰	罗马尼亚	爱沙尼亚	拉脱维亚	立陶宛
	0.071	0.079	0.165	0.118	0.057	0.047	0.076	0.085
	斯洛文尼亚	克罗地亚	捷克	斯洛伐克	北马其顿	波黑	塞尔维亚	黑山
	0.056	0.100	0.156	0.124	0.070	0.100	0.182	0.108
2014 年	阿尔巴尼亚	保加利亚	匈牙利	波兰	罗马尼亚	爱沙尼亚	拉脱维亚	立陶宛
	0.129	0.093	0.173	0.157	0.136	0.093	0.138	0.102
	斯洛文尼亚	克罗地亚	捷克	斯洛伐克	北马其顿	波黑	塞尔维亚	黑山
	0.082	0.088	0.156	0.196	0.157	0.098	0.174	0.059

续表

2015 年	阿尔巴尼亚	保加利亚	匈牙利	波兰	罗马尼亚	爱沙尼亚	拉脱维亚	立陶宛
	0.138	0.137	0.176	0.287	0.181	0.159	0.199	0.118
	斯洛文尼亚	克罗地亚	捷克	斯洛伐克	北马其顿	波黑	塞尔维亚	黑山
	0.085	0.172	0.159	0.156	0.287	0.128	0.122	0.126
2016 年	阿尔巴尼亚	保加利亚	匈牙利	波兰	罗马尼亚	爱沙尼亚	拉脱维亚	立陶宛
	0.132	0.291	0.178	0.172	0.119	0.148	0.188	0.203
	斯洛文尼亚	克罗地亚	捷克	斯洛伐克	北马其顿	波黑	塞尔维亚	黑山
	0.130	0.213	0.138	0.176	0.149	0.147	0.158	0.140

资料来源：笔者根据《世界贸易组织数据库》计算整理。

为了简化结果分析，对表 7 - 1 和表 7 - 2 进行了加权平均，得出表 7 - 3 和表 7 - 4。

表 7 - 3　　浙江与中东欧 16 国间的初级产品加权平均贸易互补性指数

阿尔巴尼亚	保加利亚	匈牙利	波兰	罗马尼亚	爱沙尼亚	拉脱维亚	立陶宛
0.2	0.2166	0.235	0.2252	0.2052	0.165	0.1228	0.1458
斯洛文尼亚	克罗地亚	捷克	斯洛伐克	北马其顿	波黑	塞尔维亚	黑山
0.164	0.1888	0.2198	0.2308	0.1914	0.19	0.1726	0.1878

表 7 - 4　　浙江省与中东欧 16 国间的工业制成品加权平均贸易互补性指数

阿尔巴尼亚	保加利亚	匈牙利	波兰	罗马尼亚	爱沙尼亚	拉脱维亚	立陶宛
0.1	0.1276	0.1514	0.1604	0.1186	0.0946	0.1296	0.1126
斯洛伐克	克罗地亚	捷克	斯洛文尼亚	北马其顿	波黑	塞尔维亚	黑山
0.1408	0.134	0.1272	0.079	0.1452	0.1082	0.1376	0.0976

从表 7 - 1~表 7 - 4 和图 7 - 22、图 7 - 23 可以看出，2012～2016 年浙江省与中东欧各国的贸易互补性指数较高，普遍高于 0.1，且初级产品贸易互补性指数明显高于工业成品贸易互补性指数，反映了浙江省在初级产品贸易上的优势。贸易互补性指数的变化反映了浙江省经济转型的推进变化，在 2013 年之前，浙江省与中东欧国家之间的互补较强的产品主要集中在轻工业行列，随着"一带一路"的推进，浙江省与中东欧国家在机械、运输设备等工业品上的互补性指数逐

年增大。同时，从数据计算结果可以看出，浙江省与中东欧国家的贸易互补性指数差异较大，但随着时间的推移，互补性指数差异逐渐减少，特别是2013年，我国提出"一带一路"倡议后，浙江省作为我国海上丝绸之路战略的重要节点区域，其与中东欧16国的外贸互补性指数明显上升。

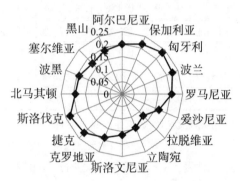

图7-22　初级产品加权平均贸易互补性指数

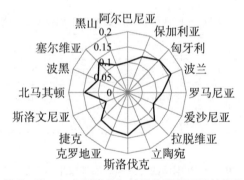

图7-23　工业制成品加权平均贸易互补性指数

7.3.2　浙江与中东欧贸易竞争力指数分析

贸易竞争力指数，即TC（trade competitiveness）指数，是对国际竞争力分析时比较常用的测度指标之一，它表示一国进出口贸易的差额占进出口贸易总额的比重，具体公式如下：

$$TC指数 = (出口额 - 进口额)/(出口额 + 进口额) \tag{7.2}$$

利用上述公式和浙江与中东欧进出口贸易金额进行了贸易竞争力指数的计算（见表7-5）。

表 7-5　　　　　　　　　　浙江与中东欧贸易竞争力指数

	阿尔巴尼亚	保加利亚	匈牙利	波兰	罗马尼亚	爱沙尼亚	拉脱维亚	立陶宛
2009 年	0.995	0.839	0.892	0.837	0.779	0.928	0.913	0.971
	斯洛文尼亚	克罗地亚	捷克	斯洛伐克	北马其顿	波黑	塞尔维亚	黑山
	0.959	0.987	0.737	0.879	0.819	0.934	0.956	1.000
	阿尔巴尼亚	保加利亚	匈牙利	波兰	罗马尼亚	爱沙尼亚	拉脱维亚	立陶宛
2010 年	0.994	0.690	0.868	0.814	0.721	0.901	0.923	0.965
	斯洛文尼亚	克罗地亚	捷克	斯洛伐克	北马其顿	波黑	塞尔维亚	黑山
	0.922	0.992	0.728	0.907	0.903	0.909	0.941	1.000
	阿尔巴尼亚	保加利亚	匈牙利	波兰	罗马尼亚	爱沙尼亚	拉脱维亚	立陶宛
2011 年	0.954	0.760	0.780	0.844	0.744	0.945	0.915	0.958
	斯洛文尼亚	克罗地亚	捷克	斯洛伐克	北马其顿	波黑	塞尔维亚	黑山
	0.900	0.969	0.698	0.912	0.233	0.923	0.978	0.994
	阿尔巴尼亚	保加利亚	匈牙利	波兰	罗马尼亚	爱沙尼亚	拉脱维亚	立陶宛
2012 年	0.982	0.708	0.826	0.859	0.753	0.942	0.934	0.940
	斯洛文尼亚	克罗地亚	捷克	斯洛伐克	北马其顿	波黑	塞尔维亚	黑山
	0.914	0.981	0.665	0.873	0.736	0.661	0.986	0.982
	阿尔巴尼亚	保加利亚	匈牙利	波兰	罗马尼亚	爱沙尼亚	拉脱维亚	立陶宛
2013 年	0.956	0.778	0.832	0.876	0.769	0.888	0.900	0.932
	斯洛文尼亚	克罗地亚	捷克	斯洛伐克	北马其顿	波黑	塞尔维亚	黑山
	0.928	0.968	0.700	0.880	0.734	0.483	0.974	0.989
	阿尔巴尼亚	保加利亚	匈牙利	波兰	罗马尼亚	爱沙尼亚	拉脱维亚	立陶宛
2014 年	0.977	0.664	0.763	0.862	0.755	0.833	0.890	0.966
	斯洛文尼亚	克罗地亚	捷克	斯洛伐克	北马其顿	波黑	塞尔维亚	黑山
	0.924	0.965	0.738	0.860	0.984	0.398	0.939	0.988
	阿尔巴尼亚	保加利亚	匈牙利	波兰	罗马尼亚	爱沙尼亚	拉脱维亚	立陶宛
2015 年	0.987	0.840	0.745	0.921	0.847	0.884	0.883	0.896
	斯洛文尼亚	克罗地亚	捷克	斯洛伐克	北马其顿	波黑	塞尔维亚	黑山
	0.948	0.959	0.714	0.854	0.189	0.401	0.910	0.966
	阿尔巴尼亚	保加利亚	匈牙利	波兰	罗马尼亚	爱沙尼亚	拉脱维亚	立陶宛
2016 年	0.995	0.884	0.713	0.923	0.864	0.905	0.874	0.837
	斯洛文尼亚	克罗地亚	捷克	斯洛伐克	北马其顿	波黑	塞尔维亚	黑山
	0.953	0.955	0.743	0.833	0.948	0.511	0.947	0.956

资料来源：笔者根据《世界贸易组织数据库》计算整理。

　　为了简化结果分析，对表7-5进行了加权平均，得出表7-6和图7-24。

表7-6　　　　　　　　　浙江与中东欧贸易加权平均竞争力指数

阿尔巴尼亚	保加利亚	匈牙利	波兰	罗马尼亚	爱沙尼亚	拉脱维亚	立陶宛
0.980	0.770	0.802	0.867	0.779	0.903	0.904	0.933

斯洛文尼亚	克罗地亚	捷克	斯洛伐克	北马其顿	波黑	塞尔维亚	黑山
0.931	0.972	0.715	0.875	0.693	0.653	0.954	0.984

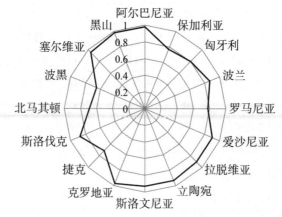

图7-24　浙江与中东欧贸易加权平均竞争力指数

　　贸易竞争力指数作为一个与贸易总额的相对值，剔除了经济膨胀、通货膨胀等宏观因素方面波动的影响，即无论进出口的绝对量是多少，该指标均在-1和1之间。其值越接近于0表示竞争力越接近于平均水平；该指数为-1时表示该产业只进口不出口，越接近于-1表示竞争力越薄弱；该指数为1时表示该产业只出口不进口，越接近于1则表示竞争力越大。从表7-5、表7-6和图7-24可以看出，浙江与中东欧16国进出口贸易均接近于1，表明浙江的竞争优势较为明显。

7.3.3　浙江与中东欧贸易依存度分析

　　对外贸易依存度是指一国进出口总额与其国内生产总值或国民生产总值之比，又叫对外贸易系数，或（进口）出口依存度。一国对国际贸易的依赖程度，一般可用对外贸易依存度来表示，体现该国经济增长对进出口贸易的依附程度，也是衡量一国贸易一体化的主要指标。比重的变化意味着对外贸易在国民经济中所处地位的变化。

对外贸易依存度是衡量一国国民经济对对外贸易依赖程度的重要指标。为了准确地表示一国经济增长对外贸依赖程度，人们又将对外贸易依存度分为进口依存度和出口依存度。进口依存度反映一国市场对外的开放程度，出口依存度则反映一国经济对外贸的依赖程度。一般来说，对外贸易依存度越高，表明该国经济发展对外贸的依赖程度越大，同时也表明对外贸易在该国国民经济中的地位越重要。

根据浙江和中东欧进出口金额和 GDP 数据，计算整理了浙江与中东欧的贸易依存关系（见表 7 - 7）。从浙江对中东欧的贸易依存关系看，"浙江与中东欧进出口总额/浙江进出口总额"逐年上升，表明双方贸易对浙江贸易的影响力不断增强。"浙江与中东欧进出口总额/浙江 GDP"先增后减，2009 年、2012 年受金融危机的影响，比值有所下降，双方贸易对浙江的经济也有一定影响。从中东欧对浙江的贸易依存关系看，"浙江与中东欧进出口总额/中东欧进出口总额"逐年上升，"浙江与中东欧进出口总额/中东欧 GDP"指标显著上升，可见双方贸易对中东欧的贸易和经济都带来一定影响。

表 7 - 7　　　　　　2009 ~ 2016 年浙江与中东欧贸易依存关系　　　　单位：%

年份	浙江对中东欧的贸易依存关系				中东欧对浙江的贸易依存关系			
	浙江与中东欧进出口总额/浙江进出口总额	浙江对中东欧出口/浙江总出口	浙江对中东欧进口/浙江总进口	浙江与中东欧进出口总额/浙江 GDP	浙江与中东欧进出口总额/中东欧进出口总额	中东欧对浙江出口/中东欧总出口	中东欧对浙江进口/中东欧总进口	浙江与中东欧进出口总额/中东欧 GDP
2009	2.28	3.03	0.51	1.43	0.43	0.85	0.05	0.35
2010	2.21	2.91	0.57	1.56	0.49	0.95	0.07	0.45
2011	2.21	3.01	0.52	1.64	0.50	0.95	0.07	0.51
2012	2.12	2.80	0.52	1.34	0.50	0.94	0.07	0.52
2013	2.14	2.77	0.53	1.30	0.49	0.93	0.07	0.52
2014	2.30	2.85	0.71	1.36	0.52	0.98	0.08	0.56
2015	2.22	2.64	0.64	1.16	0.54	1.03	0.07	0.59
2016	2.52	2.98	0.73	1.14	0.60	1.13	0.07	0.63

总体来看，浙江与中东欧进出口贸易具有相互依赖性。浙江对中东欧的贸易依存度大于中东欧对浙江的贸易依存度，双方贸易对浙江贸易的影响远远大于对浙江经济的影响，双方贸易对中东欧经济的影响略大于对中东欧贸易的影响。

第 8 章

"一带一路"沿线国家经贸合作借鉴

8.1 与泰国合作的借鉴

8.1.1 中泰经贸联合密切

泰国是中国与东盟互联互通的节点国家,在中国与东南亚的"一带一路"建设中发挥着重要作用。中泰关系长期友好,泰国经常作为中国与东盟合作的推动者和桥梁。泰国巴育政府近期更加重视对华合作,支持中国"一带一路"建设。而且,中国海上丝绸之路计划与泰国未来发展铁路等交通基础设施规划存在巨大合作空间,尤其是在铁路合作方面。两国在海上丝绸之路框架下的合作领域还有很多,而且这些合作互惠互利,既推动中国海上丝绸之路建设与泰国等东南亚国家的对接,又提升泰国在区域互联互通中的地位。不过,两国在海上丝绸之路框架下的合作也存在不少挑战,比如,泰国政局变动频繁、南部恐怖主义猖獗、其他大国搅局中泰合作,等等。泰国在海上丝绸之路建设中具有一定的优势与机遇。从地理与地缘区位而言,泰国地处东南亚较为中心的位置,是海陆兼备的国家。泰国位于中南半岛中南部,东北部与老挝接壤,东南部与柬埔寨接壤,西北部与缅甸接壤,南部与马来西亚接壤;东南临泰国湾(太平洋),面向南海南部区域,西南濒安达曼海(印度洋),也就是西南部狭长地带两侧濒临印度洋和太平洋。如果能开凿克拉地峡,将使货轮从印度洋到泰国湾、太平洋的航程缩短 2~5天,产生极大的时间效益与经济效益,而泰国也会因此成为连接印度洋和太平洋的关键国家,在海上丝绸之路建设以及国际航运中的地位均会大为提高。

泰国海运、河运较为发达,是中国与东盟国家推进互联互通、建设海上丝绸之路的重要节点国家。全国共有 47 个港口,其中海港 26 个、国际港口 21 个。

海运线可达中、日、美、欧和新加坡。湄公河和湄南河为泰国两大水路运输线内河航运网络发达。此外，曼谷素万那普机场是东南亚最大的空运转运中心地区重要的交通枢纽。在经贸、金融方面，泰国是东南亚第二大经济体，经济发展水平在东盟成员国中居于中等偏上，是东南亚重要的生产与物流枢纽之一，在东盟经济共同体建设中发挥着重要作用。

中国是泰国最大贸易伙伴国、重要贸易顺差国、重要外资来源国、重要的基础设施合作国，在水利工程建设、铁路建设电信发展等领域，中泰有着良好的合作，尤其是中泰跨国铁路项目正在积极推进，这是海上丝绸之路的关键示范性工程。在金融方面，泰国是东南亚国家中助推人民币国际化的重要国家之一，2015年4月22日，中国工商银行曼谷人民币清算行正式启动，对于促进中泰双边经贸发展以及人民币在泰国的使用都将发挥积极作用，推进中国与泰国、东南亚其他国家的资金融通，提升人民币在东南亚以及全球金融市场中的地位，具有重要作用，这也是泰国在参与"一带一路"建设中占据的一大先机。在人文方面，"中泰一家亲"友好关系源远流长，中泰文化习俗相近，中国人对泰国的印象很好，同样，泰国上至王室、政府，下至普通百姓，很多人都对华人存在着友好感情，两国人文交流密切，开展海上丝绸之路建设有着很好的人脉与群众基础。华人在泰国的社会融合度好，在泰国社会具有重要影响力，泰国政治、商业、学界精英中的大多数人具有华人血统。近年来，泰国从官方到民间，兴起了推广和学习汉语的热潮。

8.1.2 泰国支持21世纪海上丝绸之路建设

巴育2014年8月当选泰国总理以来，与中国领导人在双边和多边场合多次会晤，两国领导人会晤次数是巴育总理与外国领导人的会晤中最多的。2014年11月9日，中国国家主席习近平在人民大会堂会见泰国总理巴育。巴育表示："泰方正在探索走符合国情的发展道路，希望同中方交流互鉴，深化合作，特别是借助丝绸之路经济带和21世纪海上丝绸之路建设，推进农业铁路合作，促进地区互联互通，扩大泰国农产品对华出口，欢迎中企到泰国投资进行民间交往，加强人才培训。泰方已经积极参与亚洲基础设施投资银行，赞赏中方成立丝路基金。泰方将继续致力于推动东盟同中国合作，支持中方成功举办亚太经合组织领导人非正式会议。"同年11月25日，巴育对政府官员发表年终讲话。他说，泰国人应摒弃分歧，向中国学习。2015年7月2日，泰国总理巴育在曼谷参加中国驻泰使馆举行的中泰建交40周年纪念晚会，他与中国驻泰大使宁赋魁均再次表示，要深化两国战略合作，推动中国"一带一路"建设。2015年7月中旬，泰国商务部长差猜·沙里卡耶对新华社记者表示，泰中双方已对铁路合作项目的可行性、融资框架等达成多项共识，合作项目将于同年底动工，建设工期约 3 年，除铁路合作项目外，泰国还将积极参与涉及"一带一路"的其他项目，与中方一道，加强在公路、航空、港口等方面的对接，借此提升泰国基础设施建设水平。泰国其他多位在任或卸任官员也表示支持"一带一路"建设。泰国前副总理、前外交部部长素拉杰·沙田素 2015 年 5 月 18 日在福州参加亚洲合作对话——共建"一带一路"合作论坛暨亚洲工商大会时表示，中国倡导的"一带一路"旨在创造互利共赢，这也有助于实现"众行远"的目标，可以预见，"一带一路"倡议启动后，亚洲 40 多个国家都能从更好的基础设施中获益，这显然有助于推动商品贸易、服务贸易、投资消费以及亚洲资本市场的发展。泰国商界人士也表示支持"一带一路"建设，愿意积极参与。泰中文化经济协会在泰国商界、政界具有重要影响力，协会主席颇欣·蓬拉军曾任泰国国会主席兼下议院议长、副总理等要职，2015 年 5 月中旬，他在中国深圳 2015"丝路之友"中国—东南亚对话会期间强调，21 世纪海上丝绸之路建设要让沿线国家都能从中获益。

　　而如今，21 世纪海上丝绸之路建设也要以增进友谊为根本，要让沿线国家都能从中获益，消除彼此的顾虑，推动和平。泰国赞赏中国国家主席习近平提出的"共建 21 世纪海上丝绸之路"构想，希望"一带一路"的福祉能惠及区域各国人民，大家携起手来实现共赢。泰国官方和主流媒体还在泰国积极介绍"一带一路"倡议，帮助泰国商界、民众更多了解该倡议对泰国的好处，2015 年 4 月，泰国外交部亚司专门向社会介绍"一带一路"的内容。泰国发行量最大的泰文日报《泰叻报》2015 年 4 月底连续刊登中国驻泰国大使宁赋魁题为《传承丝路精神　共创亚浙辉煌》的署名文章。文章指出，泰国既连接陆上东盟，也连接海上东盟，是有着 6 亿多人口的东盟大市场的天然交汇点，区位优势得天独厚，公路、铁路、航空、港口、通信、电力等基础设施较为完善，在推动 21 世纪海上丝路建设方面具有巨大潜力。

　　中泰加强海上丝绸之路框架下的合作，惠及双方，惠及地区。时任泰国央行行长张旭洲指出：泰国在地缘政治上位于东盟地区的核心地带，是东盟的物流、贸易和金融中心，是东盟市场与中国之间天然的桥梁。而中国也需要通过进入泰国，进而进入东盟乃至大湄公河次区域，来对产品供应链进行重新布局。中国可以泰国为核心，辐射和连接整个东盟的基础设施建设，中泰在这方面有巨大的发展潜力和合作空间。两国应该抓住"一带一路"的合作契机，实现双赢。中国帮助加强东盟国家的基础设施建设，可以将东盟不同发展水平的国家融入地区产业链中发挥各自的比较优势。根据中国官方发布的"一带一路"倡议全文中的有关思路，互联互通是"一带一路"建设的血脉经络和优先发展方向，主要是指基础设施、规章制度、人员交流"三位一体"的联通，既包括交通基础设施的硬件联通，又包括规章制度、标准、政策的软件联通，还有增进民间友好互信和文化交流的人文联通。中泰在"一带一路"建设合作中也要优先加强互联互通，要在"一带一路"下实现"政策沟通、设施联通、贸易畅通、资金融通、民心相通"。

首先，在政策沟通方面，中泰政府间关系很好，有一定的基础，未来可以"百尺竿头更进一步"，建立多层面、多机制的政策沟通机制。2012 年 4 月，两国建立全面战略合作伙伴关系。2013 年 10 月，两国政府发表《中泰关系发展远景规划》。2014 年 11 月 9 日，国家主席习近平在人民大会堂会见泰国总理巴育。习近平指出，中泰一家亲。中方赞赏泰国作为中国—东盟关系协调国为深化中国—东盟合作发挥积极作用，愿同泰方一道，促进亚洲和平、繁荣、和谐。泰国总理巴育等官员商界人士、媒体等也表达泰方积极参与"一带一路"的愿望。两国已经有了很好的政策沟通机制。在战略层面，2013 年 8 月和 2014 年 7 月，中泰两国先后举行第一轮和第二轮的副外长级别的战略对话。在经贸方面，1985年两国成立部长级经贸联委会，2003 年 6 月升格为副总理级。2004 年 7 月，时任中国副总理吴仪与泰国副总理差瓦利在北京共同主持联委会首次会议。2005年，吴仪副总理与泰国颂吉副总理在泰国清迈共同主持联委会第二次会议。2014年 11 月，中国国务委员王勇和泰国副总理比里亚通在北京共同主持联委会第三次会议。在此基础上，两国应该在中央和地方层面建立健全更多正式、定期的全面合作对话机制，以增进相互了解，使两国发展战略更好地实现对接，产生"1 + 1 > 2"的效应。而且，在国际关系方面，巴育政府执政时期，受到美欧压力，与美国和西方的高层交流较少，而且，由于美西方经济总体不振，泰国经济与外交合作重点在中国、日本、东盟成员国等亚洲国家。这也为中泰加快海上丝绸之路建设提供了契机。

其次，在设施联通方面，中泰两国的基础设施联通已经走在了中国与东盟、周边其他国家互联互通的前列，以跨国铁路合作为契机，有望大踏步前进，实现更大范围的贸易联通。中国的海上丝绸之路计划恰好同巴育政府的 8 年基础设施建设计划存在契合点，其中铁路项目是两国合作的重点。2014 年 9 月 27 日，泰国新任交通部长巴金透露，政府已制定出 2015～2022 年的陆上运输发展规划，预计将在未来 10 年内投入预算 8660 亿泰铢开发陆路运输系统，使泰国铁路系统全面提速 1 倍，并降低物流成本，从现在的 152% 降为 13%；至于连接到边境线的跨国铁路线，在 2015 年推动建设 6 条铁路线，并在 2016 年增加建设 6 条边境铁路线，使铁路系统的乘客量从现在的每年 4500 万人次，增加为 7500 万人次。可见，泰国在大规模扩大水陆交通运输设施的建设。而中国在这方面与泰国合作具有极大潜力。除了亚投行和海上丝路基金的支持外，中国在工程项目设计、承建设备等方面也有成熟的经验、技术和实力。中泰互联互通有较好基础，发展前景也光明。昆明—曼谷公路 2008 年部分通车，2013 年全线贯通。中泰之间打造昆—曼经济走廊的条件愈发成熟，可以推动泰、中、缅、老四国次区域合作，解决"金三角"地区猖獗的毒品与犯罪扩散问题。在中泰铁路建设基础上，昆明—万象—曼谷—吉隆坡—新加坡泛亚铁路联通后，将带动铁路沿线的次区域经济走廊建设。泰国将真正成为东盟地区的交通、生产、物流枢纽之一，将从地区互联互通的大发展中获益颇丰。而以中泰互联互通为契机，中国南部可与更多东南亚国家实现联通，可以更便捷地到达马来西亚、新加坡、越南、印度尼西亚等国家。同时，"海上丝绸之路"建设，中泰要在铁路、公路联通的基础上，重视海上、空中的联通，实现中泰之间的陆、海、空立体联通，进而实现更大范围的地区陆海国家联通。现在，中泰两国舆论关注克拉地峡的开凿前景。克拉地峡是位于泰国春蓬府和拉廊府境内的一段狭长地带，一个论证了 100 多年还未开凿的运河，有关其开凿的新闻却频频见诸媒体，近来又引发舆论热议。如果克拉地峡开通，从印度洋直接经克拉运河到太平洋的泰国湾，再到南海，与取道马六甲海峡相比，航程缩短约 1200 公里，节省 2～5 天航程，大型轮船每趟航程节省约 30 万美元，这对中国海运避开"马六甲困境"具有很大帮助。而克拉地峡从开挖到长期运营，还会带给泰国诸多综合收益，产生"滚雪球效应"。

第一，可以增加就业。据估算，开凿运河大约能给泰国增加 3000 个就业机会，运营后每年用工也得成千上万。

第二，带动泰国南部贫穷地区经济发展，稳定南疆。地峡开通后，当地会吸引更多投资，建立一批工业园区，帮助改变南部经济社会长期落后局面，成为泰国新的经济增长极，带动整个环泰国湾经济发展，提振泰国萎靡不振的经济，并消除泰南恐怖主义频发和动荡的根源——贫穷。

第三，泰南将会成为地区新的航运与经济枢纽，提升泰国综合国际地位。当然，开凿克拉地峡对国家地区也会有些好处。

同时，马六甲海峡有一些缺陷，更加凸显了开凿克拉地峡的必要性。其一，马六甲海峡最窄处只有 37 公里，每年通行 10 万余艘船，是世界上最繁忙的海峡之一，船只排队现象凸显，未来几年的通航能力将趋于饱和，而船只绕行印度尼西亚龙目海峡，从印度洋到达南海和东北亚海域，至少绕远两三千公里，差不多耽误 10 天航程，而克拉地峡是个很便捷的补充航路。其二，马六甲海峡最大水深 27 米，水中礁石较多，船只搁浅、受损事故时有发生，载重超过 10 万吨尤其是 20 万吨的巨轮通常绕行龙目海峡，费时费力，而专家估计，克拉地峡开通后可通行 20 万吨巨轮。其三，安全问题。印度尼西亚经常有山火，导致马六甲海峡有时能见度极差。而且，马六甲海峡及印度尼西亚海域的海盗袭击案件在 2009～2013 年间增长了 700%，2013 年达到 107 起，显示海峡通道安全的严峻性。

中泰基础设施联通的大方向是陆海并举，以陆促海，实现陆海设施相连，进而推动中国与东盟的整体互联互通，将海上丝绸之路建设从泰国延伸到印度尼西亚、马来西亚、新加坡和印度洋、南太平洋。同时，中泰要实现物流、人流的大流通，实现贸易畅通，还要重视加强在通信海关、边防、质检、邮政、物流等领域的立体联通，减少非关税壁垒，推动通关便利化，使泰国新鲜蔬菜水果一天可以到达中国南部，扩大泰国对华出口，而中国游客可以一天抵达泰国，进行深度游。

再其次，在资金融通方面，以中国工商银行在曼谷开设清算业务为基础，实现更大范围、更便捷的泰铢与人民币互换与结算，以此带动人民币在东南亚的广泛使用，加快推动人民币国际化。泰国是中国在东盟国家中的第三大贸易伙伴，两国计划在 2015 年将双边贸易额扩大至 1000 亿美元。2014 年 12 月 22 日，中国人民银行与泰国央行续签了规模为 700 亿元人民币的双边本币互换协议。中国人民银行 2015 年 1 月 6 日发布公告，根据《中国人民银行与泰国银行合作备忘录》相关内容，决定授权中国工商银行（泰国）有限公司担任曼谷人民币业务清算行。工银泰国成为曼谷人民币清算行，将对人民币在泰国和东盟地区的跨境使用发挥积极的促进作用，将为中泰两国以及东盟地区的个人、企业和金融机构使用人民币进行跨境交易带来更加便捷优质的金融服务，进一步促进贸易、投资自由化和便利化。

最后，在"中泰一家亲"、既有密切人文交流的基础上，持续拓展两国的民心相通工程。一是在汉语学习方面，2011 年 8 月至 2014 年 5 月执政的英拉政府，力推泰国和其他东盟国家的更多人学习汉语。2013 年 4 月 21～28 日，泰国国会主席兼下议院议长颂萨率国会代表团对中国进行正式友好访问，与中方一个重要议程就是推动与中国合作一项名为"你好，我爱你"的学习中文工程。这一项目当时计划首先在泰国实施，然后推广到东盟其他国家，目标是在 4 年内让东盟 10 国 6 亿人中的 1 亿人会说中文。而在这 1 亿人的影响带动下，余下 5 亿人也至少会说两句中文"你好，我爱你"。颂萨表示，相信这一成果会对中国与泰国及其他东盟国家的经济合作带来极大的便利。颂萨说将首先在中国的华侨大学进行试点。目前华侨大学每年招收 100 名泰国留学生，泰国方面希望可以将其推广到更多中国高等院校，通过中泰合作共同促进中文在东盟国家的传播。目前，共有两万多泰国留学生在中国学习，人数是东盟国家中最多的，中国则是泰国最大的留学生生源国，在泰学习的中国留学生也超过两万人。二是在人员往来方面，2014 年赴泰国旅游的中国游客达 460 万人次。未来，中泰两国要尽快实现游客长期互免签证，并要充分将中泰两国的地缘优势与华人华商的血缘优势结合起来，充分发挥泰国华人华商的重要纽带作用，让广东、福建、海南、广西、云南等成为与泰国进行海上丝绸之路建设的前沿合作重镇。同时还要让"郑和在泰国的友好使者形象"成为推动两国海上丝绸之路的重要民间动力。泰中文化经济协会会长颂欣·蓬拉军介绍说，协会筹备了部分资金，并正在与中国云南等地（郑和是云南人）磋商拍摄有关郑和下西洋路过泰国、与泰国进行经贸友好往来的纪录片。因为，在泰国多地都能找到郑和或其后裔的影子，郑和船队有 3 次到过暹罗（泰国古称），与当地进行通商贸易，与当地民众友好交往，在泰国阿瑜陀耶（大城）府等地仍保留有三宝公庙。定居在清迈的一支郑和后裔——郑和的第十五代孙郑崇林，现在已经富甲一方，成为当地名门望族，在政界、商界有一定影响力。

总之，泰国依托海上丝绸之路建设，将大大提升其经济社会发展，增加百姓收入，缓解区域发展失衡局面，部分消除泰国社会动荡的根源。而泰国的富强将有利于提升其地区地位。中国也可以借助与泰国的海陆互联互通加快与东南亚其他国家的联通，推动海上丝绸之路建设更多开花结果。

8.2　与新加坡合作的借鉴

8.2.1　中新贸易往来的历史

中国与新加坡的贸易往来源远流长，早在公元 3 世纪，我国东吴将领康泰就已经在其著作《吴时外国传》一书中有记述。据新加坡学者许云樵考证，《吴时外国传》一书中的"蒲罗中"一词正是马来语"Pulau ujong"之对音，"蒲罗中"是新加坡岛最古老的名称，意为"马来半岛末端的岛屿"，也就是现在的新加坡。由此可见，公元 3 世纪就已经有中国人来到新加坡，而三国时期的中国人从海上来到新加坡往往都是为了商贸。1320 年，元朝派人到一个叫"龙牙门"的地方寻找大象，要找的"龙牙门"正是今天新加坡的吉宝海港，而派人远赴新加坡，正是当时民间往来的体现。1330 年前后，一名叫汪大渊的中国人来到此地，称这个居留地为"龙头"，并说已经有中国人在此居住。14 世纪，来自室利佛逝的王子拜里米苏拉（Parameswara）在该区域建立了马六甲苏丹王朝，新加坡得到了较快发展。但葡萄牙人在 1613 年焚毁了河口的据点，此后的 2 个世纪内并没有关于新加坡的史料。在关于新加坡发展的简要历程中，新加坡与中国的关系始终是重要的篇章，无论是中国人到访新加坡，还是与新加坡当地居民开展贸易，都凸显了中国与新加坡千丝万缕的联系。而 19 世纪中后期华人劳工的大量涌入则彻底改变了新加坡的社会结构，使新加坡成为海外华人最集中的移民地。

8.2.2　中新贸易往来的现状

新中国成立以后，高度重视与新加坡的关系，尤其是在新加坡独立以后，中新关系逐步深入。1980 年 6 月 14 日，中国和新加坡关于互设商务代表处协议在北京签字，次年 9 月两国商务代表处正式开馆。中国和新加坡自 1990 年 10 月 3 日建交以来，在各领域的互利合作成果显著。两国签署了《关于经济合作和促进贸易与投资的谅解备忘录》（1999），建立了两国经贸磋商机制。双方还签署了《关于促进和保护投资协定》（1985）、《关于避免双重征税和防止漏税协定》（1986）、《中新海运协定》（1988）、《中新邮电、电信合作协议》（1994）、《成立中新双方投资促进委员会协议》（2005）等多项经济合作协议。2007 年 11 月，温家宝对新加坡进行正式访问。之后，中新经济贸易驶入快车道，无论是贸易额还是贸易质量都得到了较大层次的提升。2009 年 11 月，胡锦涛也对新加坡进行国事访问。2012 年 9 月，新加坡总理李显龙再次访华和胡锦涛见面。频繁的双边互访进一步拉近了中新两国的距离，也促进了两国包括经贸合作在内的全面战略合作。

8.2.3　中国与新加坡贸易合作的机会与前景

1. 中新贸易合作的机遇与挑战

近年来，中国综合国力的迅速崛起深刻改变了国际政治经济格局。2010 年，中国国民经济总量超过日本，成为世界第二大经济体，而高居榜首的庞大外汇储备，使中国成为国际金融市场最受欢迎的"金主"。经济的飞速发展带动了政治改革的不断深化，也促进了军事、文化、外交等多领域的实力提升。与此同时，新加坡作为"亚洲四小龙"之首，经济发展势头依然强劲，不仅在东盟发挥着举足轻重的作用，在上海经合组织等重要国际组织中也不可或缺。在此背景下，中新商贸关系迎来了前所未有的机遇，主要表现在四个方面。

（1）地缘政治格局有利于中新关系的健康发展

当前，随着我国国力的不断提升，中国在国际社会发挥的作用越来越重要，政治影响力不断提升，而负责任的大国形象逐渐深入人心。新加坡作为同属华人世界的独立国家，对中国发生的翻天覆地的变化也甚为欣慰。双方政治认同度越来越高，在国际事务中的合作也越来越融洽。

（2）经济发展路径有利于彼此优势互补、合作双赢

新加坡是典型的港口城市，国际航运是新加坡国民经济的重要支柱，而随着中国海洋经济战略的不断推进，走向深海、走向国际，中国将越来越依赖新加坡。作为世界上出国旅游需求增长最快的国家，中国与新加坡旅游业的发展形成供求补给。此外，新加坡作为世界上最大的石油炼化基地，其原油加工能力和石化产品研发能力享誉世界，而中国经济的发展对石油以及石油炼化产品的需求巨大，中新两国经济发展具有非常强的互补性。

（3）中新文化交流与合作具有天然优势

中国和新加坡同属华人文化圈，都以汉语为主要语言，从本质上讲，新加坡华人实际上就是中国移民后裔，二者同宗同源。双方在文化领域的合作前景广阔。

（4）中新双方加强合作的需求强烈

中国经济的发展形成了巨大的外汇储备规模和经济存量规模，迫切需要进行海外投资来降低单一外汇储备带来的金融风险。而新加坡经济发展的再次腾飞也迫切需要有大量的外资引进，这就形成了强烈的合作需求。事实上，从经济发展基本面来看，2013 年中国已经超过马来西亚，成为新加坡最大贸易伙伴，双边贸易额达到 1152 亿新元（约合 914.3 亿美元），比 2012 年增长 11%；中新双边贸易额占新加坡贸易总额的 11.8%，马来西亚以 11.6% 位列第二。

机遇与挑战并存，中新商贸合作迎来宝贵机遇的同时也潜藏着许多挑战。一是意识形态的差异带来发展理念的冲突。中国始终坚持社会主义核心价值观，强调走社会主义发展道路，坚持计划与市场相结合，合理干预经济社会发展。而新加坡推崇西方价值理念，强调自由、开放和民主，坚持用西方的治国理念来为其所用。这就形成了意识形态层面的冲突与隔阂，一定程度上影响了双方合作方式和合作程度的选择。二是大国关系路径的选择问题。尽管中国始终坚持与世界各国发展互利双赢的双边和多边关系，但新加坡始终坚持的是"大国平衡"战略。三是经济关系中的竞争领域扩大。随着中国经济的飞速发展，中国东南沿海地区国际大港的建设一定程度上也与新加坡港口航运产业发展形成竞争关系。中新两国旅游业的发展也存在一定的竞争关系，新加坡自然风光虽好，但由于国土面积较小，旅游资源有限，而中国各大景点的开发与建设，也一定程度上削弱了世界游客对新加坡的钟爱。这就使中新经济社会发展面临着诸多挑战，需要双方共同面对、科学筹划。

2. 中新贸易合作的未来设想

关于中国和新加坡未来的经贸关系，本书认为有三大发展趋势：一是双边贸易规模和质量迅速提升。国家主席习近平提出的"一带一路"倡议把新加坡作为"海上丝绸之路"上的成员，必将惠及新加坡的经济社会发展。可见预见的是，中新双边经济贸易质量和体量将会大幅攀升。二是双边同位竞争领域扩展，且优势互补领域也会急剧扩充。可以想见，未来中新两国经贸领域许多产业都将在国际社会开展同位竞争，无论是航运业、旅游业、服务业，还是石化产业和文化产业，都将在国际舞台抢占市场。但同样可以想见的是，未来中新之间一定有许多产业是优势互补、互利双赢的，如生态保护、海水淡化、水资源保护、文化创意产业等领域，都将有更多的合作空间。三是文化交流与合作将会进一步深入。新加坡文化创意产业发达，如其华语文化创意产业拥有超强的研发和制作能力，影视业与新闻业也非常繁荣，而在互联网时代，文化与资讯的需求将是巨大的，因此新加坡的这些产业必将在中国市场找到巨大的发展空间。

3. 中新贸易的合作成果

新加坡是东南亚的岛国，是一个多元文化的移民国家，促进种族和谐是政府治国的核心政策，新加坡以稳定的政局、廉洁高效的政府而著称，是全球最国际化的国家之一。新加坡是亚洲的发达国家，被誉为"亚洲四小龙"之一，其经济模式被称为"国家资本主义"。根据 2014 年的全球金融中心指数（GFCI）排名报告，新加坡是继纽约、伦敦、香港之后的第四大国际金融中心，也是亚洲重要的服务和航运中心之一。1965 年独立以后，在不到 30 年的时间迅速崛起，20 世纪 90 年代从第三世界跨入第一世界，进入世界发达国家行列。创造了"新加坡奇迹"，国际舆论评价："新加坡站在最小的国土面积上，创造了最大的发展空间，赢得了最大的经济成果，同时也得到了最大的国际声望"。在国际发展指标评估中，新加坡在世界政府效率中连续 8 年名列第一，竞争力排名仅次于美国，列第二位；是世界最大的转口贸易中心、集装箱码头，世界最大的计算机硬盘生产国，世界第二大钻井平台生产基地和电子中心，世界第三大炼油中心，世界第四大外汇交易中心和世界第五大金融中心，商业环境和全球化指数多年评为世界第一，也是世界最廉洁的国家之一，排第四位。在 7000 多家外国投资企业中，有 3600 多家属跨国公司的区域总部，64% 固定资产投资来自跨国公司。同时，也是中国第五大投资国和十大贸易伙伴国之一。是世界花园城市、宜居城市和电子城市，每年接待 1000 万游客。人均 GDP 37000 多美元，人均寿命 81 岁，是小国中的"大国"。

在中新经贸方面，中国与新加坡于 2008 年 10 月签署了《中国—新加坡自由贸易区协定》，新加坡是首个同中国签署全面自贸协定的东盟国家。根据协定，新加坡已于 2009 年 1 月 1 日起取消全部自中国进口商品关税；中国也与 2010 年 1 月 1 日前对 97.1% 的自新加坡进口产品实现零关税。两国还在服务贸易、投资、人员往来、海关程序、卫生及植物检疫等方面进一步加强合作。2010 年 4 月 14~15 日，双方召开了第一次工作会议，对中国—新加坡自由贸易区协定执行情况进行了回顾，并探讨进一步通过自贸协定促进双边货物流通、服务、投资等方面的合作。2011 年 7 月，双方签署了两份补充协议，加强危机管理方面的合作，为双方企业办理关税优惠手续提供了更多便利，同时在美容和城市交通服务等服务行业中提早为新加坡提供优于东盟其他国家的待遇。新加坡与中国保持着长期密切的贸易关系。近年来，双边货物贸易持续稳定增长。据中方统计，2013 年双边货物贸易额为 759.14 亿美元，增长 9.6%，新加坡为中国全球第十一大、东盟第二大货物贸易伙伴。其中，中国对新加坡出口 458.64 亿美元，增长 12.6%；自新加坡进口 300.5 亿美元，增长 54%；中方顺差 15814 亿美元。双边货物贸易中，机电产品是最大类别占 60%；矿产品占 10% 左右；其他为塑料橡胶、化工品、纺织服装、玩具家具等。2012 年双边服务贸易额为 18186 亿美元，增长 6.2%，新加坡为中国第五大服务贸易伙伴。其中，中国对新出口 8398 亿美元，增长 6.84%；自新进口 97.88 亿美元，增长 5.64%；中方逆差 139 亿美元。咨询服务、计算机及信息服务、运输是双边服务贸易的最主要类别。据新方统计，2012 年双边服务贸易额为 140.76 亿新元，增长 6.51%，中国为新加坡第四大服务贸易伙伴。其中，新加坡对华出口 74.87 亿新元，增长 7.52%；自中国进口 65.89 亿新元，增长 54%；新方顺差 898 亿新元。运输、商务服务、贸易服务和金融是双边服务贸易的最主要类别。2013 年新加坡在华直接投资 731 项，实际投资 72.29 亿美元，分别增长 473% 和 1465%，新加坡为中国第二大外资来源地，仅次于中国香港。截至 2013 年底，新加坡累计在华直接投资 20962 项，实际投资额累计 664.9 亿美元，为中国第五大外资来源地。2011～2013 年，新加坡对华投资制造业占 385%，房地产业逐步下降至 31.7%，服务业则快速上升至 29.8%。据中国商务部统计，2013 年中国对新加坡直接投资流量为 20.33 亿美元。截至 2013 年末，中国对新加坡直接投资存量为 147.51 亿美元。目前在新加坡的中资企业主要有：中远控股（新加坡）有限公司、中国国际航空公司新加坡营业部、中国建筑（南洋）发展有限公司、中国银行股份有限公司新加坡分行、中国航油（新加坡）股份有限公司、南洋五甘矿实业有限公司、华旗资讯（新加坡）私人有限公司、新加坡中国旅行社等。2013 年中国企业在新加坡新签承包工程合同 91 份，新签合同额 38.52 亿美元，完成营业额 28.10 亿美元；当年派出各类劳务人员 32797 人，年末在新加坡劳务人员 73914 人。新签大型工程承包项目包括：上海隧道工程股份有限公司承建新加坡汤申线 T206 标、中国港湾工程有限责任公司承建新加坡大士新船厂二期、上海振华重工（集团）股份有限公司承建 ZP1585 新加坡钻井平台等。

8.3　与澳大利亚合作的借鉴

2014 年 11 月，习近平主席在访问澳大利亚、新西兰和斐济期间，明确提出南太地区是中方提出的“21 世纪海上丝绸之路”的自然延伸，热诚欢迎相关国家共同参与海上丝绸之路建设，推动经贸合作取得更大发展。

目前，南太地区除澳新外共计有 14 个独立国家，从地理上属于大洋洲，是区域组织——太平洋岛国论坛的正式成员。由于这些国家主要分布在太平洋赤道以南，因此，国际社会一般称其为南太岛国。2015 年，整个南太地区人口总计为 39359 万人，陆地面积总计为 895 万平方公里，海洋面积总计为 462 万平方公里。在南太地区，澳大利亚是发达国家，经济发展遥遥领先于其他国家。

"一带一路"建设是党中央、国务院的重大倡议。落实该倡议的重要支持是资金融通,特别是要加大开发性金融对重大项目的支持力度。目前,中国主导的致力于服务"一带一路"的开发性金融机构主要有亚洲基础设施投资银行、丝路基金和国家开发银行(以下简称开行)等。截至 2015 年 9 月末,开行资产总额超过 11 万亿元人民币,外汇业务余额超过 3200 亿美元,其中为"一带一路"沿线国家提供融资项目超过 400 个,贷款余额 1073 亿美元,在支持"五通"方面取得了良好成效。

8.3.1 澳大利亚在政治和经济上的影响力

澳大利亚在南太地区政治上有影响力,同时也是经济发展的主力军,基础设施建设需求强劲,能矿资源丰富,和中国经济契合度高,合作基础扎实,合作意愿强烈,是开发性金融机构参与南太地区融资合作的重点国家。

在政治环境方面,澳大利亚实行英联邦制,划分为六州两领地,政治制度稳定,政权更迭合法有序,投资环境良好,并将与美国、日本、中国、印度尼西亚的关系作为澳大利亚最重要的四大双边关系。在经济基础方面,澳大利亚经济高度发达,产业结构合理,是南半球经济最发达的国家和全球第十二大经济体,人均 GDP 约 68 万美元,服务业、制造业、采矿业和农业是四大主导产业。在自然资源方面,澳大利亚矿产和农业资源丰富,铁矿石、煤、黄金、锂、锰矿石等产量居世界前列,多种矿产出口量全球第一;农业高度现代化、机械化,是全球第四大农产品出口国。在对华关系方面,2015 年澳大利亚正式加入亚投行,签署双边自贸协定,就"21 世纪海上丝绸之路"和"北部大开发"共建战略达成共识。相关的劣势是:一方面,"中国威胁论"在一定程度上影响着两国关系。一是少数政客崇尚"中国威胁论",无根据地指责中国岛礁建设,对南海等问题指手画脚,不利于中澳双边经贸关系的深化。二是政界少数反对派人士认为将关键资产出售给中国国企将引发民众的抵制情绪。如禁止中国投资者购买大片土地对北领地将达尔文港出租给中方表示不满等。另一方面,大宗商品价格暴跌,政府面临一定的货币贬值和财政赤字问题。铁矿石、煤炭等主力大宗商品价格下跌趋势明显,其中铁矿石从 2011 年每吨 190 美元一路暴跌至 2015 年 12 月每吨 40 美元左右。大宗商品价格下跌刺激澳元持续贬值,汇价均值降至 0.71 美元,创 6 年新低。同时,大宗商品价格大幅下跌对政府税收造成影响,2014~2015 年财政赤字为 411 亿澳元。截至 2015 年第一季度末,澳大利亚净外债已攀升至 950 亿美元,约占 GDP 的 60%。但总体来说,澳大利亚有条件成为"一带一路"的重点合作国家。

第一,以经济外交应对全球经济秩序重构。金融危机发生后,美国推出了以高标准和排他性为特征的新一轮全球经贸规则，如跨太平洋经济伙伴协定（TPP）跨大西洋贸易与投资伙伴协议（TTIP）。这些协定具有很强的排他性，会严重影响中国以及新兴市场和发展中国家。面对这种情况，在对 TPP 持开放态度的同时中国提出了"一带一路"倡议，强调用投资输出和资本输出而不是商品输出构建连接亚太经济圈和欧洲经济圈的发展平台。澳大利亚是亚太地区政治上和经济上都具有很强影响力的发达国家，积极响应"一带一路"建设，是亚洲基础设施投资银行的创始成员国，2015 年 6 月和中国正式签署了《中澳自由贸易协定》，是中国主动适应经济全球化新形势的重要合作国。在澳大利亚深化国际产能合作，对中国以经济外交应对全球经济秩序重构具有重要战略意义。

第二，共同迎接新一轮全球科技创新革命。2015 年 6 月，中国公布《关于大力推进大众创业万众创新若干政策措施的意见》，强调创新是引领发展的第一动力，必须摆在国家发展全局的核心位置，深入实施创新驱动发展战略。2015年 12 月，澳大利亚公布《全国创新和科学工作日程》，全面推进创新驱动战略。从历史上的几次全球化科技革命看，科技创新始终是提高社会生产力和综合国力的重要战略支撑。在世界新科技革命中抢得先机的国家，必将成为世界经济的"领头羊"。澳大利亚是资源、能源、农产品、健康产品等输出大国，中国是消费大国和制造业大国。中澳两国在科技创新领域的合作，具有极强的互补性，是两国共同迎接新一轮全球科技创新革命的必由之路。

第三，巩固能源资源领域传统合作，保障中国经济安全。澳大利亚矿产和农业资源丰富，铁矿石、煤炭、黄金、铀、锌铅、铝土、锰、石油、天然气、页岩气等产量居世界前列，农业高度现代化、机械化，是全球第四大农产品出口国。澳大利亚已探明的铁矿石资源约有 160 亿吨，勘探开发较为成熟，是力拓、必和必拓、FMG（福蒂斯丘金属集团）等世界前几大矿商以及中资企业铁矿石投资的重点国家。澳大利亚是世界最大的煤炭出口国，黑煤地质储量约 575 亿吨（工业经济储量 397 亿吨），居世界第六；褐煤地质储量约 418 亿吨（工业经济储量为376 万吨），占全球褐煤储量的 20%，居世界第二。加强和澳大利亚的国际产能合作，对保障中国经济发展所需要的能源资源的安全性具有重要的战略意义。

第四，拓宽中资企业"走出去"的合作空间。过去，中资企业"走出去"主要是贸易，也就是产品输出，通过贸易将中国制造的产品向外输出。在经济全球化的新形势下，中国推进国际产能和装备制造合作，核心就是要把中资企业的产品贸易和产品输出升级到产业输出和能力输出，从出口中低端产品到出口高端制造业产品，实现贸易驱动到投资驱动和金融驱动的新型对外经济合作模式。中资企业在澳大利亚开展多元化投资，是机遇也是挑战，如果投资成功，不仅可以将国内优势产业转移到澳大利亚，取得稳定的投资收益，更可以获得国际先进的技术及管理经验，为成长为具有全球影响力的跨国公司打下扎实的基础。

8.3.2　中澳合作的历史机遇

中澳政府全方位战略对接为中资企业提供了历史机遇。2014 年 11 月中国与澳大利亚从战略伙伴关系提升为全面战略伙伴关系。2015 年 8 月，中澳第二轮战略经济对话在堪培拉举行，双方达成共识，要通过两国发展战略的对接进一步提升合作的领域和层次。2016 年 2 月，中澳两国外长级会谈进一步明确了两国战略全面对接的具体内容。2016 年 4 月，习近平、李克强和来访的澳大利亚总理正式宣布了中方"一带一路"倡议同澳方北部大开发、中国创新驱动发展战略同澳方"国家创新与科学议程"的对接。2016 年 4 月 19 日，澳大利亚维多利亚州丹尼尔·安德鲁州长宣布该州的《中国战略》计划：加强与中国中央政府及各友好省政府的往来，明确工作开展方向及目标，同时为更广泛的中澳合作奠定基础；推动维多利亚州成为全澳对亚洲有深入了解、具备亚洲能力的卓越中心；通过文化交流合作，建立联系，并为人文交往搭建新的平台；为政府大型基础设施项目等吸引投资，为维多利亚州经济的持续增长提供支持；为成功的中澳商业交往提供支持；根据维多利亚州的竞争优势以及中国特定的市场机会，有针对性地开展贸易活动。中澳两国政府的全方位战略对接，为中资企业在澳大利亚落实"一带一路"倡议、开展国际产能合作提供了前所未有的机遇。"一带一路"倡议和澳大利亚北部大开发对接的重点领域"一带一路"倡议的实施将促进沿线国家和地区经贸合作自由化、便利化和一体化，带动沿线基础设施建设和产业发展，在全球化范围内促进经济要素有序自由流动、资源高效配置和市场深度融合，实现互利共赢的战略目标。搞好"一带一路"建设，参与国际产业链的分工合作，可以增强中资企业在能源资源、基础设施、农业等领域的国际产能和装备制造合作能力，对中国经济结构转型升级具有巨大推动作用。21 世纪海上丝绸之路优先推进基础设施互联互通、产业金融合作和机制平台建设，以政策沟通、设施联通、贸易畅通、资金融通、民心相通为主要内容，加强沿线国家区域经贸合作。澳大利亚联邦政府将农业食品、能源矿产、旅游度假、海外教育、医疗养老等作为将来支撑北部发展的五大支柱产业，并强调加大投入基础设施建设是落实北部大开发计划的前提和重中之重。

1. 基础设施

基础设施互联互通是"一带一路"建设的优先领域。它倡导国家间加强基础设施建设规划合作，抓住交通基础设施的关键通道带关键节点和重点工程，共同推进港口等国际骨干通道建设，实现国际运输便利化。澳大利亚北部地区人口分布较少，基础设施发展相对薄弱。澳大利亚政府在公路、铁路、港口、机场、管线等基础设施领域主要发挥制定规划、落实政策、推介投资等宏观管理职能，不直接参与基础设施项目的投资和建设。为了推动落实北部大开发计划，2014年，澳大利亚政府打破惯例，专门设立了总额50亿澳元的北部地区基础设施专项贷款，以优惠利率贷款吸引全球投资者加入该区域港口、公路、管线、电力、水利等基础设施建设，并将直接投资约10亿澳元先期进行重点基础设施改造，其中包括2亿澳元的水资源开发工程、1亿澳元的活牛运送通道建设以及6亿澳元的含大北高速在内的公路改造项目；2015年，白皮书又提出了金额达12亿澳元的投资计划，作为对之前50亿澳元基础设施投资的补充。

2. 能矿资源

"一带一路"倡议倡导国家间加大煤炭、油气、金属矿产等传统能源资源勘探开发合作，加强能源资源深加工技术、装备与工程服务合作，积极推动水电、太阳能等清洁和可再生能源合作，形成能源资源合作上下游一体化的国际合作产业链。澳大利亚北部地区能矿资源极其丰富，主要有铁矿石、煤炭、黄金、铀、锌铅、铝土、锰、石油、天然气、页岩气等。澳大利亚已探明的铁矿石资源90%都集中在西澳大利亚州，勘探开发已经较为成熟，占据了全球铁矿石贸易的半壁江山，是力拓、必和必拓、FMG等世界前几大矿商以及中资等各国企业铁矿石投资的重点地区。昆士兰州的黑煤资源丰富，且以露天矿藏为主已探明工业经济储量占全澳的62%，煤质较好，发热量高，硫、氮含量和灰分较低。焦炭、动力煤等黑煤的出口约占澳大利亚矿产和能源出口的1/4。北领地的能矿资源主要为黄金、铀、锌铅、铝土、锰、石油、天然气、页岩气等，目前正在运营的有八大矿山，2014~2015年矿业产值超过32亿澳元，LNG（液化天然气）的年产能为1200万吨，2014年石油勘探投资达5.5亿澳元，页岩气①资源潜力超过200万亿立方英尺，有17个成熟项目正在寻找投资机会。

3. 农业领域

"一带一路"倡议倡导国家间开展农林牧渔业、农机及农产品生产加工等领域深度合作，积极推进海水养殖、远洋渔业、水产品加工等领域合作。沿线国家深化农业领域合作，可以彼此对外依存度较高的农产品为重点，提高重要农产品安全保障能力，帮助促进合作国的农业出口。澳大利亚北部地区的土壤和气候适于多种农业生产，农业发展主要依靠畜牧业、种植业、渔业、林业等，农产品主要用于出口，最大的出口市场是东北亚、东盟、中东地区，农产品以产值为序依次为小麦、油菜、大麦、羊毛、肉牛、蔬菜、绵羊和羔羊、水果和坚果、干草、牛奶、燕麦、园艺花卉及幼苗、蛋、鳄梨，等等。昆士兰州总面积173万平方公里，农业用地147万平方公里，占85%，68%的面积用于天然林草场的放牧。西澳大利亚州总面积252万平方公里，农业用地109万平方公里，占43%，由于存

---

① 页岩气是指赋存于以富有机质页岩为主的储集岩系中的非常规天然气。

在大面积的沙漠，全州的 37% 为极少使用土地。北领地总面积 135 万平方公里，农业用地 67 万平方公里，占 50%，最主要的土地利用类型为天然放牧，占 50% 澳大利亚高度重视和中国在农业方面的合作，在 2015 年 12 月正式实施的《中澳自由贸易协定》中，农业领域合作涉及最多、最全面。西澳大利亚州、昆士兰州和北领地政府每年都会组织中澳两国企业家参加以农业合作为重要内容的论坛和座谈会，宣介和对接合作项目。目前，适于中资企业在澳大利亚北部地区投资的农业项目主要集中在畜牧养殖类农场、乳业等畜产品加工、渔业捕捞和贸易、粮食作物种植加工和贸易、水果种植加工和贸易、园艺以及林业等领域。

4. 产业园区

"一带一路"倡导国家间发挥比较优势，探索投资合作新模式，建设境外经贸合作区、跨境经济合作区等各类产业园区，促进产业集群发展通过共建海外集聚区，推动当地产业体系建设，在教育、科技、文化、旅游、卫生、环保等领域共同拓展合作空间。澳大利亚北部地区有各类产业园区，虽然与中国模式不尽相同，但同样具有产业集聚区的功能，并以推动教育、科技、医疗、农业、旅游等当地产业体系建设为目标。中资企业可以发挥建设产业园区的比较优势，与西澳大利亚州、昆士兰州和北领地探索投资合作新模式，与澳大利亚本土企业以及其他跨国企业合作建设经贸、经济、高科技合作区等各类产业园区，促进澳大利亚北部地区的产业集群发展，在教育、科技、文化、旅游、卫生、环保等领域共同拓展合作空间，深化中澳的国际产能和装备制造业的产业体系合作。

第 9 章

浙江与中东欧经贸合作的案例研究

——以宁波为例

　　曾经在经济上名闻海内外的宁波，创造了"无宁不成市"的神话，不少学者为宁波的贸易经济发展做着不懈的研究。汪浩瀚等（2003）对宁波市经济增长的重要因素进行了实证分析，涉及投资、消费、净出口和三次产业等方面，试图寻求拉动经济增长的关键成分，并给出若干政策建议；李植斌（2004）认为政府应引导港口适度超前发展，实行市场化运作，突破行政区划限制，制定宁波、舟山港口一体化发展规划，建立港口一体化规划与管理机制及资源互补开发、利益共享机制；左显兰（2009）结合国家针对加工贸易政策的宏观调控的背景，联系宁波加工贸易的实际，分析了其转型升级的动因，并从政府和加工企业两个层面提出了促进宁波加工贸易转型升级的一系列对策；滕颖（2010）对宁波出口商品结构现状作了统计分析，运用 GRANGER 因果检验，实证分析宁波出口商品优化的促进效应；闫国庆、徐侠民（2016）汇集了诸多学者的研究成果，提出"港口经济圈"建设、"网上丝绸之路"建设等都是当前宁波经济社会发展的重大战略。

　　浙江宁波作为我国"海上丝绸之路"上的重要一环，在未来与中东欧的合作中具有许多得天独厚的优势：一是作为国际大港，宁波舟山港已经成为世界货物吞吐量第一的国际大港，是我国沿海地区实力最强的天然良港。二是商贸基础深厚，社会认同度高，"宁波帮"享誉海内外。三是石油炼化产业发达，宁波"镇海炼化"享誉全球。四是金融产业发达，宁波这些年在努力打造长三角南翼金融中心。

　　据全国城市 GDP 排行榜显示，2017 年，宁波地区生产总值为 8560 亿元，全国排名第 16，同比上一年增长 7%。而在 10 年前的 2007 年，宁波的地区生产总值为 3291 亿元，全国城市 GDP 排名第 14，同比上一年度增长 14.9%。说明现如今宁波在全国城市竞争中经济增速有所放缓，需要加快产业结构调整。宁波作为"海上丝绸之路"的起点，自然而然也会受到中东欧国家经济贸易的影响，成为

与中东欧国家合作的重要伙伴。宁波如何利用桥头堡作用，借助地理优势，通过
国际贸易转型来加速经济发展是需要迫切解决的问题。据海关数据显示，宁波与
中东欧的进出口贸易额从 2007 年的 154129.83 万美元，到 2016 年的 236534.56
万美元，平均年增长率达 6%。2016 年宁波对中东欧进口总额为 21538.5 万美
元，出口总额为 214996.06 万美元，宁波对中东欧出口总额大于进口总额，而且
出口增加的趋势强于进口，表明宁波处于贸易顺差的局势较为明显。为预防陷入
"比较优势陷阱"，减少贸易摩擦，宁波必须适时地调整出口导向贸易战略，实行
木及制品等商品的开放式的进口替代贸易战略。同时迎合"一带一路"倡议，海
洋经济和港口经济将成为宁波主要的经济增长点，更好发挥宁波这个港口资源和
开放的优势。

9.1　宁波与中东欧产业对接研究

9.1.1　宁波与中东欧国家产业对接现状[①]

宁波与中东欧经贸往来历史悠久，双方有着不解之缘。宁波是中国古代"海
上丝绸之路"的重要始发港，而"海上丝绸之路"是贯穿欧亚大陆，连接中欧
文化交流、经贸往来的纽带。

1949 年后，中国与中东欧国家关系经历了曲折的发展历程：从受制于对苏
关系的起伏变化，到因制度和意识形态差异导致的分歧和疏离，再到新时期的机
制化合作。在这个转型过程中，宁波与中东欧的经贸关系也逐渐密切起来。

1. 经贸合作多元化

中东欧地区被称为中欧经济合作的桥头堡，近年来，两地经贸更是驶入快车
道。2017 年，宁波与中东欧国家进出口总额 29.21 亿美元，同比增长 23.5%，
占全国比重 4.3%。2017 年，宁波舟山港与中东欧四港货物运输量达 28.48 万标
箱，同比增长 37.6%。宁波中东欧特色商品常年展销中心，已开设 14 个国别的
22 个中东欧国家馆，常年展出 4000 多种特色商品，并在国内大中城市开设了 30
多个中东欧商品直销中心。截至 2017 年底，宁波与中东欧国家合作的投资项目
125 个，在国内城市中位居前列。

2018 年 6 月，由中国商务部、浙江省人民政府共同主办的第四届中国—中东
欧国家投资贸易博览会（简称中国—中东欧博览会）、第十七届中国国际日用消

---

① 本部分内容根据宁波市商务委员会官网、《宁波日报》、宁波海关相关资料整理而成。

费品博览会（简称消博会）和由浙江省人民政府主办的第二十届中国浙江投资贸易洽谈会（简称浙洽会）已于 6 月 12 日在宁波顺利落下帷幕。第五届中东欧国家特色商品展共设展位 310 个，16 个中东欧国家 257 家企业、350 余名参展商参展，吸引了国内大批采购商到会洽谈采购。有来自中东欧国家 257 家参展商携带酒类、果汁、饮料、糕点、糖果、茶、蜂蜜、果蔬酱、化妆护肤品、水晶等 15 大类千余种产品，与北京、上海、山东、湖南等 10 多个省市的 350 多家采购商进行现场洽谈对接，共成交和达成商品采购意向 4220 万美元，包括中东欧国家（跨境电商）现场对接会、星级酒店专场对接会、中东欧国家馆采购洽谈会、中东欧展酒类专场采购对接会。博览会期间，塞尔维亚、捷克等中东欧国家特色商品馆及伊朗国家馆顺利开业迎客，至此，中东欧已有 14 个国家在宁波设立国家馆。

消博会展览面积 8.5 万平方米，展位规模 3050 个。本届消博会与专业展览机构合作，对 1、2、3、4 号馆进行专业化、精细化、封闭式管理，只对专业客商开放。展览期间，有来自 12 个国家和地区、15 个国内省（市）和全省 11 个城市的 1063 家企业参展，展品 1.2 万余种，涵盖家居用品、工艺品、文体用品等领域，共吸引了众多海内外采购商到会选购洽谈。首次设展的"品质浙货"馆组织了 50 余种浙江外贸转型升级特色产品参展，吸引了大批采购商进馆洽谈。跨国采购对接会有来自 20 余个国家和地区的 50 余名采购商与国内 150 多家供货商进行对接，达成一批合作意向。中非中小企业合作大会有 30 余家企业达成合作意向。"品牌突围，出海南美"对接会共有 100 余家企业参会。

自 2014 年 6 月 8 日举办首届中东欧特色商品展以来，"敢为人先"的宁波身后，追光一路尾随：不仅是全国首个针对中东欧国家制定优惠政策的开放城市，拥有全国首个以贸易便利化为主题的国检试验区（中国—中东欧国家贸易便利化国检试验区），举办首届中国—中东欧国家海关合作论坛，建立中国海关与中东欧国家海关的合作平台与联络机制，更进一步搭建了中东欧商品常年展销中心、中东欧贸易物流园、中东欧工业园、中东欧会务馆及中东欧合作研究院五大平台，成立全国首个由地方政府设立的中东欧博览与合作事务局……全方位、深层次的合作渐次拉开，为中东欧商品进入中国铺平了道路。

2. 宁波企业开辟"走出去"的新大陆

2012 年 6 月，中国—中东欧国家经贸促进部长级会议在宁波举行，有力地促进了宁波与中东欧 16 国的经贸往来。如今，中东欧国家渐成甬企"走出去"的新大陆。2012 年 10 月，宁波南车产业基地联合进出口有限公司在匈牙利设立了匈牙利（宁波）工业集团有限公司，主要进行南车旗下轨道交通装备和"宁波制造"产品的推广，以及中东欧先进产品收购与技术的引进。之后匈牙利（宁波）工业集团有限公司被宁波有关部门确定为宁波在中东欧的第一家境外经贸联络处。2015 年 6 月 6 日，匈牙利与中国签署"一带一路"合作谅解备忘录，匈牙利成为第一个参与"一带一路"规划的欧洲国家。而宁波市政府则于同年 5 月 29 日出台了《关于加强与中东欧国家全面合作的若干意见》及相关政策，致力于把宁波打造成为中国与中东欧国家双向投资合作、中东欧商品进口、双向人文交流的三个首选之地。

2018 年 6 月的第四届中国—中东欧国家投资合作洽谈会共推出投资合作项目 177 个，累计投资意向金额逾 100 亿欧元，涉及制造业、能源、农业、旅游、房地产、交通运输、基础设施建设等多个领域。5 个中东欧国家的政府机构及企业与 100 余家国内相关省市的政府部门、投资促进机构和企业进行深入对接洽谈。同时，还举办了中国—中东欧国别投资合作对接洽谈。

全省共签约重大内外资项目 232 个，总投资 3675 亿元人民币。其中，外资项目 71 个，总投资 173.3 亿美元；内资项目 161 个，总投资 2876.1 亿元人民币。全省总签约项目中，在浙江国际投资论坛上签约的项目有 24 个，总投资 658.9 亿元人民币。其中，外资项目 14 个，总投资 310.3 亿元人民币，主要集中在新能源、高端装备制造、新材料、信息科技、交通物流等行业；"四大建设"项目 10 个，总投资 348.6 亿元人民币，主要集中在食品加工、新材料、集成电路和高端装备制造、旅游、环保等行业。场外签约外资项目和"四大建设"项目共 28 个，总投资 715.8 亿元人民币。舟山市举办了浙江国际农产品贸易中心推介会和企业对接会，现场洽谈踊跃。

宁波市共签约重大投资项目 180 个，总投资 2300.24 亿元人民币。其中，外资项目 41 个，总投资 60.53 亿美元，协议外资 23.69 亿美元；内资项目 139 个，总投资 1912.85 亿元人民币。成功举办宁波市国际投资合作洽谈会暨重大项目签约仪式，宁波市总签约项目中，有 73 个项目是在该会上签约的，总投资超千亿元人民币。其中，外资项目 24 个，协议利用外资 18.8 亿美元，涉及智能制造、新材料、新一代信息技术、生物医药、节能环保等领域；内资项目 49 个，总投资 1303.2 亿元人民币，涉及物流以及物流商贸、产业园、房地产等行业。投资 1 亿美元以上的外资项目 10 个，占到签约项目总数的 40%；投资 10 亿元人民币以上的内资项目 30 个，占到签约项目总数的 61%。会上，103 名海内外业界精英还被聘为"招商大使"并颁发聘书。

2018 年 6 月的第五届中国—中东欧国家商会商务合作大会暨"一带一路"国家商会联盟国际高峰论坛有包括中东欧国家在内的 60 余个"一带一路"沿线国家的经贸部门官员、商会负责人、企业家代表以及来自国内 30 多个省市贸促机构和企业代表共 460 多位代表参会。12 个中外商会间战略合作协议书成功签约；"一带一路" 64 个国家商会共同发起的"一带一路"国家商会联盟在宁波启动成立。

　　浙江国际人才智力项目洽谈对接大会有来自美国、德国、日本、英国等 21 个国家近百名人才引进机构代表与全省 377 家企事业单位代表进行了洽谈对接，共推出 116 个人才技术项目，涉及节能环保、新能源化工、高端装备制造、新材料、生物制药等领域，共达成合作意向 271 项。另外，明日还将举办浙江省国际智能医疗创新大会，全球医疗健康 500 强和行业龙头企业、医疗健康产业上市公司、医疗健康领域优质企业及医疗机构等代表将共商智能医疗与健康、智能医疗创新、医学人工智能合作等话题。

　　第七届甬港澳台暨海外青年华商创业创新合作论坛有来自港澳台青年华商及海外的 450 余名侨界、企业界青年华商、经济科技界青年代表与会。论坛举行了"宁波市侨界青年优秀创业项目""宁波市侨界青年创业创新贡献奖"颁奖仪式。有 9 人被聘为第二批"宁波市侨联海外引才大使"。其间，还举行了宁波人才新政暨创业创新环境推介会和新侨甬创项目路演两场分论坛活动。

　　在 2017 年的中国—中东欧博览会上，宁波港龙物流携手罗马尼亚帝加农业，投资 2000 万元，在罗马尼亚米济尔市投资绿色有机农畜产业链开发项目。"跟着'一带一路''走出去'，正是投资好时机。"港龙物流董事长张学民有感而发。近年来，罗马尼亚经济增长平稳。该项目是将国内相对成熟养殖种植技术与罗马尼亚优质天然农业土地资源相结合，在罗马尼亚建立一条绿色有机农畜产品的种植、养殖、加工、销售的完整产业链，然后再通过冷链物流从宁波口岸进口到中国市场进行销售。"从'走出去'到'引进来'，利用宁波的平台优势，实现从生产到销售的完美闭环。"

　　在宁波的多年"深耕"下，甬商眼中的中东欧，早已卸下了神秘的面纱。美诺华药业、奥克斯、华翔等一大批龙头民企在中东欧的布局被广为称道。还有均胜集团在罗马尼亚、波兰等中东欧国家建立汽配生产工厂；东方日升、尤利卡等宁波太阳能设备生产企业，分别在保加利亚、罗马尼亚等国家开展太阳能电站建设。宁波保税区东人投资有限公司投资 1.2 亿美元收购波兰 BIOTONS 公司 33% 的股权。在全球经济形势不明朗、逆全球化抬头之时，中东欧区域成为甬企新的增长点。

　　截至 2017 年底，宁波与中东欧国家双向投资项目 125 个（其中对中东欧国家投资 46 个，中东欧国家在宁波投资 79 个），居全国前列，投资项目涉及医药、汽配、光伏、教育、旅游等。中东欧（宁波）工业园、中捷（宁波）国际产业合作园相继设立，一期 2 万平方米厂房已建成，捷克轻型通航飞机项目、赛斯纳飞机维修中心、户外保温箱项目、匈牙利电子魔墙项目等正在洽谈推进中，未来 5 年计划在园区生产 140 架轻型飞机，保温箱投产后预计年生产量达到 30 万只。匈牙利贸易署、拉脱维亚投资发展署分别在宁波设立了商务代表处，保加利亚上海总领馆也表示有意在宁波设立代表处。

3. 经贸文化交流活动掀开序幕

第五届中国（宁波）—中东欧国家教育合作交流活动共签署了 17 项教育合作协议；丝路联盟国际商务 MOOC 开发中心、中国（宁波）—中东欧企业家教授联盟等一批合作项目和平台启动；中国（宁波）—中东欧城市基建教育与投资合作研究平台正式揭牌。

2018 年中国（宁波）—中东欧国家旅游交流周有来自捷克、克罗地亚、保加利亚等 10 余个中东欧国家旅游部门与全国各地的旅行商、投资商等 500 余人进行洽谈和推介，宁波市与中东欧国家签订旅游投资项目 4 个；举办了中东欧国际文化美食节暨国际湖泊音乐节、国际休闲湖泊论坛等活动，吸引了国内外 40余家知名湖泊景区代表和大批宾客、民众参与；2018 年"百团千人游中东欧活动"继续举行，吸引了一大批市民报名参加。

中国（宁波）中东欧高层次人才智力合作交流会共签订合作协议 4 个。"舌尖上的中东欧"集中展示了中东欧 16 国的特色食品和文化，老外滩人气爆棚，吸引了一大批市民前往参与和品尝。同时，立陶宛企业署宁波代表处正式揭牌，中国（宁波）中东欧青年创业创新中心授牌并正式启动。中国国际青年交流中心与保加利亚国际社会发展协会举行签约仪式，宁波中东欧青年创业中心、"16 + 1"国际志愿者宁波工作站在论坛上揭牌。首次发布"一带一路"智慧航线，为宁波舟山港到希腊比雷埃弗斯港之间的海运航线提供快捷、高效的服务。中国—中东欧版画名家作品展共展出版画 78 幅，其中中东欧 16 国作品 60 幅，吸引了大批市民参观；举行了成立宁波—中东欧国家美术馆联盟发布仪式，得到了 10 余位中东欧艺术家的响应。中东欧进口商品节有超过 100种中东欧商品在宁波和杭州两地 10 家华润万家门店亮相，吸引了大批市民争相采购。

（1）举办"中国宁波—中东欧国家经贸文化交流周"活动

2014 年 6 月 7 日，"中国宁波—中东欧国家经贸文化交流周"在宁波美术馆正式拉开帷幕。来自 14 个中东欧国家的 40 多个团组、约 220 名外宾出席会议，其中省、州长和市长代表团 16 个，商贸、教育、旅游、文体等方面的代表团 20多个。涉及中东欧国家的政府官员、画家、音乐家、院校师生、在甬中东欧留学生及宁波的绘画爱好者等 300 余人。这次交流周期间共举办了 20 多项活动，具体包括中国宁波—中东欧国家城市市长论坛、中东欧国家投资环境说明会、中国宁波—中东欧国家商协会商务合作大会、中国宁波—中东欧国家教育合作交流会、中国宁波—中东欧国家旅游合作交流会、浙江广厦与塞尔维亚 KK 康斯坦丁篮球友谊赛、"宁波人看中东欧"摄影展等。会议发布了中国宁波—中东欧国家商协会商务合作的《宁波共同声明》，举行了中国宁波—中东欧国家城市市长论坛，通过了《宁波中东欧城市合作宣言》。截至 2017 年，宁波与中东欧 16 个国家的 22 个城市建立友好关系。交流活动推动了宁波和中东欧国家城市之间的进一步了解，增进了互信，扩大了合作，对宁波和中东欧国家城市的经济社会发展、对外开放合作，产生了积极的促进作用和广泛的影响。

（2）人文交流全面开花

2014 年，中国（宁波）—中东欧国家教育合作交流活动开展，宁波切实依托教育部国际交流与合作综合改革试验区的重要平台，大胆探索教育国际化的新模式，构建一个"全方位、多层次、宽领域"的教育国际化大格局。

截至 2017 年，宁波市高校与中东欧 60 多个院校建立合作关系，累计双向交流学生突破 400 人。另据人才服务部门统计，自 2017 年《外国专家证》和《外国人就业许可》两证整合以来，在申领《外国人工作许可证》的人员中，来自中东欧 16 国的从业人员出现迅速增长。2017 年，中东欧来宁波市工作的人数是过去 20 年间的人数总和。

此外，在旅游、友城等领域，宁波与中东欧之间的合作也在不断推进。连续三年推出"百团千人游中东欧"活动，共输送 6800 余名市民赴中东欧旅游，并吸引超 1000 名中东欧游客到宁波。同时，宁波还有与中东欧 22 座城市建立友好关系，覆盖全部中东欧国家。

（3）建设中东欧博览会会馆，打造双方合作平台

2015 年 6 月，项目总投资约 40 亿元的中东欧博览会会馆和中东欧商品常年展销场馆奠基开工这两个地方将被打造成国别齐全、品类多样、设施一流、服务专业、具有广泛影响力的中东欧商品进口展示交易平台。

"中东欧平台已经成为宁波市参与'一带一路'建设的示范和样本，下一步要重点提高能级和实效。"宁波市商务委主任张延表示，在"一带一路"巨大的引擎作用下，宁波将中东欧视为重要的突破口，"同频共振"，合作正不断迈向纵深。

9.1.2　产业合作基础和前景

1. 中东欧产业合作优势

中东欧国家在产业合作方面具备三个方面的优势。一是地理位置优越。中东欧 16 国地处东西欧交汇处，多条国际公路贯穿其间，可辐射整个欧洲大陆，特别是中欧地区素有"欧洲工厂"之称。二是人力资源成本颇具优势。中东欧国家人力资源普遍素质高，人力成本大大低于西欧发达国家。三是技术创新研发能力强。以匈牙利为代表，匈牙利已成为整个欧洲的知识和创新中心，欧洲创新技术学院就设立在匈牙利首都布达佩斯，很多大型跨国公司已在匈牙利设有研发中心。

2. 宁波的产业优势

目前，宁波已形成工业门类众多、特色明显的三大产业板块。一是以石化、电力、钢铁、造纸、汽车、修造船为重点的临港型工业；二是以电子信息、新材料、生物医药为重点的高新技术产业；三是以纺织服装、日用家电、输变电、注塑机、模具、金属制品及汽车零部件等为主体的传统优势产业。

（1）形成了三大基地

形成的三大基地即塑机基地、模具基地、汽车零部件基地。

塑机基地——宁波是国内最大和全球颇具知名度的注塑机生产基地，不仅拥有国内产销量最大的海天机械及海太、亨润、通用、甬江、海达等一批知名企业，而且也吸引了塑机行业的跨国巨头来甬落户。现有注塑机企业 160 余家，年塑机制造能力超过 3 万台，占全国总产量的 60%。

模具基地——模具制造是宁波最具特色的行业。宁波共有专业模具生产企业 2700 家，模具设计制造技术人员 6000 多名。宁波能生产 10 类模具，其中冲压模具、塑料模具、金属压铸模具、粉末冶金模具、橡胶模具等在国内已有较强的竞争力；宁波模具群聚特征明显，宁波北仑大碶被誉为"模具之乡"，余姚轻工模具城、宁海的宁波模具城均被国内业界誉为"模具王国"。在引进的企业中，有为国际著名大公司通用、福特、松下、飞利浦、明基、LG、贝尔、阿尔卡特、丰田等配套生产模具的企业双林模具，另外还有泛德压铸模具、优耐特模具、米勒模具、腾龙模塑等多家模具结构工厂。

汽车零部件基地——宁波是国内重要的汽车和摩托车零部件生产基地。吉利汽车规模化生产，华翔汽车已批量出口，波导、奥克斯已准备向汽车行业进军，奉化的汽车空压机、象山的汽车空调注塑件总成、北仑的汽车车灯系列、鄞州的汽车制动拉索和汽车前桥等，都是当前国内几大汽车集团重要的定点配套产品。

（2）产业配套

宁波企业的特点是以量多面广的中小型民营企业为主，全市有近 9 万家中小企业，它们机制灵活，配套能力特别强。宁波在 1 小时车程范围内可以很方便地找到精密机械、汽车零部件、电子、轻工、纺织、金属制品等产业的上下游配套企业，而且生产成本低，产品质量好，交货及时。发达的零组件采购市场网络为宁波制造业的崛起提供了动力强劲的引擎。

3. 产业对接领域广泛

中东欧国家在投资、贸易、旅游等领域的需求很大，宁波企业在中东欧国家的基础设施、环保产业、装备制造、境外工程等方面都大有可为。鼓励发展与中东欧国家的贸易往来必然是宁波乃至整个中国发展国际贸易的硬性需求和新趋势。而宁波的民营经济发达，与中东欧国家具有很强的经济互补性。宁波也已经出台专项政策，鼓励扩大中东欧商品进口、鼓励民营企业赴中东欧投资办厂经商、鼓励市民赴中东欧旅游，加强宁波与中东欧国家的经济、文化联系以及民间交流，进一步促进中国和中东欧国家的共同发展。宁波的目标是力争在5年的时间内，通过相应的政策引导，激励双方企业和有关机构扩大合作，使宁波与中东欧国家之间能实现年进出口60亿美元的目标。

（1）旅游业合作前景

2015年6月10日，中国（宁波）—中东欧国家旅游合作交流会成为"首届中国（宁波）—中东欧博览会"人文交流板块的重要组成部分开幕。中东欧13个国家的官方机构和旅行商代表120余人，全省各地旅游局（委）170余人，全国旅行商90余人和境内外投资商60余人，中央、省、市级媒体60余人参会。交流会上，宁波与中东欧国家旅游交流合作签约，宁波百团千人游中东欧活动启动授旗仪式。此外，黑山、斯洛文尼亚、波兰、匈牙利、克罗地亚、斯洛伐克、拉脱维亚、保加利亚、捷克、阿尔巴尼亚、塞尔维亚11个中东欧国家在交流会上推介了当地的美丽风光。2015年6~10月组织的宁波百团千人游中东欧活动已经结束，效果极佳，宁波与中东欧旅游合作前景广阔。

为进一步促进双边旅游合作，保障客源互送，提升宁波同中东欧国家旅游合作的深度和广度，推动两地旅游业共同繁荣，宁波市旅游局代表市与拉脱维亚、波兰两国签订旅游交流合作协议。宁波市人民政府、浙江省旅游局为6家"中东欧风情"旅游联盟成员单位授旗。宁波市大力推进与中东欧国家的交流合作，除了目前东航已经开通的法兰克福、罗马的包机直航航线外，双方还在进一步洽谈，以开通更多中东欧国家的直航航线；为中东欧国家的旅游资源推广搭建平台，对参加宁波国际旅游展的中东欧国家相关机构、企业免收展位费；中东欧国家友好城市主要官员率团来访，宁波市将提供一定人数的落地接待；中东欧国家友好城市艺术团体若到宁波演出，宁波将提供场地、食宿和本地交通补助等。

（2）贸易前景

在经贸合作方面，宁波市将争取在每年举办的"浙洽会""消博会"期间，举办中东欧城市特色商品展，并欢迎中东欧城市商会及企业家到宁波考察访问、举行投资环境推介等；宁波市将鼓励有实力的贸易企业赴中东欧城市考察访问、交流合作，鼓励企业赴中东欧投资兴业，设立工业和贸易园区；并将加强在港口、公路等基础设施建设领域的合作，建立宁波与中东欧城市投资促进机构联络沟通机制。

宁波对中东欧国家客商到宁波参展给予免补政策，对中东欧企业入驻特色产品常年展给予免补政策，为中东欧国家进口企业设立"特快窗口"，优化、简化中东欧进口商品准入管理机制；中信保宁波公司为中东欧国家企业提供中长期买方信贷保险，简化外汇业务收支管理等。

（3）投资前景

政府支持宁波企业赴中东欧开办产业园区及开展其他投资活动；加快宁波保税区中东欧贸易物流园区和慈溪中东欧特色产业园区建设；支持宁波港集团参与中东欧国家港口建设；给予宁波企业赴中东欧投资外汇便利；支持宁波的金融机构向中东欧国家企业和项目提供贷款支持。另外，通过上述分析可知，中东欧国家在港口、桥梁等方面的基本建设需求量大，为宁波提供了良好的投资机会。

9.1.3　宁波与中东欧国家产业对接策略

1. 潜力合作产业

中东欧各国资源禀赋各异，与宁波的经济互补性较强，彼此合作潜力和空间很大。

（1）通信设备及通信服务

通信产业是我国的优势产业，而目前中东欧国家正亟须升级通信产业。以波兰为例，波兰近年始终保持经济的正增长，并且将从 2014～2020 年获得超过 800 亿欧元的欧盟资金，因此必然会保持对基础设施的长期投资。随着移动终端用户的大幅增长以及数据需求量的不断增加，民众对于国家电信基础设施的要求将越来越高，通信服务的市场需求空间巨大。宁波可以参与国家通信产业合作，为中东欧国家提供优质的通信设备和服务。

（2）汽车工业

汽车工业是宁波与中东欧国家合作的重点产业之一。以捷克、斯洛伐克、波兰、匈牙利、斯洛文尼亚为代表的中东欧国家，是汽车工业发展较为成熟的国家。公交和大客车方面，波兰是欧洲大客车的重要产地，德国是波兰大客车主要出口市场之一；汽车零部件制造方面，捷克有数百家汽车零部件制造供应商，世界汽车零部件厂商 50 强中有一半在捷克投资；汽车设计及技术研发方面，目前有越来越多的知名汽车厂家在捷克设立设计、创新和技术研发中心，从而形成密集完整的汽车产业链。宁波汽车工业发展迅速，已经具备了一定的实力，但在整体实力上与部分中东欧国家仍存在一定差距，可以寻求合作。

（3）海洋生物与化工

部分中东欧国家在生物技术方面研发实力突出，特别是在污水处理技术方面，技术已经相对成熟；部分中东欧国家化工产业基础薄弱、产能不足、产品需求旺盛，而宁波石化产业基础雄厚，循环经济发展良好。因此，宁波可以在海洋生物与化工领域，与中东欧国家采取"取长补短，互利共赢"的合作策略。

（4）制药业

中东欧部分国家制药业发达。以匈牙利为例，其制药行业在东欧最为发达，该行业基本能满足中东欧地区大多数国家。匈牙利的基础设施和科学基础吸引了许多跨国制药公司投入大量资金进行生产扩张，尤其是在原料药和仿制药领域。宁波的制药产业基础相对薄弱，研发能力有待进一步提高。宁波的制药企业可以通过在中东欧国家设立药品研发中心等方式，对其先进的制药经验加以吸收利用。

（5）基础设施

近年来，中东欧国家为了提振经济，在基础设施建设方面加大了投入力度，迎来了基础设施建设高潮。主要涉及公路、桥梁、铁路、机场、港口、地铁、输气管道、光缆传输等领域，还有市政建设，包括排水建设、酒店建设等。近年来，宁波大力发展基础设施建设，相关产业得到了大力发展，并产生了较多的过剩产能。特别是在交通基础设施、桥梁、港口等方面，宁波企业技术领先、设备成套、建设经验丰富、性价比高。宁波可与中东欧国家开展此方面的合作，实现双赢。

（6）清洁能源

宁波在太阳能发电等清洁电力领域已掌握了关键技术，而目前中东欧地区的黑山、塞尔维亚和波黑以及其他国家在交通基础设施和水力发电方面，亟须外商的投资与合作。波黑政府明确表示希望中国企业对波黑的电力建设项目进行投资，一是修复、改造其现有电厂，二是新建、扩建电厂，这正是宁波新能源电力企业进入中东欧的大好时机。

（7）食品加工

克罗地亚、罗马尼亚、保加利亚、立陶宛和波黑等国的农业自然条件优越，食品加工业历史悠久；保加利亚、罗马尼亚等国葡萄产量丰富、品种优质，均是世界葡萄酒生产和出口的主要国家；保加利亚是酸奶的发源地，乳制品品种齐全，主要乳制品有牛奶、酸奶和乳酪；波黑政府明确希望中方企业投资其食品加工业，扩大波黑的出口规模。因此，宁波的相关加工企业应加快"走出去"步伐，利用当地优质的食品原料，生产葡萄酒、乳酪等制品，就地生产，就地销往欧洲及国内市场。

2. 宁波与中东欧国家产业对接策略

（1）引进优质资源，建立中东欧外商产业园区

外资产业园区的建立，收获的不仅仅是招商成果，更重要的是有利于增进双方从政府到民间的友好交流，扩大双方的影响，推动经贸发展。外商直接投资可以为宁波带来先进的技术和管理经验，通过多条渠道产生溢出效应。因此，建议

宁波市政府根据本市产业发展的战略定位，鼓励商贸局、招商局、在外知名企业，积极发现和引进中东欧大型企业集团、跨国公司、龙头企业来宁波建立高端产业园区，并作为宁波招商引资的提升战略去执行。

（2）以龙头企业带动产业链发展，在中东欧择优建立产业园区

中东欧的一部分不发达国家，是产业转移和开辟的好去处，宁波企业应把握机遇布局境外，抱团"走出去"，在中东欧设立工业园区。通过抱团联合入驻，不仅可以规避欧盟发达国家的贸易保护措施，降低海外投资风险，也能取得所在国更多的优惠政策，实现低成本的产业转移和市场拓展。建立中东欧产业园区，一是选择一批服装、家电、机械电子等宁波市有比较优势的传统产业、过剩产业，发挥宁波市的产业优势、企业优势、智力优势，并与当地的区域需求相结合；二是以宁波龙头企业带动整条产业链发展，以龙头企业为"母鸡"带动"小鸡"中小企业出境，进入产业园区，实现产业转移，探索建立中东欧产业园区、经贸合作区、跨境经济合作区等各类产业园区，为宁波市产能过剩的中小企业"走出去"搭建服务平台。政府可出台相关政策，对带动企业共同出击，给中小企业做"管家"、当"保姆"，并形成境外产业链条的龙头企业，给予税收减免或奖励发展特色旅游，实现旅游便利化、常态化。中东欧国家有着丰富的民族特色文化及自然风光，旅游资源丰富。目前，宁波已举办了中东欧千人游专项活动，效果良好。宁波应顺势而为，与中东欧相关国家联合打造特色国际精品旅游线路和旅游产品，开辟新线路，实行双向游，同时简化出入境手续，便利游客来往。

（3）构建网上合作与交流平台

一是搭建宁波与中东欧网上经贸合作平台，以跨境电商为基础，以经贸往来与合作为主题，为宁波与中东欧的商务合作开辟便利联络通道；二是为中东欧地区的宁波商人搭建网上联络平台，加强境外宁波商人之间的沟通与联络。

（4）以中东欧博物馆为平台，常年展销特色产品

宁波可以以中东欧博物馆为平台，以港口贸易带动交易平台发展。同时，提升中东欧特色展销产品的品质，设立中东欧产品免税店，降低进出口商品价格，使消费回流国内，进而回流至宁波。购买主力的回流也会带来消费品的大量进口，促进贸易的双向发展。

（5）实施文化先行战略，搭建人文交流平台

文化是灵魂、是精神、是情感的纽带，具有巨大影响力和历史穿透性。宁波应坚持文化引领，发挥文化资源优势，加强国际文化交流与合作，积极利用网络平台，运用新媒体工具，塑造和谐友好的文化生态和舆论环境，推进与中东欧国家的交流。在人文交流方面，宁波可以建立中东欧教育国际化示范园区，搭建产学研交流平台。一是以现有的宁波资源为基础，建立教育国际化示范园区，创建

教育与产业协同创新试验区，为人才进出与培训搭建平台与桥梁；二是引进中东欧高层次人才；三是在国内外进行培养，为宁波与中东欧交流合作奠定人才基础。

（6）争取中东欧博览会永久落户宁波

宁波已经承办了两次中国与中东欧博览会以及中东欧国家省（州）市长论坛，召开了第二届中国（宁波）—中东欧国家教育合作论坛、中东欧国家美术馆馆长论坛等一系列高规格、国际性的论坛活动，开建了中东欧博物馆，出台了相关政策，宁波应努力使中东欧博览会永久落户宁波，办好各种论坛等活动。

综上，宁波与中东欧对接的具体建议如表9-1所示。

表9-1　　　　　　　　　中东欧16国与宁波产业对接建议

国家	产业对接建议
波兰	可在机电产品、运输设备、汽车制造、家用电器、食品生产、电子产品、石化、纺织业、旅游业方面，开展贸易与合作
捷克	社会环境相对安全，可在旅游业方面开展合作
斯洛伐克	解酒的饮料，原生态无污染的蜂蜜，是双方合作的理想项目
匈牙利	可在葡萄酒贸易、港口合作、投资、教育、旅游业、科技创新方面开展合作
斯洛文尼亚	可在港口、机电、汽车，纺织服装、家具制造、家禽类肉食加工、葡萄酒贸易、食品加工、旅游、环保项目等方面进行贸易合作
克罗地亚	可投资产业：港口运输、造船、码头、铁路等基础设施建设 可合作产业：纺织、旅游业、葡萄酒、橄榄油、农产品、医药产品
罗马尼亚	港口、物流运输合作前景广阔；葡萄酒贸易，防病毒软件开发、纺织服装业、农副产品、粮食、肉类等食品的出口加工、基础设施、能源等领域可进行投资和合作
保加利亚	可在玫瑰、精油化妆品、酸奶、葡萄酒等方面进行贸易合作
塞尔维亚	基础设施、能源、农业、IT和汽车工业领域有着巨大的投资空间，部分家电、建材、汽车等生产型项目希望与中方企业开展投资合作，但塞投资环境欠佳，合作资源相对有限，在资金、技术、市场销售渠道、长远规划等方面均需我方企业自力更生。应充分评估市场风险，谨慎决策
黑山	宁波的制造业、农产品加工、太阳能可进军黑山，日用消费品可出口黑山；黑山经济继续转型发展服务业，宁波可参与旅游项目和大型基础设施项目
北马其顿	可开展葡萄酒贸易、旅游合作
波黑	可在木材、机械产品、旅游业、畜牧产品加工等方面开展贸易与合作

续表

国家	产业对接建议
阿尔巴尼亚	可在新能源、公路和桥梁、电站建设、港口、特色旅游、农产品尤其是橄榄油等方面开展合作
立陶宛	食品加工、木材加工、交通物流、生物技术、激光技术为立陶宛的优势产业，可在这些产业开展合作
爱沙尼亚	爱沙尼亚的森林、沼泽、湖泊、河流几百年来按照自身的速度演变，极少有人为的干涉，可开展生态旅游合作
拉脱维亚	食品质量优，牛奶、肉类、鱼产品和高端药物在华有巨大前景，宁波企业可在当地投资办厂；有三个不冻港和良好的基础设施，主要港口都设有经济开发区，拥有高端金融服务和信息技术产业，网速世界领先，可以满足投资者需求，双方可以在港口、交通物流领域寻合作；在交通、医药、生态食品、旅游、教育等多个领域可展开对话与互利合作

9.2 宁波与中东欧经贸合作研究

宁波与中东欧国家经济互补性强，合作前景广阔。宁波人十分欣赏和喜爱中东欧文化艺术，向往去中东欧旅游；宁波企业对投资中东欧具有浓厚的兴趣；宁波在城市建设和装备制造等领域拥有雄厚技术实力，能够为中东欧国家的建设贡献力量。中东欧高品质的肉、奶、葡萄酒等，在宁波具有巨大的进口潜力。综观以往，宁波与中东欧有着良好的贸易合作。

9.2.1 宁波与中东欧贸易合作[①]

1. 宁波与波兰

宁波向波兰出口的商品主要有服装，灯具、照明装置，纺织纱线、织物及制品等，而波兰则向宁波出口琥珀制品、特色巧克力和葡萄酒。2014年，宁波市对波兰进出口95971万美元，增长20.5%。其中出口88077万美元，增长22.8%，以服装、灯具、纺织纱线等为主；进口7894万美元，以废金属、铜、己内酰胺等为主。宁波和波兰是寻求共同发展的贸易伙伴，到2014年底，波兰在宁波获批的外商投资项目共有14个，波兰企业投资200万美元设立的宁波恒瑞电子实业有限公司等，既有服务业，也有制造业。而宁波共有10家获

---

① 本部分内容引用了闫国庆、徐侠民编著的《"一带一路"战略：宁波的选择与构建》的部分内容。

批在波兰投资的企业和机构，双方的合作在不断加深。2005 年 10 月，宁波与波兰的比得哥什市缔结为友好城市。在教育方面，宁波和波兰的交流也非常频繁。从 2014 年开始，宁波的高校为来自波兰的留学生提供各种专项奖学金，鼓励波兰留学生赴宁波学习。宁波大学也与波兰克拉科夫音乐学院达成协议，联合培养音乐学专业博士。

2. 宁波与捷克

2015 年 6 月，宁波与捷克的克拉德诺市建立"友好城市"。据统计，截至 2015 年 3 月底，捷克在宁波累计批准的外商投资项目有 12 个，合同外资 462 万美元，实际外资 161 万美元；宁波累计批准在捷克投资的企业和机构有 3 家，核准中方投资额 74 万美元，实际投资额 69 万美元。2014 年，宁波市对捷克出口 19983 万美元，增长 18.5%。2015 年 4 月 13 日，捷克驻上海总领事里查德·科帕奇一行来访宁波，里查德·科帕奇一行与宁波市外办、市商务委等部门就中国—中东欧国家投资贸易博览会等有关事宜进行了商谈。

3. 宁波与斯洛伐克

位于北仑区的宁波天胜轴承集团（以下简称"天胜"）是一家典型的外贸生产企业，欧美是其主打市场，排名在国内行业前几位。2007 年，天胜收购斯洛伐克的轴承企业。该企业在当地是数一数二的轴承企业，当时天胜为它配套生产过不少产品，双方形成了良好的合作关系。金融危机以后，斯洛伐克工厂产量下滑，负债经营，天胜瞅准时机，以 900 万美元收购了对方 55% 的股份，把以往的合作伙伴变成了"自家人"。并以此为跳板，成功打开了欧洲的高端市场。天胜依然使用的是斯洛伐克厂原来的品牌，在占有一定市场份额后，打出了天胜的牌子。由于对拉动当地就业作出了不小贡献，天胜集团多次受到斯洛伐克商务部的表彰。宁波东方日升新能源公司的光伏电站项目遍布斯洛伐克。在宁波商人投资斯洛伐克的同时，斯洛伐克商人也在投资宁波，奉化大酒店便是斯洛伐克人投资 530 万美元所建。

4. 宁波与匈牙利

匈牙利位于中欧内陆，中国古代称呼它为"马扎儿"。60 多年前，同为社会主义国家的匈牙利是最早承认并与新中国建交的国家之一；60 多年后，匈牙利是中东欧区域我国侨民最多的国家，在华侨集聚最多的首都布达佩斯，中餐馆就有 200 多家匈牙利采取各种措施优化投资环境，是中东欧地区人均吸引外资最多的国家之一。匈牙利曾经拥有发达的工业体系。20 世纪 80 年代末，宁波凤凰冰箱厂从匈牙利最大的冰箱厂莱哈尔引进了几条生产线。"莱哈尔"冰箱是宁波和匈牙利友好交往的珍贵记忆。据统计，截至 2015 年 2 月底，匈牙利在宁波累计批准的外商投资项目有 21 个，合同外资达 1524 万美元，实际外资达 418 万美元；宁波累计批准在匈牙利投资的企业和机构有 8 家，核准中方投资额达 192 万美元，实际投资额达 27 万美元。2014 年，宁波市对匈牙利出口 19251 万美元，增长 2.6%。匈牙利（宁波）工业集团有限公司是宁波在中东欧的第一家境外经贸联络处，主要进行南车旗下轨道交通装备和"宁波制造"产品的推广，以及中东欧先进产品收购与技术的引进。宁波三杰灯业有限公司在匈牙利首都布达佩斯设立了慈星欧洲公司，生产的 LED 灯具进入了匈牙利和波兰等周边国家的特易购、麦德龙超市。2006 年，匈牙利欧桥宁波办事处成立，是注册于宁波的一家外商投资的外贸公司，主要经营蜡烛、各类材料的烛台、芳香原料和相关工艺品、汽车用品及附件，产品出口到世界各地，以欧美为最多。匈牙利格斯维有限公司宁波办事处，是一家经销批发圆珠笔、铅笔、订书机、橡皮、自动铅笔、夹子、笔盒、记号笔等产品的外资企业。其产品在消费者当中享有较高的地位，公司与多家零售商和代理商建立了长期稳定的合作关系。2016 年 1 月 14 日，匈牙利贸易署宁波代表处在宁波江北老外滩顺利落户，这对宁波加强与中东欧国家的全面合作具有深远的意义和影响。在揭牌仪式上，宁波与匈牙利签下了第一笔订单，匈牙利外交和对外经济部与宁波欧中甬联投资咨询有限公司签订了合作协议。

5. 宁波与斯洛文尼亚

2014 年 9 月，宁波与斯洛文尼亚科佩尔市签署了两市建立友好交流关系协议书。宁波与斯洛文尼亚有橄榄油进口贸易，斯洛文尼亚企业投资 4600 万美元成立了余姚爱文光电科技有限公司。2014 年，宁波市对斯洛文尼亚出口增长 19.3%，进口增长了 20.5%。截至 2014 年 11 月底，斯洛文尼亚在宁波累计投资项目 6 个，合同外资达 9591 万美元。2015 年 9 月，宁波市贸促会组织参加了"第 48 届斯洛文尼亚国际贸易博览会暨 2015 中国精品中东欧展览会"，促成两个合作项目，一个是宁波与科佩尔市之间的，另一个是宁波与马里博尔市之间的。

目前，斯洛文尼亚在宁波有一家机械工具合资企业，还有一些通过宁波港做食品和饮料生意的商人。斯洛文尼亚目前已与中国多地建立了项目合作关系，如废物处理厂、飞机场公共运输汽车、供水系统等，2015 年 6 月，斯洛文尼亚共和国马里博尔市市长安德烈·菲斯特拉维茨邀请宁波加入这些环保节能项目的合作。另外，斯洛文尼亚拥有中东欧国家最繁忙的港口之一——科佩尔港，宁波港和科佩尔港可以建立更密切、更多的合作。斯洛文尼亚旅游业比较发达，已成为国民经济的重要组成部分，双方也可以加强旅游合作。

6. 宁波与克罗地亚

克罗地亚的里耶卡市和宁波于 2010 年下半年正式缔结友好城市关系。2010 年 11 月，双方还签署了《宁波与里耶卡市加强经贸和港口交流与合作备忘录》。但总体上看，宁波与克罗地亚的贸易往来很少，而克罗地亚是一块潜力无穷的处女地，投资前景广阔。2006 年 3 月，浙江商人、克中交流基金会主席、长城商贸中心总经理叶碎雄，在克罗地亚创建了第一家大型中国商品集散地长城商贸中心，吸引了 80 多家商户入驻，主营纺织服装、鞋类和日用品批发。叶碎雄希望宁波的商人去挖掘克罗地亚，早日抢滩克罗地亚市场。里耶卡和宁波都是全球城市和港口国际协会的重要成员，在港口方面具有很大的合作空间。目前，克罗地亚出台了《投资促进法》，里耶卡港口改扩建项目计划于 2010 年彻底完成，并且希望与宁波携手合作推进码头、铁路等基础设施建设，还希望与宁波在教育、文化、旅游、科技等方面开展密切合作。

7. 宁波与罗马尼亚

中国和罗马尼亚是全面友好合作伙伴关系，宁波和罗马尼亚之间的经贸往来日益密切。2014 年 6 月，宁波市与罗马尼亚的重要经济中心克卢日—纳波卡缔结为友好关系城市。在双方经济贸易方面，截至 2014 年底，宁波累计批准在罗马尼亚投资的企业和机构有 14 家，核准中方投资额 549 万美元，实际中方投资额 131 万美元。这些企业主要是新能源、电力和服饰行业。宁波与罗马尼亚的贸易往来主要集中在锯材、服装、灯具、纺织织物等方面。宁波新鸿腾进出口有限公司在罗马尼亚投资 240 万美元，建有红龙中国商场；宁波的东方日升新能源公司在罗马尼亚建有光伏电站；罗马尼亚设有金属制品贸易有限公司宁波办事处；宁波的裕如国际贸易有限公司是专业进口罗马尼亚原瓶原装葡萄酒的国际贸易公司；2012 年，中国海运集团已开通了上海、宁波至罗马尼亚康斯坦察的周班定期航线，仅需 50 多天，大量商品从东海之滨运出，抵达黑海之滨。截至 2014 年底，罗马尼亚在宁波批准的外商投资企业项目有 12 个，主要是电动自行车制造、茶叶批发、纺织服装等。2015 年 6 月，中东欧博览会期间，罗马尼亚推出了葡萄酒、矿泉水、啤酒等产品，此外，在罗马尼亚特别有名、在欧盟已经获得地理保护名称的果酱、熊油、鸵鸟油制成的保健产品也来到了宁波。

8. 宁波与保加利亚

2002 年 9 月，宁波市与保加利亚瓦尔纳市结为友好城市。自 2002 年以来，双方交流频繁，从 2002 年 9 月开始到 2014 年 6 月，双方在推进经贸文化方面进行了 13 次不同方式的交流，2007 年 9 月，市委书记郭正伟率宁波市代表团访问瓦尔纳市，双方就进一步加强宁波市和瓦尔纳市在经济、港口、文化、教育、体育等领域的交流和合作等事宜进行了深入的探讨，双方共同签署了《2007～2008 宁波市和瓦尔纳市进一步加强交流合作备忘录》。宁波的光伏产业也进军保加利亚，东方日升新能源公司的光伏电站项目遍布保加利亚。

2014 年 6 月，在两市结好十周年之际，瓦尔纳市市长伊万·波特尼先生率团访问宁波，参加"中国宁波—中东欧经贸文化交流周"相关活动，并与宁波市市长签署了两市加强教育合作协议书，出席了"宁波—中东欧国家旅游合作交流会"，并在"中国宁波—中东欧城市市长论坛"上做了主题发言。

9. 宁波与塞尔维亚

2014 年 6 月，宁波与塞尔维亚的克拉古耶瓦茨市共同签署了《两市建立交流关系备忘录》。宁波和塞尔维亚的来往涉及诸多方面，塞尔维亚是宁波友好的贸易伙伴，宁波的服装及衣着附件、纺织织物以及制品、灯具、照明装置等获得了塞尔维亚企业的欢迎；而塞尔维亚的铁矿砂、锯材等也获得了宁波企业的认可。宁波开设有塞尔维亚语培训班。双方的贸易往来在不断加深。

10. 宁波与黑山

黑山制造业薄弱，大量的工业产品、农产品、能源及日用消费品依赖进口。其物价水平偏高，常用物品供应正常，但蔬菜品种较少。宁波在黑山有葡萄酒进口贸易，其他方面的经贸往来则很少。2015 年 6 月 7 日下午，参加中东欧国家投资贸易博览会的黑山共和国副总理拉佐维奇参观考察了宁波保税区进口商品市场。

11. 宁波与北马其顿

2014 年 11 月，宁波市与北马其顿的比托拉市建立了友好交流关系。北马其顿是宁波关系友好的贸易伙伴，双方往来十分频繁。2013 年宁波市对北马其顿进出口额增长了 22.5%，2014 年又增长了 4.3%。宁波的紧固件、空调、摩托车等都受到了北马其顿企业的喜爱。

12. 宁波和波黑

近年来，宁波与波黑的外贸往来不断加深。2013 年，宁波市对波黑进出口 391 万美元，同比增长 39.8%；2014 年，宁波与波黑的进出口贸易往来达到 625 万美元，同比增长 59.8%。波黑的锯材、服装及衣着附件、塑料制品都受到宁波企业的喜爱，而宁波的纺织纱线、织物制品、服装、灯具和照明装置等也在波黑受到了欢迎。

13. 宁波与阿尔巴尼亚

2014 年 6 月 8 日，宁波市与阿尔巴尼亚杜拉斯市缔结友好关系，并且签署了《两市建立友好关系协议书》。宁波与阿尔巴尼亚的贸易较少，阿尔巴尼亚的旅游可免签入境。阿尔巴尼亚是世界上人均拥有碉堡最多的国家，被誉为"碉堡王国"，拥有大量石油和天然气资源，宁波与其贸易往来前景看好。

14. 宁波与爱沙尼亚

2011 年 4 月，宁波与爱沙尼亚这座古城结为友好城市。宁波主要从爱沙尼亚进口红酒，开辟了宁波—爱沙尼亚的货运航道。2008 年 1 月 11 日，宁波港与爱沙尼亚塔林港就两港在爱沙尼亚合作建设集装箱码头项目达成一致，并签署了《项目投资合作意向书》。2015 年 6 月 10 日上午，爱沙尼亚塔尔图市副市长雅诺·劳尔参加了第二届中国（宁波）—中东欧国家省（州）市长论坛，他评价宁波是座干净、绿化环境好的优美城市，宁波充满活力，开放型、国际化程度高的经济令他印象深刻，同时他认为宁波的投资环境很好，希望塔尔图市的优势企业、一些化妆品公司，能到宁波来投资；他希望未来两市在教育、科学研究、生物科技和通信科技等领域能有更多的合作。

15. 宁波与立陶宛

2014 年 6 月，宁波与立陶宛的阿利图斯市缔结了友好交流关系城市。阿利图斯市位于立陶宛南部，是阿雷图斯省的首府，横跨涅曼河，为立陶宛第六大城市，是该国南部的经济重镇。其制造业、食品加工业等发展较快。2014 年，宁波市对立陶宛的进出口贸易额增长了 5.4%。宁波主要从立陶宛进口机械提升搬运装卸设备及零件、未锻造的铜及铜材，而立陶宛则从宁波进口纺织物、汽车零件灯具及照明装置等物品。

16. 宁波与拉脱维亚

拉脱维亚被称为"波罗的海跳动的心脏"和"北方巴黎"。2015 年 6 月 11 日，宁波市旅游局与波兰、拉脱维亚两国签订旅游交流合作协议。宁波与拉脱维亚开辟了货运航道。

9.2.2　宁波与中东欧进出口商品贸易

根据《海关合作理事会分类目录》（CCCN），选取了宁波与中东欧 16 国进出口商品贸易较为密切的一些品类进行了简要分析。

从表 9 - 2 可以看出，宁波与波兰进出口商品主要集中在第六类化学工业及其相关工业的产品和第七类塑料及其制品、橡胶及其制品，出口最多的商品主要是第十一类纺织原料及纺织制品和第二十类杂项制品。

从表 9 - 3 可以看出，宁波与捷克进出口商品贸易主要体现在第七类塑料及其制品、橡胶及其制品，出口最多的是第十一类纺织原料及纺织制品，其次是第二十类杂项制品。

从表 9 - 4 可以看出，宁波与斯洛伐克出口商品主要体现在第十一类纺织原料及纺织制品、第二十类杂项制品、第七类塑料及其制品、橡胶及其制品和第十二类鞋帽伞等、羽毛品、人造花、人发品。

从表 9 - 5 可以看出，宁波与匈牙利进出口商品贸易密切的主要体现在第六类化学工业及其相关工业的产品、第七类塑料及其制品、橡胶及其制品和第八类革、毛皮及制品、箱包、肠线制品，出口最多的主要体现在第十一类纺织原料及纺织制品。

从表 9 - 6 可以看出，宁波与斯洛文尼亚进出口商品主要体现在第七类塑料及其制品、橡胶及其制品，出口最多的体现在第六类化学工业及其相关工业的产品和第二十类杂项制品。

从表 9-7 可以看出，宁波与克罗地亚进口最多的体现在第九类木及制品、木炭、软木、编织品，出口最多的体现在第十二类鞋帽伞等、羽毛品、人造花、人发品和第十一类纺织原料及纺织制品和第二十类杂项制品。

从表 9-8 可以看出，宁波与罗马尼亚进出口贸易密切的体现在第七类塑料及其制品、橡胶及其制品，出口最多的体现在第十一类纺织原料及纺织制品和第二十类杂项制品。

从表 9-9 可以看出，宁波与保加利亚进出口贸易密切的体现在第七类塑料及其制品、橡胶及其制品，出口最密切的体现在第二十类杂项制品。

从表 9-10 可以看出，宁波与塞尔维亚进口商品贸易不明显，从 2014 年开始，第九类木及制品、木炭、软木、编织品进口增加，出口最多的体现在第十一类纺织原料及纺织制品和第二十类杂项制品。

从表 9-11 可以看出，宁波与黑山进口商品贸易少之又少，出口较多的体现在第六类化学工业及其相关工业的产品、第十一类纺织原料及纺织制品和第二十类杂项制品。

从表 9-12 可以看出，宁波与北马其顿进出口商品贸易总体金额都较少。在出口商品中，近两年主要体现在第六类化学工业及其相关工业的产品和第二十类杂项制品。

从表 9-13 可以看出，宁波与波黑进口商品贸易最多的体现在第九类木及制品、木炭、软木、编织品，出口最多的体现在第十一类纺织原料及纺织制品。

从表 9-14 可以看出，宁波与阿尔巴尼亚出口商品贸易主要体现在第七类塑料及其制品、橡胶及其制品、第十一类纺织原料及纺织制品和第二十类杂项制品。

从表 9-15 可以看出，宁波与爱沙尼亚出口商品最多的体现在第十一类纺织原料及纺织制品和第二十类杂项制品，其次是第七类塑料及其制品、橡胶及其制品。

从表 9-16 可以看出，宁波与立陶宛进出口商品贸易主要体现在第二类植物产品、第二十类杂项制品和第七类塑料及其制品、橡胶及其制品。出口金额最多的体现在第二十类杂项制品。

从表 9-17 可以看出，宁波与拉脱维亚出口商品贸易集中体现在第二十类杂项制品和第十一类纺织原料及纺织制品。

综上，宁波出口最多的商品主要体现在纺织原料及纺织制品和杂项制品上，充分发挥了宁波轻纺业的优势。

表 9 - 2　　宁波与波兰进出口商品贸易金额

单位：万美元

类别	2012 年 进口	2012 年 出口	2013 年 进口	2013 年 出口	2014 年 进口	2014 年 出口	2015 年 进口	2015 年 出口	2016 年 进口	2016 年 出口
第一类 活动物；动物产品		120.71	3.48	31.33	4.15	14.55	56.23	0.86	25.11	1.72
第二类 植物产品	16.84	72.20		117.13	43.07	76.06	41.72	105.45	84.99	91.98
第三类 动、植物油、脂、蜡；精制食用油脂					22.59					
第四类 食品；饮料、酒及醋；烟草及制品		118.86	0.64	183.20	0.56	146.29	58.91	406.07	65.80	86.69
第五类 矿产品	3.36		3.93	0.14	108.18		0.91	0.03	4.09	3.02
第六类 化学工业及其相关工业的产品	2613.11	686.09	1697.21	592.83	453.33	856.25	497.12	634.96	371.71	953.90
第七类 塑料及其制品；橡胶及其制品	423.94	2106.55	358.03	2610.44	416.59	3501.22	173.34	3142.78	162.38	3745.11
第八类 革，毛皮及制品；箱包；肠线制品	0.24	357.20		594.01	0.11	729.98	1.28	779.30		816.68
第九类 木及制品；木炭；软木；编织品	3.39	104.14	40.87	143.37	26.92	297.28	59.53	328.16	115.58	420.47
第十类 木浆等；废纸；纸、纸板及其制品	13.88	541.56	0.75	652.63	64.18	585.27	116.38	896.37	245.72	1092.95

续表

	2012 年		2013 年		2014 年		2015 年		2016 年	
	进口	出口	进口	出口	进口	出口	进口	出口	进口	出口
第十一类 纺织原料及纺织制品	16.52	10466.25	12.35	12431.74	6.13	13987.10	10.58	12464.28	2.68	12073.39
第十二类 鞋帽伞等;羽毛品;人造花;人发品		1185.39	0.02	1509.30		1924.24	23.80	1920.00	43.35	1372.64
第十三类 矿物材料制品;陶瓷品;玻璃及制品	0.07	626.51	0.30	479.45	0.97	1008.71	1.89	788.68	0.11	1010.12
第十四类 珠宝、贵金属及制品;仿首饰;硬币		11.02		7.44		19.71		32.15		27.92
第二十类 杂项制品	2.33	9769.36	145.13	11898.95	63.64	15735.08	127.41	16640.43	251.31	18546.49

资料来源:宁波海关。

表 9 - 3　宁波与捷克进出口商品贸易金额

单位：万美元

	2012 年		2013 年		2014 年		2015 年		2016 年	
	进口	出口	进口	出口	进口	出口	进口	出口	进口	出口
第一类　活动物；动物产品										
第二类　植物产品		79.12		84.58		77.67		101.30		139.95
第三类　动、植物油、脂、蜡；精制食用油脂										
第四类　食品；饮料、酒及醋；烟草及制品	3.55	140.80	0.16	95.72	0.17	73.34	26.13	84.43	82.00	41.38
第五类　矿产品		0.31	0.07	0.04		0.06		0.03		0.85
第六类　化学工业及其相关工业的产品	410.77	280.76		84.69		96.13	4.34	114.07		119.04
第七类　塑料及其制品；橡胶及其制品	275.83	753.88	175.61	854.78	131.40	1185.25	108.04	1030.24	104.11	1112.85
第八类　革、毛皮及其制品；箱包；肠线制品	0.17	67.99	17.31	122.58	0.32	85.05	1.19	121.24	1.38	85.96
第九类　木及其制品；木炭；软木；编织品	14.59	8.89	18.49	8.30	2.29	4.41		6.86		5.60
第十类　木浆等；废纸；纸、纸板及其制品	185.03	216.86	0.07	314.16		277.94		292.42	0.07	261.56

续表

	2012 年		2013 年		2014 年		2015 年		2016 年	
	进口	出口	进口	出口	进口	出口	进口	出口	进口	出口
第十一类　纺织原料及纺织制品	4.16	2472.52	1.56	2144.74	0.78	2848.95	5.17	2067.32	0.00	2581.61
第十二类　鞋帽伞等；羽毛品；人造花；人发品		420.66		371.71		295.30	0.00	246.03		208.58
第十三类　矿物材料制品；陶瓷品；玻璃及制品	2.52	59.78	15.97	42.73	44.92	70.78	15.00	106.18	59.38	64.10
第十四类　珠宝、贵金属及制品；仿首饰；硬币						5.39		5.66		7.62
第二十类　杂项制品	0.07	1573.30	0.34	1702.52	0.13	2297.54	9.60	1903.35	11.69	1914.26

资料来源：宁波海关。

表 9 - 4　宁波与斯洛伐克进出口商品贸易金额

单位：万美元

	2012 年		2013 年		2014 年		2015 年		2016 年	
	进口	出口	进口	出口	进口	出口	进口	出口	进口	出口
第一类 活动物；动物产品									0.00	
第二类 植物产品										
第三类 动、植物油、脂、蜡；精制食用油脂										
第四类 食品；饮料、酒及醋；烟草及制品		55.00	2.35	4.83	12.23	41.84	23.39	29.71	11.76	38.26
第五类 矿产品										
第六类 化学工业及其相关工业的产品		26.01	0.59	49.21	1.60	129.10	0.04	135.91	0.80	127.71
第七类 塑料及其制品；橡胶及其制品		208.82	6.30	215.68	4.04	200.89	46.99	216.30	10.47	296.68
第八类 革、毛皮及制品；箱包；肠线制品	17.41	17.40	1.08	14.93		26.68		19.45		9.70
第九类 木及木制品；木炭；软木；编织品		0.08	0.03	3.74	0.01		21.91	3.01	21.25	2.86
第十类 木浆等；废纸；纸、纸板及其制品		17.09				13.49		18.84	0.02	15.23

续表

	2012 年		2013 年		2014 年		2015 年		2016 年	
	进口	出口	进口	出口	进口	出口	进口	出口	进口	出口
第十一类　纺织原料及纺织制品	9.05	960.55	21.93	1607.20	22.46	877.26	17.37	704.06	3.74	547.04
第十二类　鞋帽伞等；羽毛品；人造花；人发品	0.34	113.92		197.73		225.89		131.03		46.32
第十三类　矿物材料制品；陶瓷品；玻璃及制品		18.61	0.13	12.18	0.02	14.45		9.42	1.73	6.39
第十四类　珠宝、贵金属及制品；仿首饰；硬币	0.08			0.86	0.05	0.55		3.96		0.10
第二十类　杂项制品	632.99		332.06	708.32		599.15	68.50	715.70	112.85	643.17

资料来源：宁波海关。

表9-5　宁波与匈牙利进出口商品贸易金额

单位：万美元

	2012 年		2013 年		2014 年		2015 年		2016 年	
	进口	出口	进口	出口	进口	出口	进口	出口	进口	出口
第一类　活动物：动物产品									176.83	
第二类　植物产品		6.44		7.64		0.77		0.17	0.00	1.34
第三类　动、植物油、脂、蜡；精制食用油脂									0.00	
第四类　食品：饮料、酒及醋；烟草及制品	41.48	1.99	17.05	12.66	9.29	2.72	46.59	4.01	12.50	5.53
第五类　矿产品		0.15						0.04		
第六类　化学工业及其相关工业的产品	72.80	996.51	56.08	568.45	111.28	1033.13	146.35	4230.15	255.30	4214.38
第七类　塑料及其制品；橡胶及其制品	23.96	352.79	18.37	387.06	8.53	873.61	13.88	568.36	21.67	570.48
第八类　革、毛皮及制品；箱包；肠线制品	9.04	158.28	12.60	83.70	29.21	46.75	158.35	54.26	117.55	54.16
第九类　木及制品；木炭；软木；编织品		1.61		5.90		4.43		4.55		3.97
第十类　木浆等；废纸；纸、纸板及其制品		32.23		71.03	0.00	134.55	0.10	106.69	0.44	107.35

续表

	2012 年		2013 年		2014 年		2015 年		2016 年	
	进口	出口	进口	出口	进口	出口	进口	出口	进口	出口
第十一类 纺织原料及纺织制品	0.59	1550.30	0.31	1530.33	2.15	2144.62	0.16	1974.73	0.07	1317.66
第十二类 鞋帽伞等；羽毛品；人造花；人发品	0.01	97.77		201.64		342.90		86.00		62.77
第十三类 矿物材料制品；陶瓷品；玻璃及制品	9.43	161.12	1.10	160.40	6.32	204.20	4.58	89.46	1.84	43.06
第十四类 珠宝、贵金属及制品；仿首饰；硬币		1.22		0.43		0.20		8.24		0.20
第二十类 杂项制品	9.88	971.45	94.89	1145.92	1.27	1373.82	5.42	1464.72	16.33	1425.48

资料来源：宁波海关。

表 9 - 6　　宁波与斯洛文尼亚进出口商品贸易金额

单位：万美元

	2012 年		2013 年		2014 年		2015 年		2016 年	
	进口	出口	进口	出口	进口	出口	进口	出口	进口	出口
第一类　活动物；动物产品						11.95	0.00			18.89
第二类　植物产品				6.59				1.08	0.06	
第三类　动、植物油、脂、蜡；精制食用油脂							0.02		0.35	
第四类　食品；饮料、酒及醋；烟草及制品	8.62		8.68	9.26		5.58	10.21	12.48	1.52	8.79
第五类　矿产品		0.05		0.33		0.19	0.14	4.32		
第六类　化学工业及其相关工业的产品	1.53	3581.98	2.63	5093.98	25.47	5939.48	2.68	5933.52	5.97	5584.37
第七类　塑料及其制品；橡胶及其制品	139.92	309.87	126.97	409.36	97.25	431.53	63.60	356.12	83.19	504.72
第八类　革、毛皮及制品；箱包；肠线制品		106.44		105.57		187.93		127.72		142.00
第九类　木及木制品；木炭；软木；编织品	4.30	6.92		1.08	0.71	10.79		11.59		2.98
第十类　木浆等；废纸、纸、纸板及其制品		214.75		256.89		400.93	0.16	453.96	0.10	531.11

续表

	2012 年		2013 年		2014 年		2015 年		2016 年	
	进口	出口	进口	出口	进口	出口	进口	出口	进口	出口
第十一类 纺织原料及纺织制品	7.89	949.78	3.94	1087.96	7.06	1659.92	3.69	1326.54	10.79	1313.50
第十二类 鞋帽伞等；羽毛品；人造花；人发品		198.85		222.62		192.96	0.02	143.14	0.01	166.93
第十三类 矿物材料制品；陶瓷品；玻璃及制品	7.02	335.04		69.28	8.72	111.32	14.77	222.33	0.20	120.33
第十四类 珠宝、贵金属及制品；仿首饰；硬币				1.59		10.19		0.01		
第二十类 杂项制品		1183.79		1328.78	0.36	1751.03	0.95	2003.62	30.09	2291.96

资料来源：宁波海关。

单位：万美元

表 9 - 7　　宁波与克罗地亚进出口商品贸易金额

	2012 年		2013 年		2014 年		2015 年		2016 年	
	进口	出口	进口	出口	进口	出口	进口	出口	进口	出口
第一类　活动物；动物产品		44.23		14.51		94.58		138.26	0.05	117.83
第二类　植物产品		1.43				5.48		2.38	0.18	
第三类　动、植物油、脂、蜡；精制食用油脂	4.44		9.91			9.11	0.20		0.04	
第四类　食品；饮料、酒及醋；烟草及制品	52.82	1.32	42.67	15.20	34.64	1.00	0.48	3.42	15.40	8.82
第五类　矿产品	47.88		41.06	0.60	0.62	0.37		0.20	2.85	0.09
第六类　化学工业及其相关工业的产品		473.69		458.86		211.42		305.32	0.10	245.34
第七类　塑料及其制品；橡胶及其制品	14.27	204.78	41.16	235.01	26.51	296.08	2.90	300.52	5.84	355.47
第八类　革、毛皮及制品；箱包；肠线制品		46.49	0.08	54.83		80.56		23.96		40.05
第九类　木及制品；木炭；软木；编织品	179.04	11.05	412.07	3.60	302.84	12.25	374.30	11.09	388.34	4.61
第十类　木浆等；废纸、纸、纸板及其制品		134.30		165.72	0.00	194.56		98.66	0.01	89.13

续表

	2012 年		2013 年		2014 年		2015 年		2016 年	
	进口	出口	进口	出口	进口	出口	进口	出口	进口	出口
第十一类　纺织原料及纺织制品	1.22	816.01	1.92	601.33	2.65	694.32	0.41	786.51	1.72	671.47
第十二类　鞋帽伞等；羽毛品；人造花；人发品		1007.90		892.64	0.01	1414.69		1040.24		718.97
第十三类　矿物材料制品；陶瓷品；玻璃及制品		211.98		254.41		325.05		250.14		215.69
第十四类　珠宝、贵金属及制品；仿首饰；硬币				0.54		3.65		0.71	0.20	0.66
第二十类　杂项制品		739.13	52.99	745.63		820.63		826.60		960.50

资料来源：宁波海关。

表 9 - 8　宁波与罗马尼亚进出口商品贸易金额

单位：万美元

	2012 年		2013 年		2014 年		2015 年		2016 年	
	进口	出口	进口	出口	进口	出口	进口	出口	进口	出口
第一类　活动物；动物产品		106.90		110.44				1.63	1.00	2.70
第二类　植物产品		32.22		8.63		7.77	64.02	14.99		5.51
第三类　动、植物油、脂、蜡；精制食用油脂						0.91	2.38		0.01	
第四类　食品；饮料、酒及醋；烟草及制品	19.84	2.05	28.76	19.33	46.00	19.70	85.08	88.51	40.03	7.50
第五类　矿产品		0.06	16.46	0.41		0.56		1.74		0.42
第六类　化学工业及其相关工业的产品	36.60	509.47	26.07	451.51	31.36	293.84	0.01	250.79	0.02	236.60
第七类　塑料及其制品；橡胶及其制品	618.30	432.83	872.47	483.91	595.21	689.67	443.28	700.70	239.68	615.62
第八类　革、毛皮及制品；箱包；肠线制品	1.49	120.32	1.87	46.65	8.39	78.27	13.09	89.29	0.18	141.32
第九类　木及木制品；木炭；软木；编织品	307.86	8.32	827.37	12.47	895.76	12.98	544.16	8.84	565.43	14.63
第十类　木浆等；废纸；纸、纸板及其制品		264.90		252.58		316.51		335.67	0.52	351.93

续表

	2012 年		2013 年		2014 年		2015 年		2016 年	
	进口	出口	进口	出口	进口	出口	进口	出口	进口	出口
第十一类　纺织原料及纺织制品	108.30	1825.72	111.40	2524.19	101.32	2723.44	63.60	1790.64	36.00	1642.73
第十二类　鞋帽伞等；羽毛品；人造花；人发品	0.99	129.98	0.33	330.03	0.69	327.57		188.17	0.30	177.73
第十三类　矿物材料制品；陶瓷品；玻璃及制品	1.76	109.39	2.27	225.69	0.81	181.32	0.93	114.12	0.98	134.95
第十四类　珠宝、贵金属及制品；仿首饰；硬币		0.21		0.44		0.64		3.41		
第二十类　杂项制品		1676.08	0.38	1574.10	7.53	1975.60	6.27	2320.73	88.23	2400.33

资料来源：宁波海关。

表 9 - 9　宁波与保加利亚进出口商品贸易金额

单位：万美元

	2012 年		2013 年		2014 年		2015 年		2016 年	
	进口	出口	进口	出口	进口	出口	进口	出口	进口	出口
第一类　活动动物；动物产品	4.29	116.63		65.14	4.16	59.76	0.71	21.09	0.17	
第二类　植物产品		7.05	6.63	3.55	4.28	6.13	0.00	4.62	12.22	
第三类　动、植物油、脂、蜡；精制食用油脂							0.00			
第四类　食品；饮料、酒及醋；烟草及制品	0.12	4.13	10.78	21.30	2.02	20.68	4.25	16.20	12.23	5.45
第五类　矿产品		0.89		0.08	60.49		8.47			
第六类　化学工业及其相关工业的产品		110.41		109.99		149.25	5.56	182.04	0.64	184.80
第七类　塑料及其制品；橡胶及其制品	302.08	406.78	278.34	260.77	10.68	474.62	7.31	281.09	3.54	250.35
第八类　革、毛皮及制品；箱包；肠线制品	0.20	15.69	0.45	20.97	1.48	34.11	10.29	19.47		26.31
第九类　木及木制品；木炭；软木；编织品	19.11	0.69	13.64	1.08	2.82	0.96	10.55	3.69		1.82
第十类　木浆等；废纸；纸、纸板及其制品		225.35		246.10		376.74		411.68	0.00	353.80

续表

	2012 年		2013 年		2014 年		2015 年		2016 年	
	进口	出口	进口	出口	进口	出口	进口	出口	进口	出口
第十一类 纺织原料及纺织制品	12.28	372.21	14.29	444.04	30.38	537.51	21.13	498.86	5.37	533.53
第十二类 鞋帽伞等；羽毛品；人造花；人发品		9.29		28.84		25.15		41.04		41.99
第十三类 矿物材料制品；陶瓷品；玻璃及制品		12.41		83.61		136.79	0.59	53.06	0.34	19.75
第十四类 珠宝、贵金属及制品；仿首饰；硬币		3.95		1.74	0.16	0.04	0.01	0.43		0.62
第二十类 杂项制品		743.88		997.74		1144.90		1134.19		1364.06

资料来源：宁波海关。

表 9 - 10　　宁波与塞尔维亚进出口商品贸易金额

单位：万美元

	2012 年		2013 年		2014 年		2015 年		2016 年	
	进口	出口	进口	出口	进口	出口	进口	出口	进口	出口
第一类　活动物；动物产品	18.46	2.44		5.67						
第二类　植物产品				2.89	35.58	4.49		1.11		
第三类　动、植物油、脂、蜡；精制食用油脂										
第四类　食品；饮料、酒及醋；烟草及制品	0.04	5.49		59.94		101.89	1.66	46.43	0.83	14.28
第五类　矿产品			1373.85							
第六类　化学工业及其相关工业的产品		37.50		59.32		175.44		267.70		205.87
第七类　塑料及其制品；橡胶及其制品	3.17	68.77		69.25		117.98		123.57		115.59
第八类　革、毛皮及制品；箱包；肠线制品		19.55		15.54		5.85		9.58		11.65
第九类　木及木制品；木炭；软木；编织品	3.11	0.09	46.88	2.18	134.45	0.16	392.24	0.13	257.66	0.68
第十类　木浆等；废纸；纸浆；纸、纸板及其制品		78.97		74.06		78.42		67.42		53.20

续表

	2012年		2013年		2014年		2015年		2016年	
	进口	出口	进口	出口	进口	出口	进口	出口	进口	出口
第十一类　纺织原料及纺织制品	2.83	418.47		282.26	1.26	372.09	0.03	204.23		321.71
第十二类　鞋帽伞等；羽毛品；人造花；人发品	0.10	21.88	0.00	25.06		32.54	0.09	16.68		27.07
第十三类　矿物材料制品；陶瓷品；玻璃及制品		54.68		16.51	1.27	17.45		20.46		27.68
第十四类　珠宝、贵金属及制品；仿首饰；硬币								0.60		0.01
第二十类　杂项制品		262.59		222.75		340.65		244.48		253.30

资料来源：宁波海关。

表9-11   宁波与黑山进出口商品贸易金额

单位：万美元

	2012年		2013年		2014年		2015年		2016年	
	进口	出口	进口	出口	进口	出口	进口	出口	进口	出口
第一类 活动物；动物产品		8.42								
第二类 植物产品										
第三类 动、植物油、脂、蜡；精制食用油脂										
第四类 食品；饮料、酒及醋；烟草及制品			6.96						6.56	
第五类 矿产品										
第六类 化学工业及其相关工业的产品		67.54		419.59		315.37		609.42		136.58
第七类 塑料及其制品；橡胶及其制品		14.85		18.63		16.56		14.41		110.22
第八类 革、毛皮及制品；箱包；肠线制品		0.15				0.01				0.15
第九类 木及制品；木炭；软木；编织品	3.37		0.54		1.52	1.90	4.38	2.53	11.12	0.16
第十类 木浆等；废纸；纸、纸板及其制品		2.87		9.79		28.46		47.34		65.33

	2012 年		2013 年		2014 年		2015 年		2016 年	
	进口	出口	进口	出口	进口	出口	进口	出口	进口	出口
第十一类　纺织原料及纺织制品		39.92		20.51		14.73		37.18		71.14
第十二类　鞋帽伞等；羽毛品；人造花；人发品		2.91		6.27		19.80		7.91		14.62
第十三类　矿物材料制品；陶瓷品；玻璃及制品		22.93		31.43		37.74		28.39		14.40
第十四类　珠宝、贵金属及制品；仿首饰；硬币						0.06				
第二十类　杂项制品		84.39		59.89		60.81		66.48		59.50

资料来源：宁波海关。

表 9－12　宁波与北马其顿进出口商品贸易金额

单位：万美元

商品类别	2012 年 进口	2012 年 出口	2013 年 进口	2013 年 出口	2014 年 进口	2014 年 出口	2015 年 进口	2015 年 出口	2016 年 进口	2016 年 出口
第一类　活动物；动物产品										
第二类　植物产品									0.13	
第三类　动、植物油、脂、蜡；精制食用油脂										
第四类　食品；饮料、酒及醋；烟草及制品	2.49						5.91		18.36	
第五类　矿产品										
第六类　化学工业及其相关工业的产品		0.18		13.77		11.16		23.18		47.19
第七类　塑料及其制品；橡胶及其制品	11.53	35.86		4.45		6.55		3.80		4.79
第八类　革、毛皮及其制品；箱包；肠线制品		0.24		0.41		0.90		1.92		0.77
第九类　木及木制品；木炭；软木；编织品							1.23	0.03		
第十类　木浆等；废纸、纸、纸板及其制品	0.00	1.50		0.28		0.31		1.91		0.38

续表

	2012 年		2013 年		2014 年		2015 年		2016 年	
	进口	出口	进口	出口	进口	出口	进口	出口	进口	出口
第十一类 纺织原料及纺织制品	0.17	3.89	0.25	3.13	1.01	1.35	0.19	2.45		7.81
第十二类 鞋帽伞等；羽毛品；人造花；人发品		0.51	0.02	3.12		10.80				
第十三类 矿物材料制品；陶瓷品；玻璃及制品		0.86		10.89		3.24		55.46		16.82
第十四类 珠宝、贵金属及制品；仿首饰；硬币										
第二十类 杂项制品		12.42		4.91		15.50		15.41		18.00

资料来源：宁波海关。

表9-13　宁波与波黑进出口商品贸易金额

单位:万美元

	2012年		2013年		2014年		2015年		2016年	
	进口	出口	进口	出口	进口	出口	进口	出口	进口	出口
第一类　活动物;动物产品								25.39		11.89
第二类　植物产品									0.02	
第三类　动、植物油、脂、蜡;精制食用油脂										
第四类　食品;饮料、酒及醋;烟草及制品						3.67			2.75	
第五类　矿产品							0.36			
第六类　化学工业及其相关工业的产品		1.31		5.84		14.74		6.85		6.32
第七类　塑料及其制品;橡胶及其制品		3.39	1.45	2.10		14.94		3.04		13.17
第八类　革、毛皮及制品;箱包;肠线制品				0.07	0.08	0.32		0.41		
第九类　木及木制品;木炭;软木;编织品	119.74		171.93	0.88	355.88	0.28	305.51	0.10	324.39	0.96
第十类　木浆等;废纸、纸、纸板及其制品			1.45			1.68	3.95	0.39	0.01	2.23

续表

	2012 年		2013 年		2014 年		2015 年		2016 年	
	进口	出口	进口	出口	进口	出口	进口	出口	进口	出口
第十一类　纺织原料及纺织制品	1.22	4.93	1.55	33.83	3.47	28.36	1.50	14.50	0.00	14.44
第十二类　鞋帽伞等；羽毛品；人造花；人发品		1.71	0.00	0.66		0.57				8.82
第十三类　矿物材料制品；陶瓷品；玻璃及制品		43.08		44.73		28.17		8.05		6.99
第十四类　珠宝、贵金属及制品；仿首饰；硬币										
第二十类　杂项制品		6.98		14.58		30.91	0.56	15.99		25.97

资料来源：宁波海关。

表 9—14　宁波与阿尔巴尼亚进出口商品贸易金额

单位：万美元

类别	2012 年 进口	2012 年 出口	2013 年 进口	2013 年 出口	2014 年 进口	2014 年 出口	2015 年 进口	2015 年 出口	2016 年 进口	2016 年 出口
第一类　活动物；动物产品					0.03		0.10		0.32	
第二类　植物产品	3.05		3.70		8.51		10.59		11.60	
第三类　动、植物油、脂、蜡；精制食用油脂					0.02		0.04		0.20	
第四类　食品；饮料、酒及醋；烟草及制品				1.78	0.08		0.32		3.23	
第五类　矿产品			47.76			0.11		0.05	137.86	
第六类　化学工业及其相关工业的产品		25.43		20.49	0.00	51.98		34.07		24.62
第七类　塑料及其制品；橡胶及其制品	4.06	135.22	44.22	488.91	66.61	257.50	10.37	229.88	0.01	336.30
第八类　革、毛皮及制品；箱包；肠线制品		1.71		3.15		1.50		31.18		10.35
第九类　木及制品；木炭；软木及制品；编织品		0.55				0.24		2.67		0.32
第十类　木浆等；废纸；纸、纸板及其制品		6.05		16.32		25.14		20.54	0.02	37.79

续表

	2012 年		2013 年		2014 年		2015 年		2016 年	
	进口	出口	进口	出口	进口	出口	进口	出口	进口	出口
第十一类　纺织原料及纺织制品	9.46	144.38	1.47	153.15	1.43	216.28	3.75	201.79	0.93	204.97
第十二类　鞋帽伞等；羽毛品；人造花；人发品		36.22		38.15	0.03	22.43		76.64	0.42	37.67
第十三类　矿物材料制品；陶瓷品；玻璃及制品		74.57		98.11		66.56	0.00	89.74	0.00	104.62
第十四类　珠宝、贵金属及制品；仿首饰；硬币								0.02		
第二十类　杂项制品		153.46		162.62		203.12		189.02	0.01	305.09

资料来源：宁波海关。

单位：万美元

表9-15　宁波与爱沙尼亚进出口商品贸易金额

	2012年		2013年		2014年		2015年		2016年	
	进口	出口	进口	出口	进口	出口	进口	出口	进口	出口
第一类　活动物：动物产品										
第二类　植物产品			62.57							
第三类　动、植物油、脂、蜡；精制食用油脂		0.35								
第四类　食品；饮料、酒及醋；烟草及制品	8.32			3.29						8.69
第五类　矿产品								0.03		0.12
第六类　化学工业及其相关工业的产品		85.81		65.64		72.20		75.55		79.09
第七类　塑料及其制品；橡胶及其制品	9.17	481.70	6.71	259.97	3.63	253.87	1.47	187.66	3.03	179.22
第八类　革、毛皮及制品；箱包；肠线制品		147.79		84.36		22.44		45.99		13.29
第九类　木及制品；木炭；软木；编织品		22.84	0.92	11.71		11.55	1.00	3.54	9.93	6.97
第十类　木浆等；废纸、纸；纸板及其制品		44.29		47.18		34.19		11.25		26.93

续表

	2012 年		2013 年		2014 年		2015 年		2016 年	
	进口	出口	进口	出口	进口	出口	进口	出口	进口	出口
第十一类　纺织原料及纺织制品		1070.59		658.58		411.50		1031.93		265.23
第十二类　鞋帽伞等；羽毛品；人造花；人发品		92.60		76.18		135.45		21.16		24.63
第十三类　矿物材料制品；陶瓷品；玻璃及制品		53.86		42.37		35.80		30.20		37.31
第十四类　珠宝、贵金属及制品；仿首饰；硬币				0.05						0.03
第二十类　杂项制品		891.90		922.63		1159.91		798.12		959.43

资料来源：宁波海关。

表 9-16　　宁波与立陶宛进出口商品贸易额

单位：万美元

	2012 年		2013 年		2014 年		2015 年		2016 年	
	进口	出口	进口	出口	进口	出口	进口	出口	进口	出口
第一类　活动物；动物产品								19.65		
第二类　植物产品	369.38	9.21	600.28	29.91	89.86	20.08	12.91	28.11	240.00	28.63
第三类　动、植物油、脂、蜡；精制食用油脂										
第四类　食品；饮料、酒及醋；烟草及制品		30.37		32.69		13.21	1.26	6.71	0.86	8.94
第五类　矿产品		0.52	0.05	0.17	0.06		1.21		4.83	0.97
第六类　化学工业及其相关工业的产品		239.34		98.28		158.89	1.09	86.72	33.76	104.80
第七类　塑料及其制品；橡胶及其制品	10.69	962.95	24.68	831.65	2.59	945.58	2.38	478.43	7.55	449.62
第八类　革、毛皮及制品；箱包；肠线制品		73.53		57.75		52.83		46.43		35.15
第九类　木及制品；木炭；木；编织品	11.66	38.47	22.64	17.08	2.45	29.75	3.87	3.42	17.05	5.24
第十类　木浆等；废纸；纸、纸板及其制品	0.11	124.71		101.03	0.10	109.82		84.23	0.00	89.67

续表

	2012 年		2013 年		2014 年		2015 年		2016 年	
	进口	出口	进口	出口	进口	出口	进口	出口	进口	出口
第十一类 纺织原料及纺织制品	0.06	851.64		882.51		1054.73	0.56	948.27	0.39	977.38
第十二类 鞋帽伞等;羽毛品;人造花;人发品	0.12	209.12	0.01	150.18	0.02	150.82		124.77		73.99
第十三类 矿物材料制品;陶瓷品;玻璃及制品	0.03	45.99		96.61		127.19	0.42	98.46		64.87
第十四类 珠宝、贵金属及制品;仿首饰;硬币				4.31		11.31		2.98		0.63
第二十类 杂项制品	32.08	1111.32	80.00	1159.60	93.38	1273.76	52.27	1008.88	88.22	1707.83

资料来源:宁波海关。

表 9 - 17　宁波与拉脱维亚进出口商品贸易金额

单位：万美元

	2012 年		2013 年		2014 年		2015 年		2016 年	
	进口	出口	进口	出口	进口	出口	进口	出口	进口	出口
第一类　活动物；动物产品		14.46		3.76		13.43		2.22		3.05
第二类　植物产品	250.56	12.35	640.53	18.82	412.81	7.93	128.53	4.61	588.25	7.33
第三类　动、植物油、脂、蜡；精制食用油脂		0.34				0.28				
第四类　食品；饮料、酒及醋；烟草及制品		120.11		162.14		103.53		29.05	5.47	51.46
第五类　矿产品		0.09								
第六类　化学工业及其相关工业的产品		200.56		181.83		141.48		63.20		62.28
第七类　塑料及其制品；橡胶及其制品	14.42	774.44	9.20	766.88	9.51	570.84	2.08	496.70		566.97
第八类　革、毛皮及制品；箱包；肠线制品		53.62		47.04		80.15		56.01		84.11
第九类　木及制品；木炭；软木；编织品	0.97	14.28	2.92	12.36	1.07	8.47	14.91	8.05	57.94	3.95
第十类　木浆等；废纸；纸、纸板及其制品		204.47		429.79	0.00	151.09		69.54		61.73

续表

	2012 年		2013 年		2014 年		2015 年		2016 年	
	进口	出口	进口	出口	进口	出口	进口	出口	进口	出口
第十一类　纺织原料及纺织制品		1052.92		949.99	0.01	1115.06	0.02	1129.52	0.01	1182.72
第十二类　鞋帽伞等；羽毛品；人造花；人发品		104.24		123.30		155.34		99.05		69.15
第十三类　矿物材料制品；陶瓷品；玻璃及制品		83.30		143.48		41.26		108.11		199.42
第十四类　珠宝、贵金属及制品；仿首饰；硬币						0.64		1.32		0.91
第二十类　杂项制品		1383.46	0.99	1663.40	0.04	1643.86	0.14	1350.33	0.20	1643.18

资料来源：宁波海关。

第 10 章

推进浙江与中东欧经贸
合作的对策建议

10.1　构建"港口经济圈"的对策建议

打造浙江"港口经济圈"是一个创新性、突破性的发展思路，需要全面、准确地把握其内涵、重点和要求，需要尽快进行系统谋划和顶层设计。全力打造"港口经济圈"，充分释放辐射功能，可以从以下五点做起。

10.1.1　推进宁波—舟山港实质性联盟

中央和浙江省委省政府对于宁波—舟山港一体化发展历来高度重视，但由于行政管理体制、财政体制等因素的制约，近 10 年来除了统计数据上的合并外，宁波—舟山港并没有太多实质性的一体化动作，现实操作中也仍是两家独立运营的企业，存在着重复建设、多重管理的状况，组合港的优势与效益并没有发挥出来。随着"一带一路"、长江经济带、浙江海洋经济发展示范区和浙江舟山群岛新区等国家战略的深入实施，宁波—舟山港的发展面临着新的更高要求。李克强总理 2014 年 11 月来浙江考察时，希望宁波、舟山共同打造江海联运服务中心，成为长江经济带龙头的两只"龙眼"之一。一只"龙眼"是上海和大小洋山，另一只"龙眼"是宁波、舟山。宁波要打造"港口经济圈"，必须走向宁波舟山港的实质性的深度融合，在一体化发展过程中发挥自己的比较优势。

第一，完善一体化的顶层制度设计。2015 年 2 月 5～7 日，交通运输部和浙江省人民政府联合组织规划了宁波—舟山港"一港、四核、十九区"的空间格局规划审议。根据规划稿，"一港"即宁波舟山港；"四核"即六横、梅山及穿山核心发展区，北仑、金塘、大榭、岑港核心发展区，白泉、岱山大长涂核心发展区、洋山及衢山核心发展区，在空间上引导港口集中发展；"十九区"即调整后的十九个港区，分别为北仑、洋山、六横、衢山、穿山、金塘、大榭、岑港、梅山、嵊泗、岱山、镇海、白泉、马岙、定海、石浦、象山、甬江、沈家门港区。在基本的规划定格之后，宁波—舟山港应强化岸线、航道、锚地等资源的统一协调，并推进相关政策法规和制度建设，从而在战略和宏观层面保障两港一体化的推进。对宁波海关、舟山海关进行整合，两关合一，并推进国检、海事等中央直属部门整合，加速港口统一管理进程。

第二，争取将国家赋予舟山群岛新区的航运服务、大宗商品交易等优惠政策向宁波—舟山港延伸，推进梅山保税港区贸易物流、航运金融工作的开展，形成两市多层次、全方位的互动工作机制。

第三，按照宁波—舟山港口一体化的发展要求，强化两地基础设施联网规划对接，加快推进事关两地发展全局的基础设施项目建设；推行与舟山港的企业参股合作联盟的模式，吸纳舟山港集团公司参与宁波港股份有限公司，给予适量的股份；与舟山港联合建设和经营有关集装箱码头、矿石码头、散货码头，发展国际水水中转业务；要把优势互补、合作共赢、提升发展力作为港口战略联盟的出发点和落脚点，达到"1＋1＞2"的效果。推动宁波、舟山两市以现有的功能码头与货种为基础，合理选择交易品种，协同推进各具特色的大宗商品交易平台或市场建设，打造国家大宗资源配置中心，合力做强港航物流服务品牌，使宁波—舟山港成为一个贸易强港。

第四，推行一体化的产业发展战略，推进主导产业错位发展。支持宁波港发挥现有产业基础优势，继续做大做强石化、汽车、装备等临港产业；支持舟山港发挥海岛资源和深水岸线优势，重点发展造船、现代渔业、海洋旅游等特色海洋产业。强化新兴产业联合培育，鼓励两地突破行政区域制约，支持两市共同建立公共创新平台，健全资源信息共享机制；支持两市以重大创新合作项目为先导，协作开发中高端长线海洋产品，联手打造海洋新兴产业发展高地。

第五，大力发展海港体系，加快宁波—舟山港资源的优化整合，打破行政区划的限制，实现两港的统一规划、统一品牌、统一建设和统一管理，逐步实现宁波—舟山港区的港政、航政、海事、海关、边检、商检等全方位一体化；以宁波—舟山港为核心，发展腹地无水港，推进浙江省内港口联盟，探索与国外港口的合作经营模式，形成腹地范围广、服务能力强、现代化程度高的现代海港体系。大力发展空港体系，利用国家对民航业的扶持政策，发展航空物流，抢占区域航空市场的竞争主动权；积极参与周边机场的合作，主动承担周边机场能力范围外的运量；推进杭甬综合交通枢纽、宁波—舟山港集疏运体系等国家重大工程建设；通过增加航线和开拓市场，形成以空港物流中心为核心区、以整个市域范围为海空联动区、以整个长三角为辐射区的航空物流网络。

10.1.2　加速运输型大港向国际贸易综合物流中心的转变

浙江宁波港区域优势明显，港口条件优越。2014 年，宁波港货物吞吐量和集装箱吞吐量分别达 5.26 亿吨、1870 万标准箱，两项吞吐量指标均居大陆港口第三位，是名副其实的国际运输大港。但是，宁波港口的运输比例失衡严重，集装箱公路、铁路、水路运输占集疏运的比例结构明显失调，分别为 42%、0.3% 和 57.7%。因此，宁波港要向国际强港迈进，必须尽快完善集疏运网络，加速传统货物装卸大港向国际贸易综合物流中心的转变。提升铁运和空运短板，打造综合物流联动体系"港口经济圈"的打造，离不开以港口为龙头的重大通道作为支撑。铁路方面，宁波应按照接驳陇海线、沪昆线等要求，尽快启动甬金铁路、杭州湾跨海铁路等对外铁路建设，完善宁波穿山北港区铁路支线，实现宁波—新疆—欧洲的铁路运输无缝对接，带动宁波港在中西部的无水港布局；高速公路方面，启动沪甬第二通道前期研究，统筹谋划舟山与宁波陆域的交通接口；航空方面，要面向美国、欧盟、东盟等圈内城市和地区，开辟国际客货运和全货机新航线，建立"绿色通道"，使人员、货物往来更加便利和频繁。宁波港综合物流联动体系建设的主要任务是逐步形成以海港、空港、信息港三港为核心，以腹地无水港为枢纽，建立浙江省内外港口联盟和国内外的合作港口，以信息港平台为纽带，形成综合港口体系。

第一，构建国际航线、内支线、城市环线、浙江省内网线和省外专线等，完善海路相连、公铁水空立体化的集疏运网络。大力发展海铁联运、江海联运，优化重点城市无水港布局，加快中西部地区以及中西亚、中东欧国家陆相腹地开发，推进"甬新欧"贸易物流线建设，使宁波港成为连接"一带一路"和长江经济带的重要枢纽港，形成公、铁、水、航、管等多式联运为支撑的综合运输体系。

第二，优化物流园区、保税物流园区、配送中心、转运中心、流通加工中心、集装箱堆场、杂货堆场等多种形式的港区节点和中转节点，形成综合节点体系，顺畅衔接公、铁、水、航、管等多种运输方式，以及国内外物流枢纽。

第三，提振传统物流市场，构建网上货运交易市场和网上物流综合服务交易市场，打造线上和线下、虚拟和实体、离岸和岸内并存的综合物流市场；重点培育第三方、第四方物流以及承接离岸物流外包业务的新型市场主体；进一步提升反应速度快、功能容量大、协同能力强、作业效率高、业务范围广的多元化物流服务。

第四，完善包括政策环境、法律环境、市场环境、服务环境、经营环境和人文环境等六大方面的综合保障系统。重点落实政策服务、引导机制与基础设施建设的配套联动，以确保综合物流体系的硬件投入发挥最大的效能。

第五，实现综合物流体系内外联动的提升效应。综合物流体系建设要注重与全球产业转移、供应链分工调整，与国家重要资源配置中心联动，充分重视综合物流体系建设与城市功能提升的互动作用，发挥港口物流对港口服务产业的带动作用，港口物流业具有集散、整合效应。随着现代物流业的形成和发展，围绕港口的新型企业成为以物流增值作业为特色的物流园区和物流中心。从国际上看，凡是发达的综合性港口，它所依托的城市就发达，且多是区域性、国际性的经济中心。目前，宁波港对港口服务产业的带动主要依靠运输、仓储、货代、海运及相应的物流业务，港口物流业已成为宁波现代服务业的重要支撑和国民经济的重要组成部分。但是，相应的海运保险等金融服务业还远远满足不了物流发展的要求，物流运输公司各自为政，缺乏协调，导致运输成本增加。因此，各港口集团应加强协调，真正发挥港口物流对港口服务产业的带动作用。

10.1.3　构建和完善大宗商品交易平台，争取形成"浙江价格"

大宗商品交易平台一般具备商品交易、信息发布、检验检疫、通关理货、银行保险、物流服务等服务功能。浙江的大宗商品现货交易发展到一定阶段后，应逐步向大宗商品期货交易方向发展。长期而言，还要探索开展现货期货贸易，披露权威完整、引领市场的信息，建立公开、公正、公平的交易体系和风险控制机制，聚集人流、物流、资金流、信息流；积极探索形成大宗商品价格指数，并建立发布机制，逐步形成全球某种商品的价格由浙江说了算的"浙江价格"，使宁波成为具有国际影响力的大宗商品交易中心。

港航物流中，大宗商品交易的资金需求量极大，需要创新的金融服务跟进。因此，相关的各类金融工具，如风险保障工具和信贷融资工具等金融配套服务必须跟上。目前，宁波初步建立了结构基本合理、功能相对完善、竞争力不断增强的金融体系，金融业快速扩张并健康成长，在长三角南翼和浙江省建立了强大的金融优势，为建设区域性金融中心奠定了坚实基础。宁波要立足于金融等服务行业创新，加强金融基础设施建设的跨境合作，探索推进与境外地区在金融市场、金融机构、金融业务等方面的创新合作，构建贸易和投资互通体系，搭建金融机构交流对话平台，打造港口金融中心，建设区域性金融中心，创新金融产品上市融资机制，构建跨境金融服务网络，推动金融机构在境外开设更多分支机构。

10.1.4　调整港口产业结构，加快临港工业转型升级

临港产业主导着"港口经济圈"的增长。在"港口经济圈"中，港口产业成为当然的主导产业和增长极，它是"港口经济圈"的经济纽带和核心内容。

　　"十二五"时期，宁波提出以港航服务业、临港先进制造业、海洋新兴产业和海岛资源开发为重点，打造浙江海洋经济发展引领区和我国重要的新型临港产业基地。在推进现有开发区、工业园区开发建设的基础上，重点建设宁波杭州湾产业集聚区、北仑临港产业集聚区等十大产业集聚区，强化临港工业的载体建设；发挥港口资源优势和区位交通优势，着力构建大宗商品交易平台、海陆联动集疏运网络、金融和信息支撑系统"三位一体"的港航物流服务体系，为临港工业发展发挥服务支撑作用，形成具有重要影响力和较强竞争力的现代化临港工业体系。

1. 引进"补链型"项目，推进临港工业集约化发展

　　以五大临港工业为重点，支持临港产业龙头企业的引进和产业链招商，强调大项目的带动作用。以镇海、北仑临港区域为重点，以国家级和省级工业园区为载体，优化布局、整合资源、推进融合，强化招商选资，紧盯世界 500 强企业、央企和龙头民企，加强定向招商与战略合作，重点引进"补链型"项目，延伸产业链、提升价值链、完善供应链，构筑全国一流的产业集聚平台，实现产业集约化发展，建成国内一流、国际有影响的临港制造业产业带。

2. 突出重点，合理发展临港工业

　　石化产业：重点发展附加值高、产业关联度强、替代进口、填补国内空白的高端石化产品造船产业：加快推进建设高附加值船舶及装备基地，重点发展高技术与高附加值的海上平台、海洋工程船、豪华游艇邮轮及齿轮箱、船用导航及自动化装置等；推进船舶企业联合重组，培育一批具有较强国际竞争力的企业，形成现代船舶产业链协作体系。

　　汽车产业：发展符合国家环保节能要求的经济型轿车；积极发展汽车零配件产业，进一步做大做强吉利汽车，形成北仑、杭州湾新区轿车生产基地；推进宁波南部滨海新区，由吉利控股集团、新大洋机电集团和金沙江创业投资公司等企业共同出资，正在打造集电动汽车研发、总部、销售的汽车总部基地建设；提高专业化协作水平，完善产业配套功能，打造完整的汽车产业链，培育具有核心竞争力的区域产业集群。

3. 临港工业与港城发展联动，拓展临港工业发展腹地

　　坚持以城带港、以港促城，协调平衡发展，实现海洋资源与区域优势紧密结合，海洋产业与陆域经济联动发展，整合周边小城镇和工业开发区，完善功能配套，加快建设完善的滨海城镇体系。拓展临港工业发展腹地，要进一步完善交通网络，加快建设港口支线铁路、公路连接线，使港口运输与高速公路主干网、铁路、机场衔接，引导临港工业的配套产业链向内陆延长，拓展腹地空间，推进综合保税区申报和象保合作区建设，促进临港工业更好更快地发展。

4. 提高环境准入标准

　　根据国际先进标准，严格控制新上高能耗、高污染项目，从源头上禁止污染

类项目入驻。淘汰落后产能，推行产业链招商，构筑比较完善的循环经济产业链，提高临港工业循环化发展水平；推行清洁生产和低碳发展，推进临港工业园区生态化改造，优化调整空间布局，努力形成临港制造功能、生活居住功能、物流交通功能的合理分区和空间独立的布局结构；推进产业集聚，打造产业集群；把上游的肥料作为下游的原料，节约资源，提升环保质量。

10.1.5　强化浙江与圈内港口城市之间临港产业的互动合作

"港口经济圈"的产业合作重点无疑是临港工业。在临港工业方面，要在更大区域范围内谋划其发展格局，充分发挥企业主体作用，着重创新合作机制，强化与圈内港口城市之间石化、汽车、船舶、能源等临港产业的互动合作，推动构建沿海临港工业带。在港航服务业方面，要充分发挥宁波港航服务体系优势，尤其要加快在宁波设立航运金融、航运保险等总部，强化宁波港航物流服务体系与相关城市港航物流服务体系的对接合作，积极为"港口经济圈"城市提供更好的港航服务，并在服务中提升合作水平。

1. 复制上海自贸区经验，发挥特殊监管区功能

继上海设立自贸区之后，第二批自贸区花落广东、天津、福建，在人们纷纷猜测第三批自贸区名单（重庆、成都、武汉和西安）之时，国务院于 2015 年 1 月 29 日发布了《国务院关于推广中国（上海）自由贸易试验区可复制改革试点经验的通知》，这标志着国家把上海自贸区试验的"种子"撒向了全国，但是在各地能开出什么花，还需要看当地的适应性改革。复制推广的改革事项有 28 项。其中，在投资管理领域包括外商投资广告企业项目备案、涉税事项网上审批备案等 9 项；贸易便利化领域包括全球维修产业检验检疫监管、中转货物产地来源证管理等 5 项；金融领域包括个人其他经常项下人民币结算业务、外商投资企业外汇资本金意愿结汇等 4 项；服务业开放领域包括允许融资租赁公司兼营与主营业务相关的商业保理业务、允许设立外商投资资信调查公司等 5 项；事中事后监管措施包括建立社会信用体系、信息共享和综合执法制度等 5 项。此外，在全国其他海关特殊监管区域复制推广的改革事项有 6 项，包括期货保税交割海关监管制度、境内外维修海关监管制度、融资租赁海关监管制度等 3 项海关监管制度创新，以及进口货物预检验、分线监督管理制度、动植物及其产品检疫审批负面清单管理等 3 项检验检疫制度创新。概括而言，上海自贸区改革经验包括五个方面，分别是投资管理、贸易便利化、金融、服务业开放和事中事后监管五大领域。根据这五个方面和宁波的实际情况，建议将上海自贸区经验分成相关制度模块在宁波进行复制推广。如政府职能转变模块，可以将政府管理体制改革等制度一体化推广以提高政府的治理能力；国际投资管理体制模块、贸易和金融便利化模块、特殊监管区模块等，按体系复制推广自贸区经验，着力解决市场体系不完善、政府干预过多和监管不到位等问题，更好地发挥市场在资源配置中的决定性作用和政府的作用。此外，要适应经济全球化的趋势，逐步构建与宁波市开放型经济发展要求相适应的新体制、新模式，释放改革红利，促进生产要素的有序自由流动、资源的高效配置、国内外市场的深度融合，加快培育参与和引领国际经济合作竞争的新优势；落实好国务院下达的各省（区、市）人民政府借鉴推广的改革事项，让自贸区经验迅速在宁波开花结果。

上海自贸区是"中国版"的TPP，根本目的是做高附加值的贸易、高标准的投资和高效率的金融，从而以上海为起点来支撑全国的经济改革。国务院要求将推广相关体制机制改革措施列为本地区重点工作，建立健全领导机制，积极创造条件，扎实推进，确保改革试点经验生根落地，产生实效。国务院各有关部门要按照规定时限完成相关改革试点经验推广工作，各省（区、市）人民政府和国务院各有关部门要制订工作方案，明确具体任务、时间节点和可检验的成果形式送商务部，由商务部汇总后报国务院。宁波港是上海国际航运中心的重要组成部分。因此，宁波要积极参与上海国际航运中心建设，争取承接上海自贸区在港航服务业领域、投资贸易领域等方面的有益辐射，进一步加强与国家海关总署、国家质量监督检验检疫总局等口岸监管部门合作；参照上海自由贸易试验区有关做法，积极争取国家海关总署、国家质量监督检验检疫总局的支持，不断改善宁波口岸服务环境。与此同时，宁波港应持续密切关注自贸区的最新发展动向，积极探索、寻求自身在港口、航运、金融、投资等方面有效对接自贸区的政策。

2. 以科技引领港口发展

"造城"跨越，启动宁波海洋科技城建设，加快宁波新材料科技城建设，形成"双子星座"的区域创新格局、人才聚集特区，并以此为研发、创新基地，以科技支撑和引领海洋经济建设和产业的转型升级。将新材料科技城建成国内领先、国际一流的新材料创新中心，以及创新驱动先行区、新兴产业引领区、高端人才集聚区、生态智慧新城区的"四区一中心"，这将成为新兴企业兴起、传统产业转型升级的新引擎。以"双子星座"科技城为平台载体，对宁波中小企业实施"科技领航"计划，加大科技型、创新型企业的培育力度；以低碳、节能、安全、环保为取向，以产业链经济为发展模式，通过横向整合和纵向延伸等方式，扩大产品系列，在上下游产品之间建立起共生互利和工业代谢关系；调整产业结构，实施产业链环节递升的策略，从附加值低的产品与服务向附加值高的产品与服务升级、从产业链低端向产业链高端升级，逐步实现梯度升级转移。

3. 圈、层、带结合，发挥"港口经济圈"的辐射作用

宁波的"港口经济圈"不是一个纯粹的新名词、新概念，如前所说，它包含着许多实质性的内容，需要脚踏实地、一步一个脚印地去完成，而这个"港口经济圈"和国家所推行的"一带一路"相交叉、相融合，和周边的省市相重叠、相竞争。因此，宁波要以"港口经济圈"引领经济发展，必须依靠自身的综合竞争优势。

一是优化海陆空多式联运，搭好"港口经济圈"网络的立体运输骨架；二是以科技为引领，以临港产业及地方产业为依托，以与周边辐射区、影响区的产经贸合作为内容，编织圈层；三是以运输骨架为支撑，以商贸为基础，以沿路、沿江、沿桥无水港布局为战略，以优质的综合服务为导向，圈、层、带交叉复合发功，融合发展，凸显港口的综合竞争优势。由此才能对周边的人、财、物产生"虹吸效应"，"港口经济圈"的辐射作用才会如同涟漪般由核心区逐渐向周边扩散。

10.2　加快"港口经济圈"陆上通道建设的对策

"港口经济圈"陆上通道建设是一个跨区域、跨行业、跨部门的系统工程，需要统筹考虑、系统解决，在国家"一带一路"背景下，以体制机制为突破口，以提升港口竞争力重点，最终形成宁波舟山港为核心，大通关为支撑，多式联运为运输组织形式，内陆"无水港"为节点的多元化的综合运输体系。

10.2.1　建立高效、协调的海铁联运组织体系

国家层面，应由国家发改委会同相关部门成立海铁联运办公室，负责规划编制、政策制定、重大问调等工作，并将海铁联运相关工程如集装箱中心站、双层集装箱快捷通道、海铁联运平台等，纳入国家层面的"一带一路"具体实施方案、"十三五"综合交通运输体系规划、长江经济带规划等。建立海运与铁路运输的信息共享机制和协作机制，定期召开协调会议，打破行业和区域分割，形成合力，共同解决发展过程中的重点难点问题，如统一市场、运价、标准、"无水港"与场站建设合作等问题。

省级层面，提升宁波港口经济圈陆上通道建设的战略层次。宁波港与舟山港合并后现已归属浙江海港集团旗下，无论是出资主体还是行政管辖权，都应由省级层面进行规划和推动建设。建议设立浙江多式联运发展联席会议制度和办公室，有效协调交通、商务、海关、银行等部门之间的关系，出台管理体制改革方案和扶持性政策意见，指导多式联运各项工作；由浙江省多式联运联席会议办公室出面，主动与通道相关省市举办跨省会议，协调并解决跨省多式联运中面临的规划、标准、通关、税费等一系列问题，共同制定海铁联运扶持政策；积极争取国家海关总署、国检总局对中西部地区到宁波的海铁联运、国际跨境联运的转关

转检提供政策支持和手续便利；做好宁波 "海铁联运综合试验区" 申报后的跟进工作，支持把宁波 "港口经济圈" 陆上通道发展纳入国家战略规划、重大项目示范、政策创新试点等，为其发展创造良好环境。

企业层面，宁波 "港口经济圈" 陆上通道沿线各铁路局应联合起来，与中国铁路总公司进行对接 "一带一路" 合作，争取获得运输组织、运价优惠等方面的优惠政策；宁波舟山港、宁波铁路货运北站要与通道沿线内陆节点铁路局实施区域货运营销联动，建立联动营销工作基本会议制度，实行日对接会、周协调会、月分析会、季碰头会和营销专题会机制，及时协调解决货运营销联动工作中遇到的问题，在通道内形成无缝快速对接，打造宁波 "港口经济圈" 联运的统一品牌。

10.2.2　加强多式联运基础设施建设

铁路方面，要抓住国家新一轮铁路建设机遇，加快落实浙江省铁路建设 "八八计划"，加速启动甬金铁路、九景衢铁路建设和穿山港支线建设，以及镇海支线改扩建和北仑支线的电气化改造，加快沪甬铁路（跨杭州湾）、甬舟铁路规划。甬金铁路是宁波舟山港辐射浙江中西部及江西、湖南、湖北等中部省市的关键项目，也可分担目前萧甬铁路货运压力，应争取提前建成。九景衢铁路及其与长江中游港口之间的连接线，是宁波舟山港对接长江黄金航道、带动沿线海铁联运发展的重要通道，也是宁波舟山港应对上海港 "长江战略" 的重要举措。沪甬铁路（跨杭州湾）是宁波舟山港海铁联运业务辐射江苏及其沿海北方地区的重要通道。连通梅山保税港区、穿山北港区铁路支线及专用站铁路支线，完善专用站，重点是要解决好 "最后一千米" 设施的衔接问题，实现海铁联运无缝对接。进一步完善镇海大宗货物海铁联运物流枢纽港功能；改进萧甬、甬台温等铁路线路，在既有甬台温铁路基础上，规划建设沿海货运铁路，进一步强化沿海通道建设，扩大沿海地区集装箱海铁联运能力；打造邬隘铁路集装箱中心站及大碶、北仑、穿山、大榭、梅山等港区办理站，以满足大规模海铁联运需求。公路方面，应提升宁波区域高速公路的主枢纽地位，推进杭甬高速复线宁波段、宁波舟山港六横公路大桥及接线（宁波段）、象山湾疏港高速（昆亭至塘溪段）、宁波石浦高速连接线、杭州湾跨海大桥杭甬高速连接线、杭州湾跨海大桥余慈连接线等高速公路建设，加快连通北仑、穿山、梅山、象山等主要港区的高速路网。中期规划沪甬交通通道，改建宁波段国道、省道，进一步提升公路网服务水平。

10.2.3　加快培育海铁联运市场主体

从海铁联运组成环节来看，提供海铁联运服务的市场主体有铁路运输企业、道路运输企业、货代（无船承运人）和港口经营人，四者缺一不可。其中，铁路运输企业负责货物的铁路运输，道路运输企业负责货物的公路短途驳运，无船承运人负责货物的海上运输，港口经营人负责衔接铁路和海运两种方式，实现海铁联运货物的换装。宁波应运用政策导向和资金补贴工具，并充分发挥民营资本优势，鼓励铁路、航运、港口企业扩大经营范围和物流服务网络，为客户提供多式联运全程物流服务。支持浙江海港集团与铁路总公司等合资合作，组建全国性、国际化海铁联运集团。支持浙江有条件的船公司、物流企业、大宗商品运营商等联合，或与省外、境外优秀企业合作，组建一批以宁波舟山港为主基地的新型海铁联运企业。支持引进一批国内、国际优秀海铁联运运营商，提升市场竞合水平。同时支持港口、船公司和铁路企业对海铁联运运营管理深化创新，探索建立多形式的互惠多赢合作机制通过以上的政府引导、企业运作，实现海铁联运基础设施建设和线路开发，建立揽货体系等。

10.2.4 完善海铁联运配套服务

浙江应加强与江西、安徽、湖北、湖南、四川、重庆、云南等内陆省市共建"无水港"，以减少海铁联运中转环节，把内陆港和铁路集装箱中心站建设成为开放的公共服务平台，并发展成为运输、仓储、装卸、搬运、一关三检、信息服务等功能完善、技术装备先进、管理现代化的全国性铁路集装箱物流中心。实施路港联合办公，集聚货代、货主和船公司货源，开展公路短驳甩挂运输；引入海关、商检部门进驻，改善通关环境，拓展物流功能，完善和共享信息系统，提高物流服务水平，形成各方信息交换中心；继续深化口岸大通关建设，推进宁波口岸"单一窗口"建设和一站式作业，加强与内陆节点城市海关、检验检疫等部门的合作，拓展"属地申报、口岸验放"模式功能，积极加入"丝绸之路经济带"海关区域通关一体化，实现一地注册、多地报关，完善口岸服务功能。根据海铁联运发展中的实际需要，加强政府引导和扶持，推进配套服务业发展。

10.2.5 搭建公共信息平台

以国家海铁联运物联网应用（宁波港）工程为重点，构建集装箱海铁联运物联网信息感知及传输体系、业务协同应用体系、应用支撑体系和技术标准规范机制，实现与铁路、口岸单位、监管部门信息互通和业务协同。建议浙江省交通、经信、海关等部门积极支持工程建设，包括加快改造港口业务应用系统数据交换平台，建成现代化海铁联运计划管理系统、货物跟踪系统、增值服务系统；加快建立集装箱海铁联运物联网信息采集终端，建成宁波舟山港集装箱海铁联运数据资源中心，实现海铁联运的网上受理、网上操作、网上查询、网上交易业务全过程信息化，推行海铁联运单证操作电子化。以宁波第四方物流市场为主体，对接国家交通物流公共信息平台，推进开放铁路运输管理信息系统（TMS）和调度指挥管理信息系统（DMIS）中涉及海铁联运的信息，逐步实现与港口 EDI 的对接和共享；加快申报"海上丝绸之路"物流信息互联互通合作项目，推进港口、航运信息交换，形成便捷高效的物流信息中心。

10.3 建设"一带一路"国际贸易支点城市的建议

"一带一路"国际贸易支点城市现有发展程度及未来发展潜力不同，在"一带一路"建设中的战略位置不同，因而在优先顺序、政策扶持倾向上各不相同。应当推动"一带一路"国际贸易支点城市建设，形成"支点城市 + 配套城市 + 末端城市"的框架性网络，实现其"以点带面"的功能，逐步实现网络的密集化发展。

10.3.1 在国家战略层面

以"一带一路"国际贸易支点城市评价体系为理论参考全面科学地规划支点城市建设，发挥"以点带面"作用，推动贸易畅通。

（1）把建设"一带一路"国际贸易支点城市纳入国家战略层面，统筹考虑沿线各城市特点，综合考虑各省、各区域利益，促进产业升级的实现。

（2）在"一带一路"建设工作领导小组的统筹下，设立专门的领导机构或协调机制，科学研究、综合规划、有序推进。"一带一路"支点性城市建设应当着重确定几个方向，包括贸易便利化改革、现代商贸体系的构建、贸易平台的建设、政府职能的转变等。

（3）中央与地方协调推动，抓好重点城市。没有国家的战略布局，无法实现贸易支点城市的资源获取、市场拓展和资本筹集；没有地方政府在外贸措施上的扶持，也无法实现产业布局的具体落实与实现。

10.3.2 在区域布局上

规划和建立海陆统筹、东西互济、大小兼顾的支点城市体系。

（1）巩固优势支点城市地位，有序形成一批面向高标准的创新性国际贸易中心城市。从推动贸易制度创新、贸易方式创新、提升贸易服务功能、实现国际贸易便利化入手，进一步发挥现有城市的支点性作用、辐射带动力积极促进现有城市的金融及中介等现代服务业的发展。

（2）破除潜力支点城市的制度"瓶颈"，加快行政体制改革，释放外贸潜力。潜力城市的发展要从打破行政级别束缚入手，明确规划发展目标及路径，提升城市软硬件条件，提高城市的国际吸引力。从产业布局上，应当选择周边具有较好的工业企业布局的、产业基础较好的城市。从交通运输上，应当选择国际物流便利的城市。例如义乌毗邻宁波港，是"义新欧"班列的起点，同时具备国际机场等优势，既能够面向海洋、面向世界，又能够面向内地、面向亚欧大陆腹地。

（3）大力扶持战略性支点城市。战略城市的发展应当加强基础设施建设，强化地方政府的创新意识、开放思维，全方位提升，实现城市国际贸易规模的发展、国际贸易效率的提升。长远来看，必须推动战略城市成为新的国际贸易中心。

（4）统筹协调支点城市辐射带。支点城市辐射带位于各类支点城市周边或交通干线沿线，在国际贸易发展上相对缓慢，但也有发展国际贸易的需求，也要实现与"一带一路"规划的对接。该类城市的发展要注意与支点城市的配套，实现资源的合理利用，避免出现"一哄而上"相互争夺资源的局面，而这种协调工作单纯依靠地方规划是比较难实现的，同样需要中央和地方的共同推动。

10.3.3　实现可持续发展，高标准推进支点城市建设

（1）与物流节点城市发展相互配合，充分利用"畅顺大通道、提升大经贸、深化大合作"的海关服务措施。按照《国务院关于深化流通体制改革加快流通产业发展的意见》，结合《全国流通节点城市布局规划》，结合海关总署推出的"一带一路"16条举措，形成国际贸易支点城市与全国流通节点城市相互配合、共同促进的格局。充分利用海关总署服务"一带一路"建设的服务措施，促进互联互通，促进与沿线国家经贸产业合作，提升与沿线国家贸易便利化水平。

（2）从政策扶持、资金投入、城市建设等多个方面入手，提升城市的软硬件条件。通过加强政策扶持及松绑、加大固定资产投资，提升国际贸易支点城市基础设施、教育、文化等国际吸引力，推动国际贸易支点城市现代金融业、现代服务业及其他配套服务业的发展，逐步使国际贸易支点城市成为运转高效、国际吸引力强、跨国企业的现代国际贸易城市。

（3）深化与"一带一路"沿线国内外国际贸易支点城市之间的合作与交流。通过中央引领、地方主动，深化国际贸易支点城市之间（国内外城市间）的合作与交流，建立合作伙伴关系，结成友好城市，深化经贸合作与文化交流。对于"一带一路"的重大倡议，国际贸易支点城市的发展应纳入国家战略布局。中央

及地方政府有序布局国际贸易支点城市，并推动更多城市成为国际贸易支点城市，为建设"一带一路"、推动贸易畅通打下坚实基础。

10.4　力抓合作重点

沿线各国资源禀赋各异，经济互补性较强，彼此合作潜力和空间很大。以政策沟通、设施联通、贸易畅通、资金融通、民心相通为主要内容，重点在以下方面加强合作：

10.4.1　合作重点

（1）政策沟通。加强政策沟通是"一带一路"建设的重要保障。加强政府间合作，积极构建多层次政府间宏观政策沟通交流机制，深化利益融合，促进政治互信，达成合作新共识。沿线各国可以就经济发展战略和对策进行充分交流对接，共同制定推进区域合作的规划和措施，协商解决合作中的问题，共同为务实合作及大型项目实施提供政策支持。（2）设施联通。基础设施互联互通是"一带一路"建设的优先领域。在尊重相关国家主权和安全关切的基础上，沿线国家宜加强基础设施建设规划、技术标准体系的对接，共同推进国际骨干通道建设，逐步形成连接亚洲各次区域以及亚欧非之间的基础设施网络。强化基础设施绿色低碳化建设和运营管理，在建设中充分考虑气候变化影响，抓住交通基础设施的关键通道、关键节点和重点工程，优先打通缺失路段，畅通"瓶颈"路段，配套完善道路安全防护设施和交通管理设施设备，提升道路通达水平。推进建立统一的全程运输协调机制，促进国际通关、换装、多式联运有机衔接，逐步形成兼容规范的运输规则，实现国际运输便利化。推动口岸基础设施建设，畅通陆水联运通道，推进港口合作建设，增加海上航线和班次，加强海上物流信息化合作。拓展建立民航全面合作的平台和机制，加快提升航空基础设施水平。加强能源基础设施互联互通合作，共同维护输油、输气管道等运输通道安全，推进跨境电力与输电通道建设，积极开展区域电网升级改造合作。共同推进跨境光缆等通信干线网络建设，提高国际通信互联互通水平，畅通信息丝绸之路。加快推进双边跨境光缆等建设，规划建设洲际海底光缆项目，完善空中（卫星）信息通道，扩大信息交流与合作。（3）贸易畅通。投资贸易合作是"一带一路"建设的重点内容。宜着力研究解决投资贸易便利化问题，消除投资和贸易壁垒，构建区域内和各国良好的营商环境，积极同沿线国家和地区共同商建自由贸易区，激发释放合作潜力，做大做好合作"蛋糕"。沿线国家宜加强信息互换、监管互认、执法互助的海关合作，以及检验检疫、认证认可、标准计量统计信息等方面的双多边合作，推动世界贸易组织《贸易便利化协定》生效和实施。改善边境口岸通关设施条件，加快边境口岸"单一窗口"建设，降低通关成本，提升通关能力。加强供应链安全与便利化合作，推进跨境监管程序协调，推动检验检疫证书国际互联网核查，开展"经认证的经营者"（AEO）互认。降低非关税壁垒，共同提高技术性贸易措施透明度，提高贸易自由化、便利化水平。拓宽贸易领域，优化贸易结构，挖掘贸易新增长点，促进贸易平衡。创新贸易方式，发展跨境电子商务等新的商业业态。建立健全服务贸易促进体系，巩固和扩大传统贸易，大力发展现代服务贸易，把投资和贸易有机结合起来，以投资带动贸易发展。加快投资便利化进程，消除投资壁垒。加强双边投资保护协定、避免双重征税协定磋商，保护投资者的合法权益，拓展相互投资领域，开展农林牧渔业、农机及农产品生产加工等领域深度合作，积极推进海水养殖、远洋渔业、水产品加工、海水淡化、海洋生物制药、海洋工程技术、环保产业和海上旅游等领域合作。加大煤炭、油气、金属矿产等传统能源资源勘探开发合作，积极推动水电、核电、风电、太阳能等清洁、可再生能源合作，推进能源资源就地就近加工转化合作，形成能源资源合作上下游一体化产业链。加强能源资源深加工技术、装备与工程服务合作推动新兴产业合作，按照优势互补、互利共赢的原则，促进沿线国家加强在新一代信息技术、生物、新能源、新材料等新兴产业领域的深入合作，推动建立创业投资合作机制。优化产业链分工布局，推动上下游产业链和关联产业协同发展，鼓励建立研发、生产和营销体系，提升区域产业配套能力和综合竞争力。扩大服务业相互开放，推动区域服务业加快发展。探索投资合作新模式，鼓励合作建设境外经贸合作区、跨境经济合作区等各类产业园区，促进产业集群发展在投资贸易中突出生态文明理念，加强生态环境、生物多样性和应对气候变化合作，共建绿色丝绸之路。鼓励本国企业参与沿线国家基础设施建设和产业投资。促进企业按属地化原则经营管理，积极帮助当地发展经济、增加就业、改善民生，主动承担社会责任，严格保护生物多样性和生态环境。（4）资金融通。资金融通是"一带一路"建设的重要支撑。深化金融合作，推进亚洲货币稳定体系、投融资体系和信用体系建设。扩大沿线国家双边本币互换、结算的范围和规模。推动亚洲债券市场的开放和发展。共同推进亚洲基础设施投资银行、金砖国家开发银行筹建，有关各方就建立上海合作组织融资机构开展磋商。加快丝路基金组建运营。深化中国—东盟银行联合体、上合组织银行联合体务实合作，以银团贷款、银行授信等方式开展多边金融合作。支持沿线国家政府和信用等级较高的企业以及金融机构在中国境内发行人民币债券。符合条件的中国境内金融机构和企业可以在境外发行人民币债券和外币债券，鼓励在沿线国家使用所筹资金。分管加强金融监管合作，推动签署双边监管合作谅解备忘录，逐步在区域内建立高效监管协调机制。

完善风险应对和危机处置制度安排，构建区域性金融风险预警系统，形成应对跨境风险和危机处置的交流合作机制。加强征信管理部门、征信机构和评级机构之间的跨境交流与合作。充分发挥丝路基金以及各国主权基金作用，引导商业性股权投资基金和社会资金共同参与"一带一路"重点项目建设。（5）民心相通。民心相通是"一带一路"建设的社会根基。传承和弘扬丝绸之路友好合作精神，广泛开展文化交流、学术往来、人才交流合作、媒体合作、青年和妇女交往、志愿者服务等，为深化双多边合作奠定坚实的民意基础。扩大相互间留学生规模，开展合作办学，中国每年向沿线国家提供 1 万个政府奖学金名额。沿线国家间互办文化年、艺术节、电影节、电视周和图书展等活动，合作开展广播影视剧精品创作及翻译，联合申请世界文化遗产，共同开展世界遗产的联合保护工作。深化沿线国家间人才交流合作。加强旅游合作，扩大旅游规模，互办旅游推广周、宣传月等活动，联合打造具有丝绸之路特色的国际精品旅游线路和旅游产品，提高沿线各国游客签证便利化水平。推动 21 世纪海上丝绸之路邮轮旅游合作。积极开展体育交流活动，支持沿线国家申办重大国际体育赛事。强化与周边国家在传染病疫情信息沟通、防治技术交流、专业人才培养等方面的合作，提高合作处理突发公共卫生事件的能力。为有关国家提供医疗援助和应急医疗救助，在妇幼健康、残疾人康复以及艾滋病、结核、疟疾等主要传染病领域开展务实合作，扩大在传统医药领域的合作。加强科技合作，共建联合实验室（研究中心）、国际技术转移中心、海上合作中心，促进科技人员交流，合作开展重大科技攻关，共同提升科技创新能力。整合现有资源，积极开拓和推进与沿线国家在青年就业、创业培训、职业技能开发、社会保障管理服务、公共行政管理等共同关心领域的务实合作。充分发挥政党、议会交往的桥梁作用，加强沿线国家之间立法机构、主要党派和政治组织的友好往来。开展城市交流合作，欢迎沿线国家重要城市之间互结友好城市，以人文交流为重点，突出务实合作，形成更多鲜活的合作范例。欢迎沿线国家智库之间开展联合研究、合作举办论坛等加强沿线国家民间组织的交流合作，重点面向基层民众，广泛开展教育医疗、减贫开发、生物多样性和生态环保等各类公益慈善活动，促进沿线贫困地区生产生活条件改善。加强文化传媒的国际交流合作，积极利用网络平台，运用新媒体工具，塑造和谐友好的文化生态和舆论环境。

10.4.2 合作多样化

1. 合作成果涉及诸多领域

"16 + 1 合作"是指中国—中东欧国家合作框架，而 2018 年已经是这一机制启动 6 周年。"'16 + 1 合作'机制运行良好，中国和中东欧合作顺利，成果丰硕。"中国贸促会研究院国际投资研究部主任刘英奎接受《中国贸易报》记者采访时表示，其合作成果涉及贸易投资、基础设施、金融合作等多领域。

在贸易领域，2016 年中国整体对外贸易下降，但是和中东欧之间的贸易额增长迅速，同比增长了 9.5%，其中，中东欧国家对华出口增速更快，在欧盟对华出口中比重上升。

在投资领域，中国企业在中东欧承包的工程项目日益增多，以铁路电气化改造、高等级公路施工、特大桥梁建设等交通道路基础设施为重点，逐步推动中国企业在中东欧国家践行"一带一路"倡议。中国设计建造的塞尔维亚贝尔格莱德跨多瑙河大桥 2014 年底竣工，和匈牙利合作建立了匈牙利中欧商贸物流合作园，匈塞铁路、北马其顿高速公路、波黑斯坦纳里火电站等项目正在进行中。

在金融合作领域，匈牙利和波兰两国均加入了亚洲基础设施投资银行，中匈两国实现本币互换，多家中资银行在中东欧国家设立分行，从事存、贷款以及人民币清算等业务。

2. 合作机制有政府和民间参与

"中国和中东欧之间合作平台多，'16 + 1 合作'是最大的合作机制。"刘英奎表示，在此合作机制下，中国和中东欧领导人高层互访不断，定期召开"16 + 1"高层论坛。与此同时，建立经贸、部长级会谈机制，设立了相对固定的机构，如合作秘书处、投资秘书处、国家协调员会议、经贸促进部长级会议等，在"16 + 1合作"大的框架下形成了政府之间不同层级的交流合作机制。

刘英奎表示，除了政府间的合作机制外，民间也有很多类似的合作机制，其最大的就是中国—中东欧国家联合商会。据了解，中国贸促会是中国—中东欧国家合作秘书处成员单位，受外交部中国—中东欧国家合作秘书处委托，担任中国—中东欧国家联合商会的中方落实单位。在中国和中东欧整体的合作机制下，中国和各国也建立了对应的合作机制，比如中国和罗马尼亚、斯洛文尼亚等的工商界都设立有对应的工商合作机制。通过这些合作机制，中国企业可以方便地和当地企业建立联系。

3. 合作空间可向产业拓展

中国和中东欧合作中也面临一些挑战。人大重阳金融研究院研究员余雯雯接受记者采访时表示，首先，中国与中东欧 16 国互不为主要的贸易伙伴。在中国主要贸易伙伴中，前 3 位没有中东欧国家；在中东欧的对外贸易额，中国所占份额也不大。其次，中东欧国家有 10 多个欧盟成员国，身为欧盟成员国的中东欧国家必须遵循欧盟法规。而欧盟法律体系十分繁杂琐细，不仅有经济贸易法，还有《劳工法》《环保法》《政府采购法》《反垄断法》等。最后，中东欧国家普遍对健康、安全、环保标准非常重视。中国企业在中东欧国家实施工程项目过程中，常会因环境保护和自然地理问题，被迫增加工程款。

中东欧地区地广人稀、居住分散、地形复杂，公路物流业特别发达。因此，在经贸关系上，中国的小商品特别是生活用品在中东欧地区有比较大的市场。

"重点推动中国不同地区、不同行业、不同企业分别有针对性地同中东欧16国开展点对点、面对面的合作，积少成多。"在此基础之上，将"16＋1合作"打造成"一带一路"倡议融入欧洲经济圈的重要切入点，为"一带一路"倡议的实施提供坚实的物质支撑。

浙江可以开发中东欧国家的高端旅游项目。东欧地区是不同文明的交汇处，历史文化积淀深厚，自然风光丰富多样，旅游产品的内在质量非常高。但是，这里的国家都比较小，交通不是特别便利，接待能力有限，不适合大规模的观光旅游。因此，可以先尝试开发高端旅游产品，逐渐打开市场，待条件成熟后，再慢慢扩大，把中东欧地区打造成浙江乃至中国人高端旅游的新目的地。

10.5　发挥浙江优势

浙江融入"一带一路"的传统优势和现实资源主要有四个方面，需统筹利用资源和产能优势，以六条路径作为主要推进方向。

10.5.1　发挥四个优势

1. 区位优势

浙江地处我国东部沿海乃至欧亚大陆东部漫长海岸线的中间点，是西太平洋北方航线（东北亚航线）和南方航线（南洋西洋航线）的交汇点，自古以来就是我国对外开放的门户和对外交往的前沿，在"海上丝绸之路"尤其是在"东亚地中海（环中日韩）航线"乃至南太航路的开拓中，浙东先民"古越"族人厥功甚伟。这种区位优势在现代世界航运网络中的地位，不是减弱降低而是更加增强突出了。

2. 历史优势

在唐宋元明海上丝路的繁盛时期，浙江的杭州、宁波、温州三大港城，丝绸、瓷器、茶叶三大特产，使臣、僧人、舶商三大群体，在我国对外开放、海外贸易和友好往来、文化交流中扮演了重要角色，发挥了地缘、经济和文化三大优势，为中外文明交流互鉴、中日韩佛教"黄金纽带"和东亚"儒家文化圈"的形成作出了历史性贡献，其影响之深远波及近代以来东亚地缘格局的构建和演变。

3. 人文优势

浙江居开放前沿，自古得风气之先，深受八面来风的浸润，养成了浙江人放眼世界、开放包容、兼容并蓄的大视野大胸襟，敢为人先、勇于开拓、走天涯闯世界的大无畏精神，思维灵活、精于事业、善于经商致富的真本事真功夫，勤劳奋发、吃苦耐劳的品格。千百年来，浙江人的人文品格和创新精神，已经融入浙江社会经济文化的毛细血管中，成为浙江地域文化和传统文化的鲜明特质和优势资源，成为取之不竭、用之不尽的宝贵精神财富，激励着新时代浙江人勇立潮头、敢为人先的创新实践。

4. 产能优势

浙江作为东部沿海地区民营经济最发达省份，拥有经济先发优势、外向度高、优质产能、民资充裕、深水良港、跨境电商和浙商人才等诸多优势资源，以传统制造业和出口外向型企业为主的浙江经济，产品对海外市场依存度高，浙商拥有充裕的民间资本、灵活的投融资机制和国际化经营经验，以宁波舟山港及自贸区为龙头、以阿里巴巴跨境电子商务为依托、以义乌小商品城和中欧班列为载体，浙江拥有海陆两路联运、线上线下互动的物流大格局，为浙江产能输出和转移、民营资本及浙商二次"走出去"奠定了领先优势，而高效廉洁的政府和优美生态环境更让浙江如虎添翼。

社会经济发展领先的浙江，不仅能为"一带一路"互联互通、基础设施建设的推进和实施提供产品、技术、设备、资金和金融及人才等优势资源，而且也能为浙江自身对外开放和经济社会发展的转型升级、继续保有先发领先优势带来重大利好。

10.5.2　选好六个路径

1. 发挥文化先导作用，力推"丝瓷茶文化"的"浙江牌"

"一带一路"建设规划的主体是"五通"和"六廊"，"五通"的基础是民心相通，民心相通的前提是文化交流、文明互鉴，多元共生、和而不同。"一带一路"沿线亚欧非各国家和地区在地理、资源、民族、语言、宗教、文化和社会经济发展阶段上的差异巨大，要推进"一带一路"建设，必须以文化为先导，优先推进"'一带一路'文化带"建设。作为文化大省，浙江在文化先导和"文化带"建设中具有独特优势。尤其是作为丝瓷茶首要发源地和传统出口大省，浙江在生产、技术、外贸和文化中拥有不可替代的优势，以丝瓷茶这三大中国文化符号，以浙江传统文化品牌为突破口，开辟渠道，创新机制，开展丝瓷茶文化交流和传播，大有可为。丝、瓷、茶的多重属性，足以融合其他各类文化艺术"整装出口"，带动文化贸易和文化交流齐头并进。

2. 开辟全球电子商务新市场，网聚全球中小企业，打造"网络新丝路"

21 世纪的丝绸之路最大的亮点和后发优势，是以数字技术为基础、以信息化互联网为载体的"网络丝绸之路",其核心是跨境电子商务。杭州作为国务院批准设立的中国首个跨境电子商务试验区,使杭州在跨境电子商务中所能探索的领域更加宽广,跨境电商企业信心指数也不断"飙升"。作为"中国电商之都",杭州应积极融入"一带一路"建设中去,发挥以阿里巴巴为代表的电商资源优势,率先打造"网络新丝路",网聚全球中小企业,开辟全球化新市场,逐步形成一套引领全球跨境电子商务发展的管理制度和规则,成为未来全球商业模式的标准制定者。

3. 以宁波舟山港和义乌为桥头堡,海陆联运,贯通亚非欧物流大通道

立足长远向一体化、协同化、集群化发展的宁波舟山港,区位前置,面朝繁忙的太平洋主航道,背靠中国内地最具活力的长三角经济圈,俨然已是国家枢纽港、世界级东方大港。这里是我国集装箱、铁矿石和原油转运重要基地,货物吞吐量连续8年位居世界第一。航线遍布欧美、中东、东南亚地区,覆盖70%的"一带一路"沿线国家和地区。"世界小商品之都"义乌中国小商品城,已开通从义乌始发通往中亚五国、俄罗斯、阿富汗、白俄罗斯等目的地的铁路国际联运线路。在国家自贸港布局中,宁波舟山港相较于上海和深圳具有显著优势,要积极争取宁波舟山港成为首个自贸港,加之中欧班列的常态化运行,形成以浙东为中心的亚非欧海陆物流新干线、大通道。

4. 搭建高端平台,通过项目工程,鼓励"新浙商"再次"走出去"

随着"丝路基金"、亚投行等的设立运行,"一带一路"的互联互通和基础建设开局良好,早期收获可观。作为新兴的资本输出国和外汇储备大国,中国资本、中国商人的作用与过去已不可同日而语。"一带一路"对浙商来说是难得的第二次"走出去"历史性机遇。以前"走出去"的方式是产品输出,通过外贸将大量的浙江制造输出海外。如今新一代浙商必须打开国际视野,实施国际化战略和发展布局,组建国际化运行团队,打造国际化品牌,积极融入"一带一路"建设,走向西部、走向海洋、走向世界。尤其要充分发挥马云、李书福等浙商新代表的创新力和影响力,带动新浙商集群化走出国门、走向世界,在积极参与"一带一路"下的全球化过程中实现自身的真正全球化。

5."以侨为桥",大力发挥海外浙籍新一代华侨作用,积极参与引浙出海、布局海外

浙江自古就是我国著名侨乡,世界上最早的唐人街就是南宋时浙东舶商在日本博多侨居形成的"大唐街"。如今浙籍海外华侨华人、港澳同胞超200万,其中以温州、丽水、宁波为多。他们分布在世界180个国家和地区,可谓遍布全球,其中超过一半在欧洲,亚洲和北美洲各占两成,在南美洲、大洋洲和非洲也有少量分布。他们融入所在国社会,海外侨领、参政人士、专业人士日益增多。华人华侨是对外开放的排头兵,改革开放以来,仅海外侨胞等投资创办的企业就占我国外企总数约70%，投资额占我国实际利用外资约60%，捐助善款高达900多亿元人民币，全球华商总资产已超过4万亿美元，有400多万新华侨华人属于各类专业人士。在浙江，全省共有侨资企业2.11万余家，为家乡经济社会建设作出了巨大贡献。华人华侨也是"一带一路"建设的生力军，在牵线搭桥、资金融通、法律援助、防范风险和提供高端专业人才等方面具有不可替代的优势，许多海外华文媒体致力于讲好中国故事，宣传中国企业，成为增进国家间互信、解疑释惑的好帮手。海外侨胞和华人社团有丰富的人脉资源和社会关系，在协调沟通中发挥着良好的桥梁和纽带作用，是中外文化交流的友好使者。以侨为桥，积极引导浙籍侨胞参与浙江接轨"一带一路"，大有可为。

6. 讲好"浙江故事"，注重价值观和新理念传播，提供中国创新发展实践的浙江经验

习近平同志在浙江工作期间，提出了"八八战略"的重大部署，实施了平安浙江、法治浙江、文化大省、生态省建设等一系列重大举措，推动浙江各项事业发展，取得了巨大成就。他在省域层面对中国特色社会主义的理论创新和实践探索成果，如今有许多上升到国家层面，为治国理政、创新发展提供了浙江经验。由中国社会科学院与中共浙江省委合作组织编写出版的《中国梦与浙江实践》丛书，从历史大视野和发展大趋势的角度，全景式、立体式地揭示了浙江通过实施"八八战略"取得的发展经验，堪称是实现中国梦的浙江实践最新总结。浙江是习近平新时代中国特色社会主义思想的重要萌发地，大量生动的探索实践、成功案例就是"中国故事""浙江故事"的典型素材，可结合开放包容、多元共生、和而不同、共建共享、互利共赢、共同繁荣的新发展观、新文明观和人类命运共同体思想，通过文化提升、艺术创作、形象包装和现代传媒，把这些故事讲给全世界听，传播到"一带一路"沿线国家和地区，推动民心相通，筑牢合作基础。

附表1　　　　　　浙江与中东欧出口贸易金额

单位：美元

国别	2009 年	2010 年	2011 年	2012 年	2013 年	2014 年	2015 年	2016 年
阿尔巴尼亚	62201324	77128174	109987548	115396179	146952576	163249079	188622228	242311991
保加利亚	167069784	191074210	287102131	317012933	343991635	387908552	368829537	354430617
匈牙利	418029232	587054640	516696912	459341257	449176316	522563176	474645565	531088621
波兰	1441663785	1773146067	2241999028	2205873129	2502605882	2996112989	2863354812	3074931563
罗马尼亚	493494624	580859625	674694643	688451569	759924747	825346422	834083824	898072226
爱沙尼亚	104817566	184515667	233270969	279383176	262963461	258259322	181379326	178543874
拉脱维亚	139894365	267144646	395024777	395402374	412636608	387818169	260739653	325726621
立陶宛	237862591	321814508	375480556	448906887	458705018	497234565	356331917	399179256
斯洛文尼亚	226110177	311177238	454712299	469853971	504819678	561338340	622810885	726845117
克罗地亚	471202024	615510237	772366481	598824196	518842447	363368675	357579929	375845486
捷克	373382234	516802859	583285690	459903650	507792286	612668359	553594608	590048430
斯洛伐克	194379858	258819926	361218773	229484354	226564346	264413040	255000835	272159580
北马其顿	7355007	7990004	8804988	9141669	1180901	8948862	10517090	10984998
波黑	7172399	8123944	8540362	8325293	7664239	10512802	9387557	13228362
塞尔维亚	102104832	120946375	137256884	141879721	137723578	127247684	110934179	121212145
黑山	28972682	25961356	29487472	31537461	34265928	35118474	32855222	30796449

资料来源：中国海关。

附表2

浙江与中东欧进口贸易金额

单位：美元

国别	2009年	2010年	2011年	2012年	2013年	2014年	2015年	2016年
阿尔巴尼亚	154190	234853	2571934	1042820	3324090	1923544	1234764	662668
保加利亚	14609088	35081998	39225098	54143913	42867344	78314392	32040155	21821809
匈牙利	23902830	41551096	63758801	43723839	41192115	70104554	69375389	88956840
波兰	127674863	182318691	189143374	167145364	165676755	222336536	117480484	122308499
罗马尼亚	61423976	94165479	98947142	96876362	97999987	115047247	69098876	65493101
爱沙尼亚	3905533	9600749	6626261	8396300	15558755	23588682	11162303	8940606
拉脱维亚	6369351	10640046	17577376	13399853	21696243	22515777	16267463	21815841
立陶宛	3487177	5780445	8063720	13938616	16121104	8545758	19486479	35413568
斯洛文尼亚	4735583	12658257	23955836	21121232	18717948	22275780	16493188	17429464
克罗地亚	3032467	2363325	12346662	5726959	8323964	6380318	7524154	8579674
捷克	56511759	81198808	103701267	92467868	89515894	92418107	92375498	86854221
斯洛伐克	12508297	12586603	16641414	15535996	14465616	19853005	20150690	24749561
北马其顿	730696	405384	5473670	1392670	1717536	71032	7173596	292664
波黑	245213	387228	341407	1698371	2673304	4529408	4012091	4275775
塞尔维亚	2308849	3681289	1493224	1029534	1791814	4009582	5256055	3273707
黑山	5038	358	87189	282792	190521	218011	572586	694699

资料来源：中国海关。

附表3

浙江与中东欧进出口贸易金额

单位：美元

国别	2009年	2010年	2011年	2012年	2013年	2014年	2015年	2016年
阿尔巴尼亚	62355514	77363027	112559482	116438999	150276666	165172623	189856992	242974659
保加利亚	181678872	226156208	326327229	371156846	386858979	466222944	400869692	376252426
匈牙利	441932062	628605736	580455713	503065096	490368431	592667730	544021054	620045461
波兰	1569338648	1955464758	2431142402	2373018493	2668282637	3218449525	2980835296	3197240062
罗马尼亚	554918600	675025104	773641785	785327931	843924734	940393669	903182700	963565327
爱沙尼亚	108723099	194116416	239897230	287779476	278522216	281848004	192541629	187484480
拉脱维亚	146263716	277784692	412602153	408802227	434332851	410333946	277007116	347542462
立陶宛	241349768	327594953	383544276	462845503	474826122	505780323	375818396	434592824
斯洛文尼亚	230845760	323835495	478668135	490975203	523537626	583614120	639304073	744274581
克罗地亚	474234491	617873562	784713143	604551155	527166411	369748993	365104083	384425160
捷克	429893993	598001667	686986957	552371518	537308180	705086466	645970106	676902651
斯洛伐克	206888155	271406529	377860187	245020350	241029962	284266045	275151525	296909141
北马其顿	8085703	8395388	14278658	10534339	12898437	9019894	17690686	11277662
波黑	7417612	8511172	8881769	10023664	10337543	15042210	13399648	17504137
塞尔维亚	104413681	124627664	138750108	142909255	139515392	131257266	116190234	124485852
黑山	28977720	25961714	29574661	31820253	34456449	35336485	33427808	31491148

资料来源：中国海关。

附表 4

宁波与中东欧 16 国出口贸易金额

单位：万美元

国别	2007 年	2008 年	2009 年	2010 年	2011 年	2012 年	2013 年	2014 年	2015 年	2016 年
阿尔巴尼亚	136.23	683.45	1181.22	883.14	1274.48	1511.93	1961.70	1773.33	1696.80	2103.24
保加利亚	4579.95	8010.60	3888.42	4904.32	7559.34	6106.68	6801.86	7693.41	7128.22	7020.50
匈牙利	18007.62	30984.40	21938.94	35336.99	24335.65	22944.09	18760.73	19247.95	16158.71	17195.64
波兰	50094.18	70352.59	44026.62	55853.40	62231.48	64007.70	71705.35	88066.13	85922.37	91509.77
罗马尼亚	9289.56	13862.36	8367.38	10855.43	14403.70	12826.13	13425.51	14514.05	14788.08	15683.91
爱沙尼亚	4297.47	4532.47	3268.37	6420.33	10416.60	11426.19	10413.64	9073.47	6321.20	6537.19
拉脱维亚	5375.75	7427.42	3857.13	7679.26	9669.81	9871.93	10452.02	9274.85	7906.99	8823.26
立陶宛	6337.45	8587.68	4320.62	7127.17	9389.59	13068.47	11296.92	12746.09	9204.31	10390.18
斯洛文尼亚	5881.29	8607.98	6402.39	9187.20	11897.57	11049.13	15157.11	18086.49	18199.61	19170.83
克罗地亚	8127.91	9398.05	6022.75	7120.71	8327.71	7112.15	8917.34	7335.90	6745.42	6596.33
捷克	15590.10	19084.90	13542.00	18012.68	22797.73	15023.94	16864.13	19962.73	17774.10	19348.78
斯洛伐克	10494.60	13977.62	4831.12	8662.62	18951.01	8786.92	6487.64	6466.01	7238.92	6492.97
北马其顿	295.31	300.99	161.28	208.90	287.26	210.94	275.46	286.48	303.66	307.74
波黑	346.07	316.35	209.79	203.69	201.35	156.26	216.26	243.50	175.76	223.24
塞尔维亚	2255.60	3886.58	1811.44	2255.29	2248.46	2119.49	2065.09	2832.57	2354.46	2977.71
黑山	343.08	789.51	458.05	388.63	424.76	577.51	962.97	917.41	948.94	614.77

资料来源：宁波海关。

附表 5　　宁波与中东欧 16 国进口贸易金额　　　　单位：万美元

国别	2007 年	2008 年	2009 年	2010 年	2011 年	2012 年	2013 年	2014 年	2015 年	2016 年
阿尔巴尼亚		374.18	69.93	46.19	277.65	44.76	144.89	109.41	94.52	155.90
保加利亚	2071.74	1964.89	1212.01	3179.75	2767.26	3343.06	2517.98	2914.01	2506.56	1484.59
匈牙利	831.44	849.00	979.29	1909.78	4216.12	2612.04	2380.10	1845.07	1646.33	1864.31
波兰	3014.87	3716.17	6274.53	5942.02	9348.21	8279.25	7932.97	7893.59	4669.76	4559.83
罗马尼亚	4214.62	4865.84	4741.64	7574.15	7663.88	6492.31	7073.06	4980.40	3552.44	2959.64
爱沙尼亚	419.42	366.28	263.35	727.54	350.03	420.66	1393.92	1691.59	830.28	728.16
拉脱维亚	375.14	196.18	540.76	727.36	671.29	883.50	1423.23	1006.82	1234.61	1636.59
立陶宛	237.58	102.42	396.75	293.38	573.55	1100.92	1597.39	846.26	1354.99	3344.25
斯洛文尼亚	60.51	88.81	256.47	609.74	891.69	699.52	772.02	930.28	523.96	744.38
克罗地亚	143.57	143.21	293.45	171.00	318.83	308.14	610.41	368.10	383.91	423.27
捷克	862.24	973.15	2431.07	3714.89	4741.91	3796.04	2932.50	2187.74	2274.55	1855.98
斯洛伐克	444.54	201.75	483.03	228.60	458.82	486.64	856.81	413.18	625.53	1158.55
北马其顿	0.03		1.97	18.63	166.50	14.19	0.27	1.03	8.00	18.57
波黑		2.50		0.12	11.57	123.70	175.22	382.04	320.54	327.65
塞尔维亚	1.96	5.53	155.81	201.84	76.70	47.96	1449.77	220.13	399.24	259.15
黑山						3.37	7.50	1.52	4.38	17.68

资料来源：宁波海关。

附表6　　　2007～2016年中东欧16国进出口数据及GDP

单位：美元

年份	GDP	进口额	出口额	进出口额
2007	1339729474318.50	6702763059960.00	559039480674.00	1229315786670.00
2008	1618867991081.65	828452739254.00	675112083381.00	1503564822635.00
2009	1365658861032.21	584908751843.00	528250784544.00	1113159536387.00
2010	1394848101112.52	671592147320.00	616631703476.00	1288223850796.00
2011	1539240381607.45	812950654496.00	756285852535.00	1569236507031.00
2012	1434881256158.28	765575151648.00	726293825182.00	1491868976830.00
2013	1513088614181.46	803646317132.00	786680068909.00	1590326386041.00
2014	1553875067666.83	838660638322.00	822591517150.00	1661252155472.00
2015	1360335395537.80	737446325892.00	728873039497.00	1466319365389.00
2016	1384687328195.98	720003898775.00	719358272920.00	1439362171695.00

资料来源：世界银行、联合国贸易数据库。

附表 7

中东欧 16 国人均国内生产总值

单位：美元

国别	2007 年	2008 年	2009 年	2010 年	2011 年	2012 年	2013 年	2014 年	2015 年	2016 年	2017 年
阿尔巴尼亚	3620.6	4407.52	4172.74	4155.12	4534.37	4384.1	4633.23	4781.23	4494.9	4834.63	5281.17
保加利亚	5719.76	7052.28	6643.44	6500	7615.28	7225.09	7531.72	7752.81	7193.71	7432.2	7767.99
匈牙利	13767.15	15587.75	12896.01	12940.39	13964.21	12769.32	13464.92	13881.13	12852.53	13487.39	14293.13
波兰	11256.83	13909.5	11454.23	12532.67	13769.47	13048.81	13820.17	14378.62	12920.92	13598.37	14490.06
罗马尼亚	7966.03	9744.33	7821.35	7832.71	8703.35	8063.35	9001.05	10034.67	9570.45	10249.54	11045.25
爱沙尼亚	16573.46	18137.29	14749.44	14647.33	17165.54	17109.12	8852.09	19670.85	17561.68	18635.44	19956.23
拉脱维亚	13975.85	16349.2	12174.51	11371.07	13732	13861.12	15126.49	15728.79	13995.61	14754.97	15849.9
立陶宛	12318.31	15045.6	11860.68	11997.01	14359.5	14334.38	15696.82	16385.85	14559.52	15493.32	16643.93
斯洛文尼亚	23966.35	27784.01	24785.05	23478.33	25021.58	22519.31	23316.68	24019.25	20849.83	21359.36	22245.45
克罗地亚	13943.78	16346.5	14562.49	13895.38	14522.82	13234.29	13592.34	13493.68	11537.74	11785.53	12284.95
捷克	18413.71	22739.6	19732.79	19787.29	21675.7	19680.4	19854.84	19563.33	17171.2	17710.06	18271.11
斯洛伐克	14256.18	17897.65	16426.61	16447.2	18103.23	17171.3	18064.47	18454.04	16137.76	16829.85	17769.44
北马其顿	4084.4	4864.91	4591.17	4585.09	5174.89	4728.27	5215.39	5481	4895.52	5184.86	5566.92
波黑	3912.38	4784.5	4422.16	4323.08	4708.85	4352.94	4603.79	4643.95	4306.86	4538.39	4845.64
塞尔维亚	5486.49	6688.95	5820.47	5353.56	6426.18	5660.31	6353.83	6123.06	5676.18	6037.55	6400.55
黑山	5965.41	7360.43	6715.06	6648.85	7251.6	6510.73	7093.37	7149.12	6777.93	7104.13	7446.74

资料来源：国际货币基金组织、中国国家统计局。

附表 8

浙江与阿尔巴尼亚行业出口金额

单位：美元

行业	2012 年	2013 年	2014 年	2015 年	2016 年	2017 年
纺织服装、服饰业	4350621	5761435	4108054	4045263	5715232	5668321
木材加工和木、竹、藤、棕、草制品业	1611006	1724110	1740191	1667345	2584795	2377404
家具制造业	4902173	6775974	7482950	6978725	8417001	9175143
造纸和纸制品业	838710	1444123	1261751	3433807	2669391	2226950
文教、工美、体育和娱乐用品制造业	5342190	5236057	5698838	11493652	16335659	12400645
医药制造业	201851	249493	218262	229949	314991	142138
金属制品业	12639337	14845378	15766859	16450076	22311626	19197808
通用设备制造业	13375785	15048426	14391552	12013982	20859097	21633791
汽车制造业	759485	962306	972059	1258393	1398303	1466753
铁路、船舶、航空航天其他运输设备制造业	632250	1182530	3440978	2629136	2583816	2161102
电气机械和器材制造业	9961497	13173333	18302736	22003115	35050428	27457646
仪器仪表制造业	2360095	2618867	2324754	2882151	4736018	6326666

资料来源：中国海关。

附表 9　　浙江与保加利亚行业出口金额

单位：美元

行业	2012 年	2013 年	2014 年	2015 年	2016 年	2017 年
纺织服装、服饰业	3934944	6078684	4895990	4656021	5542189	4320495
木材加工和木、竹、藤、棕、草制品业	3593556	4123062	5166196	5429377	5035958	5759021
家具制造业	7921793	10996322	11176781	9720827	10423435	9827885
造纸和纸制品业	2125233	3920078	5341417	5746692	5372554	6347592
文教、工美、体育和娱乐用品制造业	8124365	10047227	13865767	13082627	16247698	15161641
医药制造业	785933	795553	762666	678475	1306989	906006
金属制造业	15495785	17685684	18879683	21610539	25678101	23698746
通用设备制造业	41746258	56149471	60388922	59079329	59543258	67105557
汽车制造业	5159678	6502200	6844208	6315140	4646356	4909246
铁路、船舶、航空航天和其他运输设备制造业	3487488	4343043	5915449	4778806	5281591	5847507
电气机械和器材制造业	47344846	58910337	57061779	59329754	48686211	49981130
仪器仪表制造业	5400486	5984932	6619857	5829182	6204896	5996743

资料来源：中国海关。

附表10

浙江与匈牙利行业出口金额

单位：美元

行业	2012年	2013年	2014年	2015年	2016年	2017年
纺织服装、服饰业	35962667	43945139	47692061	37465077	20671574	74479360
木材加工和木、竹、藤、棕、草制品业	785430	367066	327432	260695	314625	372343
家具制造业	7335279	8746827	7864167	7694934	7681386	9241988
造纸和纸制品业	203110	1126686	1473393	1381396	1502837	2579420
文教、工美、体育和娱乐用品制造业	4550667	6171294	9047286	8691629	9266879	17673056
医药制造业	1763001	5056253	4587613	4181551	4472340	13499061
金属制品业	16002900	19941233	21092252	22004463	27194417	33066506
通用设备制造业	38544310	46917048	47743859	41740878	57199856	73132573
汽车制造业	4905650	6123497	11678379	15296460	26639979	35903614
铁路、船舶、航空航天和其他运输设备制造业	3380968	3781293	4109138	3936017	4072309	6638880
电气机械和器材制造业	89601577	100539942	147382686	146585306	174215824	175571286
仪器仪表制造业	6278254	7268623	8277177	9440348	14066202	16919124

资料来源：中国海关。

附表 11　　　　　　　浙江与波兰行业出口金额

单位：美元

行业	2012 年	2013 年	2014 年	2015 年	2016 年	2017 年
纺织服装、服饰业	236676531	270650796	300027573	292281575	276537220	316014892
木材加工和木、竹、藤、棕、草制品业	8659624	8503183	3798972	8082474	9554271	13146925
家具制造业	104139962	132114893	153765341	144490467	171283239	209092901
造纸和纸制品业	6565657	10900345	11785769	13854365	16815725	23468760
文教、工美、体育和娱乐用品制造业	47923983	66673137	59682045	89807174	103165233	132726385
医药制造业	6497801	8709685	9416773	12049950	12001740	16564656
金属制品业	165133766	189105175	244814595	236545714	247713632	277947315
通用设备制造业	376089692	396463610	458021724	441063137	444033143	525896642
汽车制造业	87034180	104248717	102952998	91145141	110215414	136223850
铁路、船舶、航空航天和其他运输设备制造业	24382253	23859890	25049703	22070345	28105714	32866112
电气机械和器材制造业	319687531	358427188	447748159	468348972	540419754	605977649
仪器仪表制造业	54280625	53775685	55981979	50643823	49558631	61044706

资料来源：中国海关。

附表 12　　　　浙江与罗马尼亚行业出口金额

单位：美元

行业	2012 年	2013 年	2014 年	2015 年	2016 年	2017 年
纺织服装、服饰业	26148908	31278116	36197254	24001626	18468150	10735330
木材加工和木、竹、藤、棕、草制品业	27623570	30035156	29260537	28051360	30056804	28097328
家具制造业	32904570	30397842	32662117	30511637	36054621	38311428
造纸和纸制品业	5249188	7467911	11813917	10604052	11612720	11544538
文教、工美、体育和娱乐用品制造业	18591621	26348519	29745174	31655406	36823103	51512049
医药制造业	6034159	3604479	4283980	6137201	6746538	4966909
金属制造业	59751740	61181421	69572546	66543958	73990136	77818376
通用设备制造业	129093653	125270474	139281468	145547816	151245472	153766310
汽车制造业	12380517	15321589	24340083	27298144	31525966	33100177
铁路、船舶、航空航天和其他运输设备制造业	2951870	3349329	3744343	5140252	7041856	10097774
电气机械和器材制造业	79620666	89331239	105580363	122275180	142526291	154039742
仪器仪表制造业	8134688	7824111	8079283	10091021	11672531	11271223

资料来源：中国海关。

附表13　　浙江与爱沙尼亚行业出口金额

单位：美元

行业	2012年	2013年	2014年	2015年	2016年	2017年
纺织服装、服饰业	3841478	4429675	4558333	14724720	3358414	6434861
木材加工和木、竹、藤、棕、草制品业	776920	793807	1088723	141337	109088	292804
家具制造业	17011017	12178367	14628612	10735442	9235468	13813750
造纸和纸制品业	683850	751026	1299190	336126	572235	1285024
文教、工美、体育和娱乐用品制造业	8368789	11709582	13469903	6291753	5865578	10579156
医药制造业	129034	147258	88038	156457	299838	819193
金属制品业	26800062	21029219	19606672	17355955	24293288	38090644
通用设备制造业	63756018	64852005	51809672	28410083	33683550	63975495
汽车制造业	16897615	16220992	14130302	9617345	12180726	20957498
铁路、船舶、航空航天和其他运输设备制造业	2405748	2043941	2127919	1409804	1186067	2108205
电气机械和器材制造业	34501413	29095953	37170027	26442616	33757339	65774993
仪器仪表制造业	9697700	4801995	5813567	4459441	2600321	5418578

资料来源：中国海关。

附表 14　　　　　　　　　　　　　浙江与拉脱维亚行业出口金额

单位：美元

行业	2012 年	2013 年	2014 年	2015 年	2016 年	2017 年
纺织服装、服饰业	12449144	9226025	11475179	9466854	6627013	6674728
木材加工和木、竹、藤、棕、草制品业	4366158	1261858	804296	337823	386541	333568
家具制造业	20862459	26083821	25645258	14788774	12923112	16798014
造纸和纸制品业	3192913	7082749	2502721	2200144	1395088	1286162
文教、工美、体育和娱乐用品制造业	12472077	14824207	17088002	13822768	13263428	14849136
医药制造业	1079446	1572939	1684528	1302042	1593897	1327208
金属制品业	28690433	27870515	25095821	20067834	40774905	40040960
通用设备制造业	81469688	72924511	59664170	40731090	41426378	46492238
汽车制造业	7578254	9983101	12773430	7150237	8319085	9227283
铁路、船舶、航空航天和其他运输设备制造业	1191663	971677	494116	360274	1167532	785080
电气机械和器材制造业	45501623	55135573	72781544	54356054	59079272	55757755
仪器仪表制造业	6289125	6467530	5617045	3767005	3310672	8167793

资料来源：中国海关。

附表 15　　浙江与立陶宛行业出口金额

单位：美元

行业	2012 年	2013 年	2014 年	2015 年	2016 年	2017 年
纺织服装、服饰业	12449144	9226025	11475179	9466854	6627013	6674728
木材加工和木、竹、藤、棕、草制品业	4366158	1261858	804296	337823	386541	333568
家具制造业	20862459	26083821	25645258	14788774	12923112	16798014
造纸和纸制品业	3192913	7082749	2502721	2200144	1395088	1286162
文教、工美、体育和娱乐用品制造业	12472077	14824207	11088002	13822768	13263428	14849136
医药制造业	1079446	1572939	684528	1302042	1593897	1327208
金属制品业	28690433	27870515	25095821	20067834	40774905	40040960
通用设备制造业	81469688	72924511	55664170	40731090	41426378	46492238
汽车制造业	7578254	9983101	12773430	7150237	8319085	9227283
铁路、船舶、航空航天和其他运输设备制造业	1191663	971677	494116	360274	1167532	785080
电气机械和器材制造业	45501623	55135573	72781544	54356054	59079272	55757755
仪器仪表制造业	6289125	6467530	3617045	3767005	3310672	8167793

资料来源：中国海关。

附表 16　　　　　　　　　浙江与斯洛文尼亚行业出口金额

单位：美元

行业	2012 年	2013 年	2014 年	2015 年	2016 年	2017 年
纺织服装、服饰业	26958854	24345113	26340995	21913125	22220955	34826903
木材加工和木、竹、藤、棕、草制品业	3519926	4015194	3588521	2504240	2129002	1938527
家具制造业	24022623	17755436	22351339	24454785	26962774	27182954
造纸和纸制品业	2876256	4323294	6216240	7586521	8613646	10032541
文教、工美、体育和娱乐用品制造业	11401786	16550882	22330372	23502575	35527639	47519166
医药制造业	3950134	6161486	2550399	4898006	7306726	6870508
金属制品业	31528537	39214435	42472503	37917331	38462649	43910179
通用设备制造业	59625316	61189789	73223881	51060651	76610070	93138286
汽车制造业	3378679	3798665	4163534	5874681	8463649	8565111
铁路、船舶、航空航天和其他运输设备制造业	2574070	2332777	3542117	2843664	5377731	6849903
电气机械和器材制造业	48097948	62988709	81190653	103077821	115129933	112356402
仪器仪表制造业	7358704	8206519	8801159	11669032	12503541	10290291

资料来源：中国海关。

附表 17

浙江与克罗地亚行业出口金额

单位：美元

行业	2012 年	2013 年	2014 年	2015 年	2016 年	2017 年
纺织服装、服饰业	49571715	29590488	28599389	18917103	27400268	22745022
木材加工和木、竹、藤、棕、草制品业	1598546	926375	1429104	1171485	1085365	1711132
家具制造业	16985425	14426635	16077428	15965526	16394016	17417129
造纸和纸制品业	3885875	5368091	6761882	5805360	5475345	5263991
文教、工美、体育和娱乐用品制造业	10457366	12899661	13328407	18335037	21965064	28438397
医药制造业	1783644	576922	1102408	1028787	1461804	903953
金属制品业	23336591	23083475	24567894	25978980	26757225	29669325
通用设备制造业	29867166	52782552	31475569	24217106	31964845	34001562
汽车制造业	1957179	2446011	2063051	2251683	2499479	2801464
铁路、船舶、航空航天和其他运输设备制造业	3061982	2902428	3500214	2471986	2922003	2879510
电气机械和器材制造业	28550376	31825779	36168625	40858678	49890232	50220128
仪器仪表制造业	5235160	4836220	3925545	5323123	5178089	5242782

资料来源：中国海关。

附表18

浙江与捷克行业出口金额

单位：美元

行业	2012年	2013年	2014年	2015年	2016年	2017年
纺织服装、服饰业	49334124	51579555	54713557	37125068	45579974	48527017
木材加工和木、竹、藤、棕、草制品业	399248	433673	451176	620032	556787	819003
家具制造业	21507431	16276312	20365421	14231756	15943210	18567609
造纸和纸制品业	1934007	4662812	4452849	4149815	3901281	2796691
文教、工美、体育和娱乐用品制造业	13129475	17804028	20056695	18298613	20335488	28914350
医药制造业	1285884	1445372	1409139	1458739	1686158	1592959
金属制品业	40016113	42548880	46478224	41702595	43837227	49229605
通用设备制造业	83305276	82568053	97088380	67479469	92964619	104741145
汽车制造业	11409753	18282480	22975931	24423783	30437637	39863612
铁路、船舶、航空航天和其他运输设备制造业	5393762	5794129	6264921	6216078	6761086	6852007
电气机械和器材制造业	77764280	88222134	103341549	103913367	119409105	143421197
仪器仪表制造业	14250936	14649747	22272894	20450472	20391389	24791055

资料来源：中国海关。

附表 19　　浙江与斯洛伐克行业出口金额

单位：美元

行业	2012 年	2013 年	2014 年	2015 年	2016 年	2017 年
纺织服装、服饰业	20184370	21945554	16140025	9064649	9056057	10519329
木材加工和木、竹、藤、棕、草制品业	442934	218302	270227	111991	171717	261149
家具制造业	3892434	4638592	4115888	4013224	4409209	4990120
造纸和纸制品业	74079	214538	480469	419426	432104	627611
文教、工美、体育和娱乐用品制造业	5616694	10740969	5859069	9480149	6831015	7216294
医药制造业	1171410	1166047	1644919	763425	765870	540121
金属制品业	10531173	8087115	11168600	15317036	22592798	31380539
通用设备制造业	36152078	48513896	64507902	40833413	58663762	63248950
汽车制造业	6790316	8475639	9529785	8398258	17752524	20840973
铁路、船舶、航空航天和其他运输设备制造业	989065	773900	1846612	2675696	2050519	1383396
电气机械和器材制造业	44378433	54136484	48891646	50605230	62854006	70449065
仪器仪表制造业	6298840	6371195	6998775	4772785	6166165	10139043

资料来源：中国海关。

附表 20

浙江与北马其顿行业出口金额

单位：美元

行业	2012 年	2013 年	2014 年	2015 年	2016 年	2017 年
纺织服装、服饰业	174968	110185	11721	49312	59508	38735
木材加工和木、竹、藤、棕、草制品业	183175	199912	360217	328198	26962	76982
家具制造业	318391	485283	315921	336882	296484	242855
造纸和纸制品业	27764	22594	68934	81108	296	67560
文教、工美、体育和娱乐用品制造业	162490	135782	144125	204717	228672	204239
医药制造业	954730	360248	495722	53247	314538	642124
金属制品业	325000	528803	555510	417008	472875	429608
通用设备制造业	989572	1452818	1475921	809067	1927644	2308571
汽车制造业	110091	135298	105309	147352	590565	819265
铁路、船舶、航空航天和其他运输设备制造业	122853	345270	419531	229002	216795	299351
电气机械器材制造业	1404136	2155883	1834407	2106882	1498495	1972695
仪器仪表制造业	209720	224202	351873	207474	248626	310551

资料来源：中国海关。

附表 21　　浙江与波黑行业出口金额

单位：美元

行业	2012 年	2013 年	2014 年	2015 年	2016 年	2017 年
纺织服装、服饰业	0	288455	405718	64024	47892	428096
木材加工和木、竹、藤、棕、草制品业	154223	167462	15793	37666	62004	20454
家具制造业	444144	486466	385174	541634	554985	399867
造纸和纸制品业	21490	9928	19204	5383	28252	75883
文教、工美、体育和娱乐用品制造业	130139	221663	490641	450521	837911	950232
医药制造业			2100	292	5000	3299
金属制品业	440951	545970	511707	691637	1073352	918983
通用设备制造业	655100	630289	1018184	593474	1380647	1891214
汽车制造业	426860	355627	642540	669105	628969	1338892
铁路、船舶、航空航天和其他运输设备制造业	470913	233147	225724	91233	104783	226757
电气机械和器材制造业	815087	1154459	1481558	1209473	1506701	2953108
仪器仪表制造业	210090	313501	322975	439522	498953	399258

资料来源：中国海关。

附表 22 浙江与塞尔维亚行业出口金额

单位：美元

行业	2012 年	2013 年	2014 年	2015 年	2016 年	2017 年
纺织服装、服饰业	17766335	14412826	8302826	6334093	7887159	8070019
木材加工和木、竹、藤、棕、草制品业	845661	922681	1487694	1007022	988347	1050076
家具制造业	3220987	2866345	2359284	1268864	1876527	2117159
造纸和纸制品业	959016	1270615	1408573	896426	692302	946134
文教、工美、体育和娱乐用品制造业	4602951	3963991	3947396	4127320	3211090	4567934
医药制造业	421660	1053310	1375081	1252676	1413457	2309706
金属制品业	7954565	7117983	7372986	5247188	6025330	6355078
通用设备制造业	19491967	27793647	24602964	16972344	25931577	31720271
汽车制造业	571159	652291	1285352	1350000	1645229	2162152
铁路、船舶、航空航天和其他运输设备制造业	777742	706087	801130	801585	1073778	1970124
电气机械和器材制造业	9266437	10129057	12371270	10182621	16148037	15166882
仪器仪表制造业	2315990	1527398	1638412	1611890	2302827	2576355

资料来源：中国海关。

附表 23

浙江与黑山行业出口金额

单位：美元

行业	2012 年	2013 年	2014 年	2015 年	2016 年	2017 年
纺织服装、服饰业	919436	919559	956498	1170771	765183	444087
木材加工和木、竹、藤、棕、草制品业	310999	249954	151740	239573	303154	242292
家具制造业	1472006	1561825	1543389	1104788	1005625	1080941
造纸和纸制品业	184284	431987	440677	670572	869002	580560
文教、工美、体育和娱乐用品制造业	1062876	1616812	1340390	1657210	1988550	1363332
医药制造业	981233	338943		3652		141
金属制品业	2788007	2350638	1500745	1715359	2055962	1900064
通用设备制造业	3216390	2830382	2849257	1917937	2810608	3606217
汽车制造业	59183	9954	1990	3437	6797	6013
铁路、船舶、航空航天和其他运输设备制造业	476253	364760	202056	228426	244429	212698
电气机械和器材制造业	3795808	4691952	5805477	2798988	2414475	1863433
仪器仪表制造业	674025	504068	308598	269308	362668	320518

资料来源：中国海关。

参 考 文 献

[1] 闫国庆，徐侠民．"一带一路"战略：宁波的选择与构建 [M]．杭州：浙江大学出版社，2016．

[2] 李丹，夏秋，周宏．"一带一路"背景下中国与中东欧国家农产品贸易潜力研究——基于随机前沿引力模型的实证分析 [J]．新疆农垦经济，2016 (6)：24 – 32．

[3] 贺书峰，平瑛，张伟华．北极航道对中国贸易潜力的影响——基于随机前沿引力模型的实证分析 [J]．国际贸易问题，2013 (8)：3 – 12．

[4] 毕燕茹，师博．中国与中亚五国贸易潜力测算及分析——贸易互补性指数与引力模型研究 [J]．亚太经济，2010 (3)：47 – 51．

[5] 朱晶，陈晓艳．中印农产品贸易互补性及贸易潜力分析 [J]．国际贸易问题，2006 (1)：40 – 46．

[6] 李秀敏，李淑艳．东北亚国家贸易引力模型实证检验及潜力分析 [J]．东北亚论坛，2006 (3)：28．

[7] 李阳晨雪，杨丹萍．长江经济带区域对中东欧国家的贸易影响因素及潜力分析 [J]．科技与管理，2017，19 (4)：61 – 68．

[8] 朱晓中．中东欧与欧洲一体化 [M]．北京：社会科学文献出版社，2002．

[9] 李钢，李惠瑛，王爱君等．欧盟东扩新商机——对中东欧市场的分析及忠告 [J]．国际贸易，2004 (2)：30 – 34．

[10] 张海森，谢杰．中国—东欧农产品贸易：基于引力模型的实证分析 [J]．中国农村经济，2008 (12)：45 – 53．

[11] 盛斌，廖明中．中国的贸易流量与出口潜力——引力模型的研究 [J]．世界经济，2004 (2)：3 – 12．

[12] 王培志，张双双．山东农产品出口竞争力的分析研究 [J]．东岳论丛，2014，35 (1)：173 – 177．

[13] 龙海雯，施本植．中国与中东欧国家贸易竞争性、互补性及贸易潜力研究——以"一带一路"为背景 [J]．广西社会科学，2016 (2)：78 – 84．

[14] 王瑞，王永龙．我国与"丝绸之路经济带"沿线国家农产品进口贸易

研究 [J]. 经济学家, 2017 (4): 97 - 104.

[15] 张燕, 高志刚. 基于随机前沿引力模型的中澳双边贸易效率及潜力研究 [J]. 国际经贸探索, 2015, 31 (12): 20 - 30.

[16] 张燕, 高志刚. 中澳自贸区贸易潜力的引力模型分析 [J]. 黑龙江八一农垦大学学报, 2015, 27 (4): 117 - 122.

[17] 吕风勇, 刘平安. 克鲁格曼对中国的启示 [J]. 企业管理, 2009 (2): 8 - 12.

[18] 赵晶, 王根蓓. 全球化经济中的产品开发、技术创新与贸易模式的演化 [J]. 经济与管理研究, 2010 (4): 92 - 98.

[19] 张文汇. 中国对外贸易失衡的历史视角 [J]. 中国金融, 2011 (11): 58 - 59.

[20] 帅传敏. 基于贸易引力模型的中美农业贸易潜力分析 [J]. 中国农村经济, 2009 (7): 48 - 58.

[21] 周刋起, 付华. 贸易便利化与中国出口留易: 基于改进 "引力模型" 的分析 [J]. 商业研究, 2014 (11): 93 - 98.

[22] 张俊玲, 张玉泽, 张晓青. 基于引力模型的中德双边贸易现状及潜力评价 [J]. 世界地理研究, 2016, 25 (6): 18 - 27.

[23] 刘作奎. 中东欧在丝绸之路经济带建设中的作用 [J]. 国际问题研究, 2014 (4): 72 - 82.

[24] 孔庆峰, 董虹蔚. "一带一路" 国家的贸易便利化水平测算与贸易潜力研究 [J]. 国际贸易问题, 2015 (12): 158 - 168.

[25] 沈子傲, 韩景华. 中国与中东欧贸易合作研究——基于贸易互补性和竞争性的视角 [J]. 国际经济合作, 2016 (8): 55 - 63.

[26] 侯敏, 邓琳琳. 中国与中东欧国家贸易效率及潜力研究——基于随机前沿引力模型的分析 [J]. 上海经济研究, 2017 (7): 105 - 116.

[27] 汪浩瀚, 丁元耀, 孙文博. 区域经济增长影响因素的贡献率分析——以宁波为例 [J]. 经济地理, 2003 (5): 593 - 596, 665.

[28] 李植斌. 宁波、舟山港口一体化发展研究 [J]. 浙江学刊, 2004 (3): 222 - 224.

[29] 左显兰. 加工贸易转型升级的动因及对策探讨——以宁波市为例 [J]. 生产力研究, 2009 (2): 100 - 102.

[30] 滕颖. 基于 VAR 模型的出口商品结构优化实证研究——以宁波为例 [J]. 生产力研究, 2010 (3): 136 - 138.

[31] Armstrong, S. Measuring Trade and Trade Potential: A Survey [R]. Asia Pacific Economic Paper, 2007 (368): 1 - 17.

［32］ Meeusen, W., Broeck, J. V. D. Technical Efficiency and Dimension of the Firm: Some Results on the use of Frontier Production Functions ［J］. Empirical Economics, 1977, 2 (2): 109 - 122.

［33］ Tinbergen, J. and BOS, H. (1962). Mathematical Models of Economic Growth. Pp. viii. 131. New York: McGraw - Hill Book Co.

［34］ Anderson, James E. A Theoretical Foundation for the Gravity Equation. American Economic Review, 1979, 69 (1): 106 - 116.

［35］ P. A. Poyhonen. A Tentative Model or the Volume of Trade Between Countries ［J］. Weltwirtschaftliches Archiv, 1963 (90): 93 - 100.

［36］ 蒋天颖. 中小企业创新生态系统的理论与实证 ［M］. 上海: 上海交通大学出版社, 2016.

［37］ 陈伟光. "一带一路"建设与提升中国全球经济治理话语权 ［M］. 北京: 人民出版社, 2017.

［38］ 中国社会科学院欧洲研究所中国欧洲学会. 欧洲联盟50年2007 - 2008欧洲发展报告 ［M］. 北京: 中国社会科学出版社, 2008.

［39］ 邓红英. 困境与出路——中东欧地区安全问题研究 ［M］. 武汉: 湖北人民出版社, 2011.

［40］ 中文社会科学索引 (CSSCI) 来源集刊. "一带一路"与国际合作 ［M］. 上海: 上海人民出版社, 2015.

［41］ 王志远. 金融转型俄罗斯及中东欧国家的逻辑与现实 ［M］. 北京: 社会科学文献出版社, 2013.

［42］ 刘丁有, 陈长民. 国际贸易理论与实务 ［M］. 北京: 中国人民大学出版社, 2010.

［43］ 赵磊. "一带一路"百人论坛. "一带一路"年度报告从愿景到行动 ［M］. 北京: 商务印书馆, 2016.

［44］ 赵磊. "一带一路"百人论坛研究院. "一带一路"年度报告行者智见 ［M］. 北京: 商务印书馆, 2017.

［45］ 中国人民大学重阳金融研究院. "一带一路"与国际贸易新格局 ［M］. 北京: 中信出版集团, 2016.

［46］ 邹磊. "一带一路"合作共赢的中国方案 ［M］. 上海: 上海人民出版社, 2016.

［47］ 朱晓中. 中东欧转型20年 ［M］. 北京: 社会科学文献出版社, 2013.

［48］ 曹亮, 王平. 国际贸易理论与实务 ［M］. 武汉: 湖北人民出版社, 2005.

［49］ 任宣. "一带一路"大战略 ［M］. 北京: 人民日报出版社, 2015.

［50］中国社会科学院俄罗斯东欧中亚研究所. 俄罗斯东欧中亚研究所卷［M］. 北京：经济管理出版社，2007.

［51］朱晓中. 中东欧与欧洲一体化［M］. 北京：社会科学文献出版社，2002.

［52］中国社会科学院欧洲研究所中国欧洲学会. 欧洲模式与欧美关系2003 - 2004 发展报告［M］. 北京：中国社会科学出版社，2004.

［53］深化务实合作实现共同发展——中国—中东欧国家经贸促进部长级会议在浙召开［J］. 中国经贸，2014（12）：23 - 26.

［54］杨盼盼. 从中美战略与经济对话看中美在新型贸易体系下的合作［J］. 国际经济评论，2013（5）：8，142 - 148.

［55］包明齐. 中蒙区域经济合作研究［D］. 吉林大学，2016.

［56］曹广伟. 新世纪以来中国参与国际经济体系变革进程的平台运用研究［D］. 华中师范大学，2014.

［57］姜志达. "一带一路"合作机制建设：成就与前瞻［J］. 海外投资与出口信贷，2017（6）：45 - 47.

［58］邓婷婷，马春雪. 新区域主义视角下"一带一路"的合作机制研究［J］. 时代法学，2017，15（4）：59 - 69.

［59］李雪平. "一带一路"的合作机制：法律缺陷、复杂挑战与应对策略［J］. 理论月刊，2017（1）：5 - 9.

［60］贾晓松. 中国与其他金砖国家服务贸易的竞争性与互补性研究［D］. 宁波大学，2015.

［61］陈新，杨成玉. 中国—中东欧经贸合作进展报告（2016）［M］. 北京：中国社会科学出版社，2016.

［62］刘永辉，刘冬平. 中国—中东欧贸易指数报告2017［M］. 北京：中国经济出版社，2018.

［63］中国人民大学重阳金融研究院. "一带一路"与国际贸易新格局："一带一路"智库研究蓝皮书：2015 - 2016［M］. 北京：中信出版社，2016.

［64］于立新，王寿群，陶永欣. "一带一路"政策与投资——沿线若干国家案例分析［M］. 杭州：浙江大学出版社，2016.

［65］赵晋平. 重塑"一带一路"经济合作新格局［M］. 杭州：浙江大学出版社，2016.

［66］李敬，肖伶俐. "一带一路"相关国家贸易投资关系研究：中东欧16国［M］. 北京：经济日报出版社，2016.

［67］高歌. 从"16 + 1"到"一带一路"（合作发展共赢中国社会科学论坛第三届中国—中东欧论坛论文集）［M］. 北京：中国社会科学出版社，2017.

［68］陈新. 匈牙利看"一带一路"和中国—中东欧合作（英文版）［M］.
北京：中国社会科学出版社，2017.

［69］深圳市人民政府发展研究中心，深圳市人民政府政策研究室. 中东欧
五国国情研究（"一带一路"沿线国家国情研究）［M］. 北京：中国发展出版社，
2017.

［70］尚宇红，陈宏. 中东欧研究评论（第1辑）［M］. 上海：中国发展出
版社，2017.

［71］黄平. 中国—中东欧国家"16＋1"合作五年成就报告（2012－2017
年）（英文版）［M］. 北京：社会科学文献出版社，2018.

［72］黄平，刘作奎. 中国—中东欧国家合作与"一带一路"（英文版）/智
库丛书［M］. 北京：中国社会科学出版社，2016.

［73］姚鸟儿. 宁波与中东欧贸易规模和贸易潜力的实证研究——基于随机
前沿引力模型的估计［J］. 企业经济，2018，37（6）：154－162.

［74］黄平. 中国—中东欧智库合作进展与评价报告（2015－2016）（英文
版）/智库丛书［M］. 北京：中国社会科学出版社，2018.

［75］刘作奎，黄平. 中国和中东欧国家人文交流（过去现状和前景）/中国—
中东欧国家智库系列/智库丛书［M］. 北京：中国社会科学出版社，2017.

［76］Huang Ping，Liu Zuokui. 中国和中东欧国家人文交流——过去现状和
前景（英文版）/智库丛书［M］. 北京：中国社会科学出版社，2017.

［77］晏樱. 飞行记（中东＆欧洲揭秘外航空姐在阿拉伯世界的一千零一
夜）［M］. 北京：金城出版社，2017.

［78］杨烨，高歌. 冷战后德国与中东欧的关系/德国研究丛书［M］. 北京：
社会科学文献出版社，2017.

［79］项佐涛，姬文刚，俞可平. 世界主要政党规章制度文献（中东欧）
（精）/中央编译局文库［M］. 北京：中央编译出版社，2015.

［80］管育鹰. "一带一路"沿线国家知识产权法律制度研究——中亚中东
欧中东篇［M］. 北京：法律出版社，2017.

［81］赵克斌. 超越转型（中国与中东欧的社会变迁）/现代社会学文库
［M］. 北京：社会科学文献出版社，2016.